KB160382

독일 재생에너지 정책과
지속 가능 발전전략

독일 재생에너지 정책과
지속 가능 발전전략

박상철 지음

머리말

2008년 발생한 글로벌 경제위기의 여파는 매우 크다. 아직도 글로벌 경제가 위기 이전과 비교할 때 완전하게 회복되지 못한 상태이며 2011년 발생한 유럽연합 재정위기와 함께 구미 선진국 경기에 매우 심각한 타격을 주었다. 이후 미국, 유럽연합, 일본 등 선진국은 자국의 화폐를 중앙은행을 통하여 일방적으로 발행하는 양적완화라는 비전통화폐정책을 통하여 경제를 활성화시키려고 노력하고 있다. 이러한 전 지구적 차원의 경제적 충격으로 인하여 환경보호 및 지구온난화문제에 관한 각 국가의 관심은 상대적으로 감소된 것이 현실이다.

2000년대 후반부터 학계 및 언론계의 지속적인 관심을 통하여 지구온난화현상으로 인한 기후변화문제가 21세기 전 인류의 화두로 등장하였다. 기후변화문제가 대표적인 환경문제로 대두되었으며 동시에 에너지자원에 대한 관심과 더불어 양대 화두로 미래 인류문명에 가장 중요한 영향을 미칠 것으로 예상하고 있다. 지구온난화현상으로 인한 기후변화는 기본적으로 18세기 산업혁명 이후 우리 인류가 화석연료를 과다하게 사용하여 발생된 문제이다. 즉, 기후변화현상을 야기하는 이산화탄소 등 그린하우스가스 배출량 증가로 지구의 평균기온 상승으로 인한 각종 대형 자연재해가 빈번하게 발생하여 인류뿐만이 아닌 지구상의 모든 생명체에게 위협이 되고 있다.

기후변화문제가 과도한 화석연료 사용결과로 발생하는 것처럼 21세기의 환경문제는 에너지자원과 매우 밀접한 관계를 갖고 있다. 화석연료 매장량의 한계와 채굴과정의 경제적 비용 상승으로 인하여 대체에너지자원개발이 인류에게는 시급한 과제로 대두되고 있다. 대체에너지자원은 화석연료처럼 유한한 자원이 아닌 재사용이 가능한 무한한 재생에너지자원이다. 재생에너지자원은 풍력, 태양열/광, 수력, 바이오매스, 지열, 해양, 폐기물 등 여덟 가지로 구성되어 있다. 우리나라에서는 8개 재생에너지자원 이외에도 수소, 연료전지, 석탄액화가스 등 세 가지의 새로운 에너지자원을 첨부하여 신재생에너지자원으로 분류하고 있다. 즉, 기술선진국에서는 일반적으로 여덟 가지 재생에너지자원으로 분류하고 있으나 우리나라에서만 세 가지 새로운 에너지자원을 첨부하여 신재생에너지자원으로 분류하고 있는 특성을 갖고 있다.

유럽연합(EU) 내 최대 경제국인 독일은 에너지 수입 의존도가 높은 국가 중 하나이다. 원자력을 에너지 수입 의존도에 포함시키느냐 않느냐에 따라서 수치가 달라지지만 2013년 기준으로 최대 71%, 최저 61%에 달한다. 따라서 독일은 과도한 에너지 수입 의존도를 지속적으로 낮추기 위하여 재생에너지 개발에 장시간 자본과 인력을 투자하였다. 그 결과 풍력 및 태양광발전 부문에서 높은 수준의 글로벌 경쟁력을 확보하였으며 2050년에는 재생에너지 부문 전력생산 비율을 전체 전력생산의 80%까지 증가시킬 수 있는 장기목표를 제시하고 있다. 즉, 독일 에너지 정책의 핵심인 2010년 에너지전환(Energiewende) 실행을 통하여 재생에너지 보급 확산 및 에너지 소비 효율화를 강화시키는 전략을 채택하였다. 이로써 기후변화에 적극적으로 대응하고 동시에 에너지 수입 의존도를 최소화시킬 수 있는 국가발전 방향을 제시하였다.

그 결과 독일은 총 주요 에너지 소비를 감소시키면서 경제성장을 달성하는 지구상의 유일한 국가가 되었다. 즉, 재생에너지 보급과 에너지 소비 효율화 향상으로 에너지 소비 감소를 실현하여 그린하우스가스 배출을 감축하면서도 경제성장을 달성하고 자연환경을 보전할 수 있는 지속 가능 발전전략을 실천하고 있는 것이다. 이는 우리 인류에게 미래 발전전략이 어떠한 방향으로 진행되어야 하는지에 대한 방향성 제시뿐만이 아니라 에너지 수입 의존도가 상대적으로 높은 국가에서도 지속 가능 발전전략을 충분히 실현할 수 있다는 사례를 제공하고 있는 것이다.

이처럼 독일의 국가 지속 발전전략 및 에너지와 환경문제 해결 접근방식을 살펴보는 것은 독일보다도 월등하게 높은 에너지 수입 의존도를 갖고 있는 우리나라에 정책적 시사점이 될 수 있으리라 판단한다. 또한 재생에너지자원 개발을 기초로 지속 가능 발전전략이 현실화될 수 있는 이정표가 되기를 간절하게 바라며 본서가 우리나라 에너지정책의 방향전환과 지속 가능 발전전략에 미력하나마 도움이 될 수 있기를 기대한다.

2015년 6월

한국산업기술대학교 지식기반기술에너지대학원 연구실에서

박상철

CONTENTS

표 목차

그림 목차

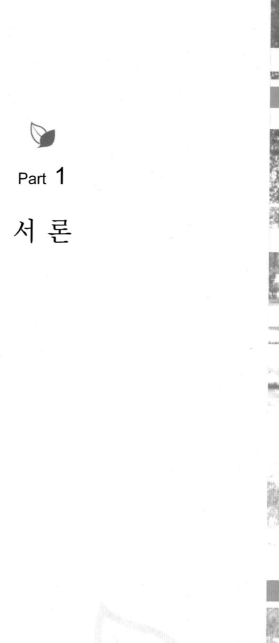

Part 1

서 론

1.1. 에너지와 환경

21세기 환경 및 에너지문제가 글로벌 이슈로 부각되면서 우리 인류 최대의 글로벌 관심사로 자리 잡게 되었다. 따라서 에너지와 지구환경, 이산화탄소(CO_2) 배출 문제는 에너지, 경제, 환경 부문에 종사하는 모든 전문가를 막론하여 지구의 지속 가능한 성장과 미래의 지구환경보존, 인류의 생존을 위하여 반드시 해결하여야 할 인류의 보편적이며 필수적인 관심사가 되었다.

그러나 불행하게도 전 인류적인 관심에도 불구하고 일정기간 내에 이산화탄소 배출삭감 대책을 강구할 수 있는 가능성은 적고 동시에 에너지 부문의 획기적인 전환을 의미하는 화석연료 중심에서 재생에너지 부문으로의 이전에 필요한 경제적 비용은 증가하게 되었다. 즉, 지구 기온 상승을 섭씨 2도로 제한하는 이산화탄소 배출량으로 이행하는 조치가 1년 지연될 때마다 전 세계가 필요한 투자액은 매년 약 5,000억 달러가 증가하여 2010~2030년의 누적된 합계로 10조 5,000억 달러에 달하게 된다. 이는 세계경제성장률을 약 20% 감소시키는 결과를 초래하게 될 것으로 스턴보고서(Stern Report)는 예측하고 있다(Stern, 2006)(<그림 1, 2, 3> 참조).

이러한 최악의 시나리오에 도달하기 이전에 지구온난화 문제를 해결하기 위하여 유럽연합(EU)은 유럽연합 차원에서 글로벌 대책 중의 하나로 이산화탄소 배출권시장을 2005년부터 운영 중에 있다. 그러나 이산화탄소 배출권시장에 대하여 비판적인 시각을 갖고 있는 단체는 이러한 조치는 이산화탄소 배출량 절감에는 실질적으로

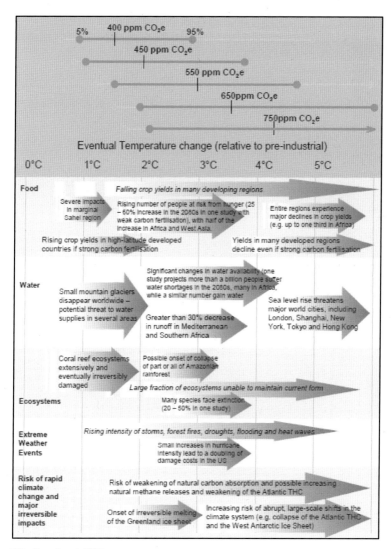

출처: Stern Report, 2006

〈그림 1〉 이산화탄소 배출량 증가로 인한 기온상승 예측

기여하지 못하고 현실적으로 이산화탄소 배출권이 국경이나 지역을 이동하는 결과만을 가져온다고 주장하고 있다.

이는 현실적으로 매우 설득력이 있는 주장으로 이해되고 있으며 이를 해결하기 위해서는 보다 근본적인 조치가 뒤따라야 한다는 주장이 대두되고 있다. 이러한 대안을 제시하기 위하여 궁극적으로 탄소 배출량을 감소시키기 위해서는 탄소세(Carbon Tax)를 도입하여야만 한다고 주장하고 있다. 이처럼 이산화탄소 배출권 제도 및 탄소세 시행은 해당 국가에 재생에너지 개발 및 사용을 촉진시키는 역할을 수행하고 있다.

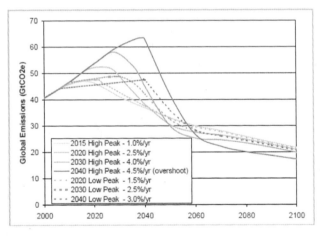

출처: Stern Report, 2006

〈그림 2〉 이산화탄소 배출량 감축 시나리오

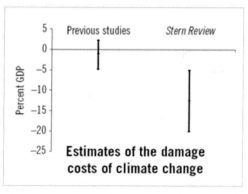

출처: Stern Report, 2006

〈그림 3〉 기후변화와 세계경제성장 추이

　독일은 타 4개 북유럽 국가 및 이웃 나라인 네덜란드보다는 다소 늦은 1994년 에너지 관련 특별세로 환경세를 부과하는 방법을 통하여 탄소세 제도라고 할 수 있는 생태적 에너지세를 운영하고 있다. 그러나 독일은 환경세를 운영하고는 있으나 명백하게 이산화탄소 배출과는 연계시키고 있지는 않았다. 이후 2004년에는 이산화탄소 배출량 거래제도 실시를 유럽연합 내에서 주도하였으며 유럽연합 차원의 배출권 거래제도를 2005년부터 실시하도록 하였다.

　따라서 독일은 환경친화적이며 지구온난화현상에 직접적으로 영향을 미치는 이산화탄소 배출을 억제하는 방향으로 에너지정책을 설정하였으며 이를 기초로 환경 및 에너지 기술개발을 통한 성장정책을 지속 가능한 성장정책의 일환으로 1980년대 초부터 실시하여 왔다. 따라서 독일의 에너지정책과 지속성장정책의 핵심을 이루는 요소는 재생에너지 개발, 생태적 에너지세, 배출권 거래제도 등이라고 할 수 있다. 특히 재생에너지 개발을 통하여 화석연료 사용을 최소화하고 원자력에너지를 2020년부터 폐쇄시키는 정책을 추진하여 독일경제의 최대 약점 중인 하나인 에너지안보를 강화시킬 수 있다고 판단하고 있다. 동시에 재생에너지 개발을 위해서는 탄소세 및 배출권 거래제도를 실시하여 재생에너지 개발을 정책적으로 지원할 필요가 있다.

1.2. 에너지정책과 지속성장

에너지정책과 지속성장은 매우 상이한 부문으로 이해할 수도 있으나 글로벌 경제제체에서는 매우 긴밀하게 연계되어 있는 것이 현실이다. 1970년대 두 차례 발생한 석유위기와 2014년 중반 이후 글로벌 수요와 공급의 격차에서 발생하는 석유가격 하락이 글로벌 경제에 미치는 영향에서 이해할 수 있듯이 에너지자원이 글로벌 경제에 미치는 영향은 매우 크다. 따라서 에너지 의존도에 관계없이 합리적이며 효율적인 에너지정책을 추진하는 국가가 경제적으로 지속성장을 달성할 수 있는 가능성이 높아지게 된다.

에너지정책과 지속성장이 상호 밀접하게 연계되어 있으며 글로벌 환경문제와도 관련이 깊은 이유는 다음과 같다.

첫째: 과다한 온실가스 배출로 인한 지구온난화현상 해소

21세기는 환경 및 에너지에 관한 이슈가 인류의 최대 화두로 인식되고 있으며 이를 해결하기 위한 다양한 방법론 등이 글로벌 차원

에서 제기되고 있는 실정이다. 또한 지난 20세기는 18세기 서유럽에서 시작된 지역적 산업화와는 달리 세계적으로 산업화가 실시된 세기로 모든 국가에서 경제 및 산업의 발전을 위하여 화석연료를 무차별적으로 사용하여 과다한 온실가스를 배출하여 결과적으로 지구온난화현상을 발생시켰다.

이로 인하여 1997년에 발효된 교토의정서(Kyoto Protocol)를 준수하기 위한 각 국가의 노력이 실행되고 있으며 이는 각 국가의 에너지정책에 중요한 역할을 하기 시작하였다. 이후 오랜 준비 작업에도 불구하고 2009년 12월 덴마크 코펜하겐 기후변화정상회의에서 선진국 및 개발도상국 간 합의점을 찾지 못하였으나 2010년 11월 멕시코 칸쿤 기후변화정상회의에서는 당사국 간의 의견조율에 상당한 진전을 보게 되었다. 그 결과 2014년 12월 페루 리마에서 개최된 제20차 기후변화협약 당사국총회에서 2020년 이후 국가별 온실가스 감축목표 제출지침을 확정 지었다. 따라서 2020년 이후 각 회원국은 스스로 결정하는 온실가스 감축목표를 설정하여 2015년 12월 프랑스 파리에서 개최되는 제21차 기후변화 당사국총회에 제출하여야 한다.

둘째: 에너지정책이 지속성장의 핵심

21세기 에너지정책은 화석연료 사용 중심의 20세기 에너지정책과는 근본적으로 상이한 형태로 진행되고 있다. 즉, 화석연료 사용 중심의 20세기 에너지정책은 공급자 위주의 에너지정책이었으나 친환경 중심의 21세기 에너지정책은 수요자 중심으로 정책의 핵심이 전환되었다.

친환경에너지정책을 수행하기 위하여 독일정부는 수요자 중심 에너지자원이 태양광 및 태양열, 풍력, 바이오 등과 같은 재생에너지 자원개발에 1980년대부터 정책적인 관심과 시행, 자본 및 기술축적 등을 이룩하여 글로벌 경쟁력을 강화하고 있다. 따라서 에너지정책과 기후변화정책이 지속성장을 견인하는 가장 중요한 정책요소로 자리매김하기 시작하였다. 이는 새로운 성장산업의 진입을 가능하게 하여 국가의 신성장 동력의 역할수행과 환경친화적인 국가 이미지 향상에 크게 기여하고 있다.

셋째: 지속 가능한 경제발전 전략

에너지정책을 기초로 지속적인 경제성장을 달성하기 위한 방안으로 핀란드, 스웨덴, 덴마크, 노르웨이, 네덜란드 등 5개국 북유럽 국가와 독일, 영국 등 유럽연합(EU) 회원국을 중심으로 이미 1990년대 초와 중후반에 탄소세를 도입하였다.[1] 탄소세 도입 및 운영을 약 10년 이상 실시한 후 이를 기초로 효율적인 이산화탄소 배출감소를 극대화하기 위하여 이산화탄소 배출권시장을 2005년부터 유럽연합 차원에서 운영하고 있다.

따라서 탄소세 도입과 이산화탄소 배출권시장은 환경친화적인 에너지정책을 수행하는 데 가장 중요한 정책수단 중 하나로 인식되고 있으며 이 정책의 수행을 통하여 에너지 및 환경 부문의 첨단기술혁신 창출과 고용창출의 성과를 나타내고 있다.

---

1) 독일은 설명한 것처럼 탄소세라는 명칭으로 도입한 것이 아니라 생태적 에너지세라는 제도를 도입하여 에너지세뿐만이 아니라 환경세의 역할도 수행하고 있다.

실제로 독일의 경우 생태적 에너지세(일명 탄소세) 시행 및 이산 화탄소 배출권시장으로 재생에너지자원개발에 박차를 가하는 결과 로 작용하게 되어서 재생에너지자원의 핵심 부문인 태양광 및 태양 열, 풍력, 바이오산업 부문에서 2010년까지 약 30만 명의 신규 노동 인력을 창출하여 국가경제에 기여뿐만이 아니라 이산화탄소 배출량 감축에도 직접적으로 핵심역할을 수행하고 있다. 따라서 독일은 제 조업 중심의 산업국가이며 세계 제4위의 경제국가임에도 불구하고 이산화탄소 배출감축을 성실하게 수행하여 2013년 이산화탄소 총배 출량은 세계 6위에 불과하다(<그림 4, 5> 참조).

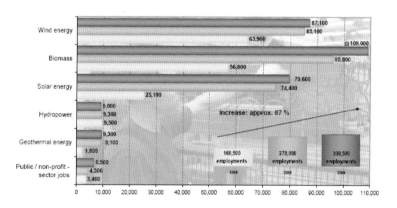

출처: Federal Ministry for the Environment, Nature Conservation and Nuclear Safety, 2010

〈그림 4〉 독일 재생에너지산업 부문 고용창출(2004~2009)

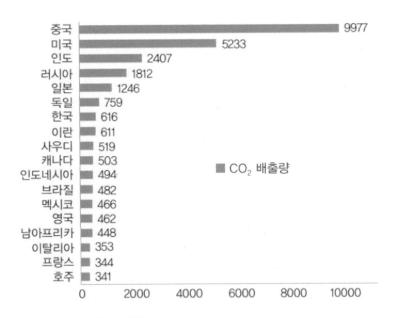

〈그림 5〉 주요 국가별 이산화탄소 배출량(백만 톤, 2013)

넷째: 기후변화정책에 대비

에너지정책과 기후변화정책은 매우 밀접하게 연관되어 있다. 에너지정책이 에너지 수요와 공급에 관한 전반적인 사항을 취급하는 반면에 기후변화정책은 지구온난화현상에 대비하여 이를 유발시키는 주요 원인인 이산화탄소, 메탄, 이산화질소 등의 배출을 감축하는 사항에 정책적인 초점이 맞추어져 있다.[2]

2014년 12월 페루 리마에서 개최된 제20차 기후변화협약 당사국

---

[2] 지구온난화현상을 발생시키는 온실가스(Green House Gas: GHG)는 이산화탄소, 메탄, 이산화질소 등으로 이루어졌다. 이 중 메탄의 위험성이 가장 높으나 배출량은 대량이 아니다. 이산화탄소가 전체의 약 90% 이상을 차지하고 있기 때문에 편의상 이산화탄소 배출감축을 가장 중요하게 간주하고 있다.

총회에서 2020년 이후 국가별 온실가스 감축목표 제출지침을 확정
지었다. 이에 국가적 차원에서 적극적으로 대응하기 위하여 우리나
라의 경우 2015년 1월 1일자로 배출권 거래제도를 산업계의 반발에
도 불구하고 실시할 것을 결정하였다.[3] 이에 따른 부작용으로 탄소
배출권 거래제도가 제도적으로 시작되기 전인 2015년 1월 초부터
배출권 할당 대상 업체 525개 기업 중 약 45%에 달하는 240개의 기
업이 배출권 할당에 대한 이의를 신청하였다(서울경제, 2015).

따라서 배출권 거래제도 실시에 따른 사회경제적 부작용을 선제
적으로 대응하기 위해서는 유럽연합에서 이미 실시하고 있으며 대
표적인 성공사례로 인정받고 있는 독일의 에너지정책 및 지속성장
정책의 근간을 이루고 있는 생태적 에너지세 도입 및 이산화탄소 배
출권 거래시장제도에 정책적인 관심이 필요하다[4](Economic Review,
2014).

1.3. 재생에너지 개발전략 및 수단

지속 가능하고 안정적인 에너지 공급 및 재생에너지 개발을 위하
여 독일은 2010년 9월 정치적 결정을 단행하였다. 독일연방정부는
장기적 관점 및 상호 연계된 에너지자원 경로를 구축하여 2050년까

---

3) 우리나라 탄소 배출권거래시장은 2015년 1월 12일부터 한국거래소에서 시작될 예정이다.

4) 이산화탄소 배출권 거래제도는 정확하게 표현하면 온실가스 배출권 거래제도이다. 지구온난화
   현상을 발생시키는 주요 물질은 이산화탄소 이외에도 메탄, 이산화질소 및 3종의 프레온가스
   등 6종류로 구성되어 있다. 이 중 이산화탄소 배출량이 가장 많아서 이산화탄소 배출권 거래제
   도라고 표현된다.

지 지속 가능한 에너지정책을 위한 종합적 에너지 수급전략인 에너지전환(Energiewende)을 확정하였다.[5] 이 전략은 재생에너지를 미래 에너지공급에 핵심적인 역할을 수행하도록 하는 것이 핵심이다 (OECD & IEA, 2013).

따라서 에너지정책과 지속성장의 밀접한 관계를 거시적으로 규명하기 위하여 독일 에너지정책의 전반적인 접근방법, 정책수행의 목적, 정책수단의 변화 등을 전반적으로 조사 및 분석하는 것이 바람직하다. 이후 에너지정책이 국가전략산업인 에너지 및 환경산업에 미치는 영향 정도를 파악하여 실질적인 지속성장과의 연관관계를 파악할 필요가 있다.

이 외에도 독일 에너지정책에서 재생에너지자원을 개발하기 위하여 중요한 정책수단으로 활용되었던 발전차액지원제도(Feed-in-Tariff System: FIT)와 재생에너지자원 의무할당제도(Renewable Energy Standard Portfolio: RSP)의 역할에 대한 조사 및 분석과 생태적 에너지세 도입과 이산화탄소 배출권 거래시장과의 정책적 연계관계도 심층 분석이 필수적이다. 이는 우리나라에서 발전차액지원제도를 도입한 직후 예산부족으로 인하여 곧바로 재생에너지자원 의무할당제도를 시행하면서 발생하게 되는 에너지정책의 혼란을 이해하는 데 도움이 될 수 있다.

재생에너지정책이 환경친화적 에너지정책수단으로 작동하기 때문에 이에 대한 조사 및 분석이 필요하다. 지속성장의 개념과 환경친화적 에너지정책을 혼합한 개념인 녹색성장 및 창조경제를 위하여

---

5) 영어로는 에너지개념 혹은 계획(Energy Concept)으로 표현되고 있으며 2010년 이후 독일 에너지정책의 핵심을 이루고 있다.

선진국은 탄소세를 도입하기 시작하였으며 이를 확산 및 시장에서 유통하기 위해서 보다 효율적인 배출권시장 거래제도를 실시하게 되었다. 특히 독일은 유럽연합 최대 경제대국으로서 우리나라와 유사한 중후장대산업을 보유하고 있는 선진국 중 소수의 제조업 중심 국가이다. 따라서 우리나라가 경제구조를 창조경제로 전환시키려는 벤치마킹 대상 국가이기 때문에 매우 높은 전략적 가치를 보유하고 있다고 판단된다.

독일의 에너지정책 및 지속성장정책의 핵심적인 양대 축은 에너지 사용 효율화 및 재생에너지 개발전략이다. 이 중 재생에너지 개발전략을 추진하기 위하여 실시한 생태적 에너지세 및 배출권시장 거래제도는 이산화탄소 배출감축과 함께 에너지 및 환경산업 부문의 비교우위를 확보하여 지속성장에 기여한 점을 심도 있게 조사 및 분석하는 것이 필요하다.

이 외에도 생태적 에너지세 및 이산화탄소 배출권 거래시장 도입으로 인한 문제점들을 합리적으로 제거할 필요가 있다. 2015년 1월 1일부터 배출권시장 거래제도를 실시할 것을 결정하였지만 아직도 산업계는 추가적 생산비용 등의 문제로 불안해하는 것이 사실이다. 또한 다양한 이해관계 주체들 간 논의도 합리적으로 합의되지 못하는 상태에서 제도를 시행함에 따라 예상치 못한 다양한 문제점들이 도출될 가능성이 매우 높다. 따라서 이미 이러한 제도 및 정책을 실시해 온 선진국 중 독일의 사례를 심도 있게 연구하여야 할 필요성이 존재한다(서울경제, 2015).

이를 위하여 생태적 에너지세 및 이산화탄소 배출권시장을 운영하고 있으며 제조업 중심의 산업구조를 보유하고 있는 독일의 정책

사례를 심층 분석하는 것은 시기적으로 매우 중요하며 우리나라에 많은 시사점을 제공해 줄 수 있다고 판단된다. 특히 이 제도를 도입하면서 각 이해 당사자인 산업계, 노동계, 환경단체, 정부기관 등의 이해관계를 극복하고 이들의 피해를 최소화시키면서 장기적인 접근을 추진하여 왔던 정책의 선진적 사례를 통한 사회, 경제, 환경적 문제점을 최소화할 수 있는 방법과 대안을 찾는 것이 주요 목표이다.

Part 2

독일 에너지정책

2.1. 배경

　독일 에너지정책 방향은 글로벌 에너지 수급 전망을 기초로 하고 있다. 2010년 이후의 글로벌 에너지 수요와 공급에 관한 전망은 글로벌 경제성장 전망과 매우 밀접한 관계를 갖고 있다. 2008년 9월 시작된 글로벌 금융위기로 인하여 세계경제성장 위축이 발생하였으며 2009년에는 석탄, 석유, 천연가스 등 주요 화석에너지 가격의 하락을 경험하였다. 그러나 2010년 이후에는 세계경제의 회복으로 인하여 주요 화석에너지 가격 상승이 시작되었으며 이는 글로벌 에너지 수요와 공급에 커다란 변수로 삭용하고 있다. 특히 2014년 후반부터 시작된 석유가격 하락은 글로벌 경제에 가장 커다란 변수로 작용하고 있다.

　글로벌 에너지 수급에 관한 장기전망은 2035년까지는 총 주요 에너지수요(Total Primary Energy Demand)에서 차지하는 석탄 및 석유의 비중은 지속적으로 증가하다 이후 감소세를 보일 것으로 예측되고 있다. 이와 비교할 때 원자력에너지는 2008년 기준 6%에서 2035년 8% 소폭 증가하는 반면에 풍력, 태양열, 바이오 등 재생에너지의 비중은 2008년 7%에서 2035년 14%로 크게 증가할 것으로 예상된다. 또한 화석연료 중 이산화탄소를 최소한 배출하고 있는 천연가스는 2035년까지 그 수요가 약 44% 증가할 것으로 예측하고 있다(IEA, 2010a)(<그림 6> 참조).

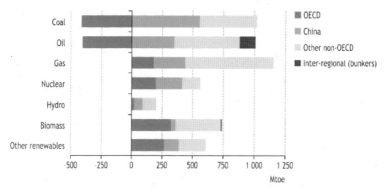

출처: IEA, World Energy Outlook, 2010

〈그림 6〉 장기 글로벌 총 주요 에너지 수요 예측(2008~2035)

이처럼 장기 글로벌 에너지 수급에 관한 예측에 의하면 화석연료 중 석유의 비중은 상대적으로 감소하는 반면에 재생에너지 및 천연가스의 수요는 점진적으로 증가하는 추세가 이루어질 것으로 예상되고 있기 때문에 에너지자원 수입비중이 2010년 약 73%로 유럽연합 회원국 중 가장 높은 비율을 차지하는 독일의 경우 안정적이며 지속적인 에너지 공급이 매우 중요하다. 이 외에도 풍력, 태양열, 바이오에너지 생산 등 대체에너지자원인 재생에너지 개발을 통하여 에너지 자립도를 증가시키는 것도 에너지정책수립 및 수행의 주요 목적이라 할 수 있다.

2.2. 에너지정책 개요

2.2.1. 에너지자원 현황

세계 총 주요 에너지 공급(Total Primary Energy Supply: TPES)은 1973년 약 61억 톤(6,106Mtoe)에서 2012년 134억 톤(13,371Mtoe)으로 약 두 배 이상 증가하였다. 이 중 선진국경제개발기구(OECD)가 생산한 비율은 같은 기간 내 61%에서 39%로 크게 감소한 반면에 중국을 포함한 아시아는 같은 기간 내 12.6%에서 34.1%로 약 3배 증가하였다.

OECD 국가는 1973년 약 37억 톤(3,740Mtoe)에서 2013년 약 53억 톤(5,273Mtoe)을[6] 생산하여 글로벌 총 주요 에너지 공급에 중요한 역할을 수행하고 있으나 석유수출국연합(OPEC), 아시아, 중국, 아프리카 등 개발도상국의 에너지 생산 증대로 과거보다는 공급량이 급격하게 하락하고 있는 추세이다. 특히 OECD 국가 중 북미 및 유럽 지역 회원국의 공급량 하락이 지속적으로 진행되고 있으며 아시아 및 태평양 지역의 회원국은 공급량 증가가 지속적으로 이루어지고 있는 실정이다(IEA, 2014)(<그림 7, 8> 참조)

이를 기준으로 세계 총 주요 에너지 공급 장기전망은 OECD 국가의 에너지 생산량은 지속적으로 감소되고 있으며 상대적으로 개발도상국 지역에서의 생산량은 증가할 것으로 예측되고 있다. 그러나 2000년대 초부터 시작된 미국의 셰일가스 개발 붐으로 2009년 미국

---

6) Mtoe는 Million Ton of Oil Equivalent의 약자로 석유로 환산하여 백만 톤에 달함을 의미한다.

에서 셰일가스 및 오일생산이 증가하기 시작하여 주요 에너지 수입
국이었던 미국이 석유 및 천연가스 수입을 줄이면서 세계 에너지시
장에 커다란 변화를 일으키게 되었다.

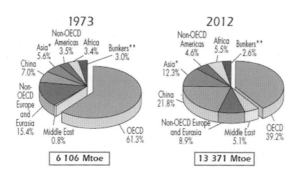

출처: IEA, Key World Energy Statistics, 2014
비고: * 중국통계 제외, ** 국제항공 및 해상운송 벙커

〈그림 7〉 세계 총 주요 에너지 공급 현황(1973~2012)

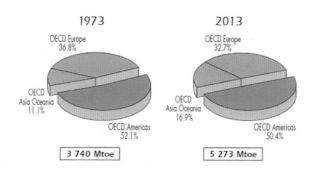

출처: IEA, Key World Energy Statistics, 2014

〈그림 8〉 OECD 총 주요 에너지 공급량 추이(1973~2013)

세계 주요 에너지공급 장기전망을 기초로 수요전망을 예측하면 다음과 같다. 우선 세계 총 주요 에너지 수요를 종합해서 분석하면 OECD 국가 내에서의 석탄 및 석유소비량은 2020년 이후에는 감소세로 전환되는 반면에 신흥 개발도상국은 석탄 및 석유의 소비가 증가되리라 예상된다. 그러나 천연가스, 원자력, 재생에너지 등은 세계적으로 수요와 공급이 모두 증가하리라 예상된다.

특히 중국의 에너지수요 증가율은 매우 높아 2035년에는 4,060 Mtoe로 미국의 에너지수요인 2,240Mtoe의 거의 두 배에 이를 것으로 예측된다. 중국이외에도 아시아 지역에서 에너지 수요가 급증하는 국가로는 인도와 동남아시아 지역이다. 인도의 에너지 수요는 2035년 1,540Mtoe에 이르러 유럽 지역의 에너지수요인 1,710Mtoe에 육박할 것으로 예측된다. 동남아시아 지역은 1,000Mtoe에 이르러 중동 지역의 1,050Mtoe, 아프리카 지역의 1,030Mtoe와 동등한 수준에 달할 것으로 예측된다.

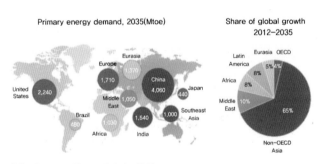

출처: IEA, World Energy Outlook, 2013

〈그림 9〉 세계 총 주요 에너지 수요전망

이를 종합하여 분석해 보면 2012년부터 2035년까지 지역별 에너지수요 증가율은 일본 및 한국을 제외한 아시아 국가가 65%에 달하여 최고 수준의 에너지수요 증가를 나타낼 것이며 중동 지역이 10%, 아프리카 및 남아메리카 지역이 8% 그리고 OECD 국가는 4%의 에너지수요가 예측되고 있다(IEA, 2013)(<그림 9> 참조).

OECD 회원국이며 유럽연합(EU)의 주요 회원국가인 독일 에너지자원 현황은 타 주요 경제국과 비교할 때 일본을 제외하고는 상대적으로 열악한 편이다. 주요 에너지자원인 석유의 경우 독일은 미국, 일본, 중국, 인도, 한국에 이어 세계 6위의 수입국으로 2012년 말 약 9천3백만 톤을 수입하였다. 이는 2008년 수입량인 1억 5백만 톤보다 11% 감소한 수치이다. 또한 석유소비의 98%를 수입에 의존하고 있다. 독일이 수입하는 석유의 주요 수입국가로는 러시아, 노르웨이, 영국 및 OPEC 회원국 등으로 우리나라와 비교할 때 원유수입원의 다변화가 상대적으로 이루어진 상황이다([표 1] 참조).

석유에 이어 가장 중요한 주요 에너지자원인 천연가스의 경우 수입 의존도가 석유보다 더욱 심화되어 있다. 독일은 일본 다음으로 세계 2위의 천연가스 수입대국으로 2013년 말 760억 큐빅미터의 천연가스를 수입하였다. 이는 동년 세계 천연가스 총 수입량인 8,360억 큐빅미터의 약 9.1%를 차지하는 막대한 양이다. 그러나 천연가스 수입량도 2009년 830억 큐빅미터와 비교할 때 상대적으로 크게 감소하여 총 수입비율도 12%에서 크게 낮아진 상태이다([표 2] 참조).

[표 1] 10대 석유 수입국가 및 현황(2008~2012)

2008년		2012년	
국가	백만 톤	국가	백만 톤
미국	564	미국	442
일본	199	중국	269
중국	175	인도	185
인도	128	일본	179
한국	116	한국	128
독일	**105**	**독일**	**93**
이탈리아	88	이탈리아	74
프랑스	83	스페인	60
스페인	61	네덜란드	57
네덜란드	57	프랑스	57
합계	2,090	합계	2,051

출처: IEA, Key World Energy Statistics, 2014

[표 2] 10대 천연가스 수입국가 및 현황(2009~2013)

2009년		2013년	
국가	십억 큐빅미터	국가	십억 큐빅미터
일본	93	일본	123
독일	**83**	**독일**	**76**
미국	76	이탈리아	62
이탈리아	69	한국	53
프랑스	45	중국	49
우크라이나	38	터키	45
터키	35	프랑스	43
스페인	34	영국	39
한국	33	미국	37
영국	29	스페인	30
기타	214	기타	279
합계	749	합계	836

출처: IEA, Key World Energy Statistics, 2014

석유와 마찬가지로 천연가스의 주요 수입국가가 노르웨이, 러시아, 북아프리카 등 소수의 국가에 의존하고 있기 때문에 러시아, 중동의 정치적 상황에 상대적으로 심각하게 영향을 받고 있다.[7] 따라서 천연가스 수입원을 다양화하고 안정성을 향상시키기 위하여 러시아에서 직접 수입하는 북방수입라인(North Stream)을 2011년 11월 완공하였다. 이 외에도 아제르바이잔에서 터키를 경유하여 직접 수입하는 남방수입라인(South Stream)도 러시아와 협의 중에 있으나 건설계획이 2014년 3월에 발생한 러시아의 우크라이나 크림반도 합병 및 우크라이나 동부지역 독립추진으로 발생한 군사적 충돌로 인하여 차질이 발생하고 있다. 독일은 유럽연합의 대러시아 천연가스 수입에 대한 과도한 의존도를 줄이기 위하여 독자적인 남부회랑 파이프라인을 건설할 것을 추진하고 있으나 러시아의 이해관계에 반하고 있기 때문에 상당한 시간이 소요될 것으로 예상하고 있다(박상철, 2010b, 2014; 정기철, 2009; 방선혁, 2011).

2015년 현재까지도 세계 주요 에너지자원 중 가장 많은 수요를 창출하고 있는 석탄은 2009년 말 약 60억 톤이 생산되었고 2013년에는 78억 톤이 생산되었다. 독일이 보유하고 있는 주요 에너지자원 중 유일한 것이 북서부 지역인 라인루어(Rhein Rhur) 지역에 매장된 석탄이다. 이 석탄을 주요 에너지자원으로 활용하여 1950년대 및

---

7) 2009년 1월 우크라이나가 러시아에서 서유럽으로 공급되는 천연가스 공급선의 주요 경유지임에도 불구하고 러시아가 우크라이나에 천연가스 수출가격을 정상화시키자 우크라이나는 이를 지불하지 못하는 상황에 처하게 되었다. 따라서 러시아는 한겨울에 우크라이나를 경유하여 서유럽으로 수출되는 천연가스 공급망을 잠정적으로 폐쇄시키는 조치를 단행하였다. 이로써 러시아로부터 천연가스 수입 의존도가 약 20%에 이르는 독일도 에너지 부족현상을 겪게 되었다. 이는 단순히 우크라이나의 천연가스 가격정상화로 인한 대금지불 능력이 저하되어서 나타난 현상이 아니라 2008년 말 오렌지혁명으로 탄생한 친서방 우크라이나 정권에 대한 러시아의 경고로 정치적인 목적이 우선이었다는 판단이 대부분이다.

1960년대의 높은 경제성장을 달성하여 라인 강의 기적을 창출하였으나 석탄생산비용 상승 및 과도한 이산화탄소 배출로 인한 기후변화의 주요 원인을 제공함에 따라서 국내 생산은 급속하게 축소되고 있어 현재는 생산량이 최소량에 이르고 있다.[8)]

따라서 전력 생산을 위한 화력발전용으로 석탄을 수입에 의존하고 있으며 2013년 독일은 중국, 일본, 인도, 한국, 타이완에 이은 제6대 석탄 수입국가이다. 또한 2009년 석탄 수입량은 총 수입량인 약 8억 1,900만 톤의 3.9%에 달하는 3,800만 톤에 이르렀으며 2013년에는 5,000만 톤으로 증가하였다. 이처럼 석탄수입이 증가한 이유는 2008년 발생한 글로벌 금융위기, 2011년에 발생한 유럽연합 재정위기 등으로 석유 및 천연가스보다 상대적으로 가격이 저렴한 석탄수입이 증가하였기 때문이다(IEA, 2010, 2014)([표 3] 참조).

[표 3] 10대 천연가스 수입국가 및 현황(2009~2013)

2009년		2013년	
국가	백만 톤	국가	백만 톤
일본	165	중국	320
중국	114	일본	196
한국	103	인도	178
인도	66	한국	127
타이완	60	타이완	68
독일	**38**	**독일**	**50**
영국	38	영국	49
터키	20	터키	28
이탈리아	19	말레이시아	23

8) 독일의 석탄은 라인루어 지역은 대부분이 품질이 상대적으로 높은 석탄이 매장되어 있으나 50년대 및 60년대에 많은 양을 채굴했으며 북부 지역에 넓게 분포된 지역에는 갈탄이라고 불리는 브라운콜(Brown Coal)이 방대하게 매장되어 있는 상태다.

스페인	16	이탈리아	20
기타	180	기타	211
합계	819	합계	1,270

출처: IEA, Key World Energy Statistics, 2014

주요 천연 에너지자원은 아니나 과학기술의 발전으로 원자력을 이용한 전력생산은 20세기 중반 이후 빠른 속도로 발전하여 왔다. 특히 기술선진국인 서유럽, 북미, 일본 및 동유럽 국가인 러시아, 우크라이나, 폴란드, 헝가리 그리고 한국, 중국 등이 원자력발전을 현재 생산하고 있다. 1973년에는 203테라와트(Twh)를 생산하였으나 2012년에는 2,461테라와트로 증가하였다. 그러나 세계 원자력발전은 2010년을 정점으로 감소하는 경향을 나타내고 있다.

독일은 2012년 말 전 세계 원자력발전 생산량인 2,461테라와트(Twh) 중 4%를 차지하는 99테라와트를 생산하여 미국, 프랑스, 러시아, 한국 다음으로 세계 제5대 원자력발전 생산국이다.[9] 이로써 원자력발전이 국내 전력소비에 사용되는 비율은 16%로 프랑스, 우크라이나, 스웨덴, 한국, 영국, 미국, 러시아 다음으로 세계 제8위를 나타내고 있다.[10] 또한 원자력발전 생산능력은 2012년 세계 원자력발전 총 생산능력인 373기가와트(GW)의 약 3.2%를 차지하는 12기가와트를 생산하여 미국, 프랑스, 일본, 러시아, 한국, 캐나다, 우크라이나, 중

---

9) 주요 선진국 중 일본은 미국, 프랑스 다음으로 제3대 원자력발전 국가이었으나 2011년 3월 후쿠시마 원자력발전소 폭발사태로 인하여 모든 원자력발전소의 가동을 중단한 상태이다.

10) 독일에서의 원자력발전소 사용은 2020년 이후에 금지하기로 2000년 사회민주당 및 녹색당 연립정부가 결정하였다. 따라서 더 이상의 원자력발전 건설은 금지되어 있는 상태이다. 이후 2010년 기독교민주당 및 자유민주당 정권이 탄생하면서 독일 국내산업경쟁력 유지를 위한 원자력발전소 사용 연한을 연장하려는 시도가 있었으나 2011년 3월 일본 후쿠시마 원전폭발사태로 인하여 2011년 현재는 무산된 상태이다. 2014년 기독교민주당 및 사회민주당 연정하에서 원자력발전소를 2019년 말에 완전 폐쇄할 것을 결정하였다.

국에 이어 세계 9위의 생산능력을 보유하고 있다[표 4] 참조).

[표 4] 독일의 원자력 발전 현황(2012)

국가	테라와트(Twh)	세계원자력발전 비율(%)
미국	801	32.5
프랑스	425	17.3
러시아	178	7.2
한국	150	6.1
독일	**99**	**4.0**
중국	97	3.9
캐나다	95	3.8
우크라이나	90	3.7
영국	70	2.8
스웨덴	64	2.6
기타	392	16.0
세계	2,461	100

출처: IEA, Key World Energy Statistics, 2014

석탄 이외의 주요 에너지자원이 거의 전무한 독일의 경우 에너지 수입 의존도를 줄이기 위하여 재생에너지 부문의 연구개발을 에너지정책의 중요 전략으로 선정하고 있다. 재생에너지자원은 8개 부문으로 이루어졌으며 이는 수력, 풍력, 태양열, 태양광, 바이오연료, 지열에너지(Geothermal), 해양에너지, 폐기물에너지 등이다.

독일은 재생에너지자원생산이 전체 최종 에너지 사용에 차지하는 비율이 2012년 말 10%에 이르렀고 총 전력사용 비율은 21.9%, 2014년에는 31%에 달하였다. 이는 1998년 3.1% 및 4.5% 그리고 2008년 말 9.5% 및 15.1%와 비교할 때 매우 빠른 속도로 증가하고 있음을 알 수 있다. 2010년에 발표한 에너지정책의 목표인 에너지전

환을 통하여 2050년에는 재생에너지로 전력의 80%를 공급할 것을 목
표로 하고 있다. 이로써 독일은 유럽연합 내 재생에너지자원 생산 및
사용비율이 가장 높은 국가 중 하나가 되었다. 또한 풍력, 태양열 및
태양광 등 첨단기술이 절대적으로 필요하며 시장진입이 매우 높은 부
문에 강력한 글로벌 경쟁력을 보유하게 되었다(<그림 10> 참조).

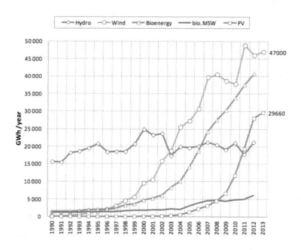

〈그림 10〉 재생에너지자원 전력공급 추이(1990~2013)

2.2.2. 에너지정책 실시 배경

독일은 2014년 세계 제5위의 에너지 시장국가이다. 그럼에도 불
구하고 재생에너지를 제외한 거의 대부분의 주요 에너지 소비 자원
을 수입에 의존하고 있다. 2012년 말 독일 주요 에너지 소비구조
를 살펴보면 석유 36%, 천연가스 22%, 석탄 25%, 원자력 7%, 재생

에너지 10% 등으로 이루어졌다. 1970년대 초까지는 석유가 주요 에너지자원 소비 중 가장 많은 부분을 차지하고 있었으나 1973년과 1979년 제1차 및 2차 석유위기를 겪으면서 과도한 석유수입 의존도를 대체하기 위하여 원자력 발전과 천연가스 수입의 비중을 높이게 되었다.

석탄은 독일이 국내에 보유하고 있는 유일한 에너지자원으로 1950년대 및 1960년대의 고도 경제성장의 원동력 역할을 수행하였으나 환경 및 경제적인 측면에서 타 에너지자원으로 대체되는 경향을 보이고 있다. 그러나 2002년 이후 석유가격이 400%, 천연가스의 가격이 300% 이상 급등하면서 발전용 석탄소비가 증가하는 경향을 나타내고 있다. 따라서 전력생산용 주요 에너지자원 사용비율은 2012년 석탄 44.7%, 원자력 16%, 천연가스 11.3%, 석유 6%, 재생에너지 21.9% 등으로 이루어졌다(<그림 11> 참조).

또한 독일의 경우 에너지 의존도가 지속적으로 증가하는 경향을 보이고 있다. 2012년도 국내 에너지자원 소비구성은 서비스 부문이 19%, 일반가정 22%, 수송 부문 28%, 산업 부문 31% 등으로 이루어졌다. 이처럼 산업 부문의 에너지 소비비중이 OECD 평균인 31%이나 독일이 타 OECD 회원국과 비교할 때 제조업 비중이 상대적으로 높은 현실을 감안한다면 주요 에너지 소비구조가 고도로 발전된 지식기반 경제체제를 구축하고 있는 국가의 특성으로 인식되고 있다.

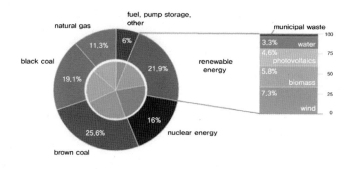

출처: Bundesministerium für Umwelt, 2013

〈그림 11〉 독일 전력생산 주요 에너지자원 비율(2012)

그럼에도 불구하고 자체적인 주요 에너지자원보유는 석탄 이외에
는 전무한 실정이기 때문에 주요 에너지자원 수입 의존도는 1990년
56.8%에서 2008년 74.6%, 2010년 77%로 지속적으로 증가하고 있는
실정이다. 이후 에너지자원 수입 의존도는 감소추세에 있다. 이 중 특
히 2010년 기준 석유 소비의 98%, 천연가스는 87%, 석탄 77%, 갈탄
100%를 수입에 의존하여 총 에너지자원 수입 의존도는 77%에 달하였
다. 이처럼 높은 총 에너지자원 수입 의존도는 2013년 71%까지 감소하
였다[11](Westphal, 2011; www.unendlich-viel-energie.de; AGEB, 2014).

2008년 말 주요 에너지자원 수입국가를 살펴보면 석유의 경우 최
대 수입국가인 러시아로부터 32%, 석유수출국기구(OPEC)로부터 21%,
노르웨이 15%, 영국 13%, 기타 19% 등으로 이루어졌다. 천연가스
의 경우 러시아 44%, 노르웨이 33%, 네덜란드 19% 기타 4% 등으

---

11) 총 에너지자원 수입 의존도 비율은 측정 기관에 따라서 차이를 나타내고 있다. 독일통계청의
   자료에 의하면 2012년 독일의 총 에너지자원 수입 의존도는 61.1%로 기록하고 있으나 이는
   원자력에너지를 국내용 에너지로 계산한 반면에 에너지 전문기관인 AGEB는 원자력에너지를
   수입용 에너지로 계산하고 있다.

로 이루어졌으며 석탄의 경우 남아프리카공화국 28%, 폴란드 22%, 러시아 17%, 호주 12%, 콜롬비아 11%, 기타 10% 등으로 이루어졌다([표 5] 참조).

[표 5] 독일 주요 에너지자원 수입국가(2008)

석유		천연가스		석탄	
러시아	32%	러시아	44%	남아프리카공화국	28%
OPEC	21%	노르웨이	33%	폴란드	22%
노르웨이	15%	네덜란드	19%	러시아	17%
영국	13%	기타	4%	호주	12%
기타	19%			콜롬비아	11%
				기타	10%

출처: Federal Ministry for the Environment, Nature Conservation and Nuclear Safety, 2010

유럽연합 회원국 중 독일은 에너지 수입 의존도가 가장 높은 국가 중 하나이다. 특히 유럽연합 내 가장 규모가 큰 경제회원국으로 이처럼 높은 에너지 의존도를 나타내는 것은 에너지의 안정적인 수급에 위험이 상존할 수 있다. 러시아는 독일의 주요 에너지자원 수입의 약 40%를 차지하는 가장 중요한 에너지자원 공급 국가이다. 특히 천연가스의 경우 수입국가의 수가 상대적으로 적으면서 러시아에 의존하고 있는 비율은 매우 높은 것이 구조적인 문제점으로 지적되고 있다. 천연가스 이외의 석유 및 석탄의 주요 수입원은 상대적으로 다원화되어 있어서 에너지 공급에 위험성이 상대적으로 적게 노출되어 있다.

그러나 전반적으로 주요 에너지자원 수입 의존도가 매우 높기 때문에 에너지공급 안정을 장기적이며 지속적으로 유지하는 것이 에너지정책 수행에 가장 중요한 요소이다. 또한 1970년대 두 차례에 걸친 세계 석유위기를 경험하고 2006년 및 2009년 우크라이나에서 발생한 천연가스 공급중단 문제 등을 경험하면서 에너지자원의 안정적이며 지속적인 공급이 국가경제 발전에 필수적이라 판단하여 국가적 차원에서 에너지정책을 수행하고 있다(박상철, 2014).

2.2.3. 에너지정책 방향 및 전략

2.2.3.1. 에너지정책 방향

에너지정책의 기본방향은 주요 에너지자원의 절대적인 부족으로 인하여 주요 에너지 수입 의존도가 매우 높은 상태를 장기적인 차원에서 지속적으로 감소시켜 나가면서 대외 의존도를 극소화시키는 것이다. 이는 단순히 에너지 공급안정에 정책적 초점을 맞추는 것이 아니라 장기적인 차원에서 주요 에너지자원의 수입 의존도를 감소시키고 주요 에너지 소비구성을 변화시켜서 환경친화적인 에너지 소비구조를 정착시키는 것이다.

이러한 에너지정책의 기본방향을 추진하기 위하여 독일정부는 2010년 독일어로는 에너지전환이라 명명되고 있는 에너지계획(Energy Concept)을 발표하여 환경친화적이며 지속 가능하고 안정적인 에너지공급을 위한 가이드라인을 제시하였다. 이로써 독일은 재생에너지 시대를 위한 로드맵을 최초로 작성하였다.[12] 독일정부가 발표한 에

---

12) 에너지계획(Energy Concept)은 에너지전환(Energiewende)이라는 독일어를 영어식으로 표현한 것이다.

너지계획은 2050년까지 장기적 전략을 디자인하고 이를 시행하는 것이다(Federal Ministry of Economics and Technology & Federal Ministry for the Environment, Nature Conservation and Nuclear Safety, 2010).

독일의 에너지정책은 독립국가로서 독자적으로 수행하는 부분도 존재하지만 독일이 유럽연합(EU)의 회원국으로서 유럽연합에서 28개 회원국가가 전체적으로 합의한 에너지정책 가이드라인을 준수하여야 할 의무도 동시에 갖는다. 따라서 유럽연합의 에너지정책 방향을 제일차적으로 이해하는 것이 독일 에너지정책을 이해하는 데 커다란 도움이 될 수 있다.

실제적으로 유럽연합 차원의 공통적인 에너지정책은 역사가 매우 짧다. 그 이유는 각 회원국 차원에서 자체적인 에너지정책을 수행하고 있어 왔으며 현재도 수행하고 있기 때문이다. 그러나 유럽연합은 각 회원국의 에너지시장 형성에 실질적으로 막대한 영향을 미치고 있다. 그 이유는 유럽연합이 유럽연합 차원의 내부 시장 관련 법률 제정, 경쟁, 환경정책 등을 통하여 각 회원국의 에너지시장 형성에 직접적인 영향력을 행사할 수 있기 때문이다.

유럽연합 공동 에너지정책 추진과정은 다음과 같다. 유럽연합 집행위원회(EU Commission)는 2006년 유럽연합 정상회의 요구로 유럽연합 에너지전략녹서(Green Paper: A European Strategy for Sustainable, Competitive and Secure Energy)를 발표하면서 단일 유럽연합 에너지 정책을 2007년부터 실시하였다. 이를 위하여 유럽연합은 2007년 유럽연합 에너지정책(An Energy Policy for EU), 제2차 전략적 에너지 검토 보고서(Second Strategic Energy Review)와 같은 정책문서를 통하여 유럽연합 에너지정책 방향을 제시하였다. 또한 정책 분야별로는 제2차 에너지 효율성 행동계획, 전략적 에너지기술계획, 기후행동 등과 같은 정책문서를 발표하였다.

이러한 정책문서를 기초로 제3차 전력가스 종합법안, 기후행동 종합법안, 에너지 효율성 종합법안 등과 같은 입법안과 이 외의 개별법안 등을 통하여 유럽연합 공동규범을 형성하는 데 중요한 역할을 수행하였다. 정책들이 법안으로 형성되는 과정에서 일부 정책방향이 본래의 의도와는 다른 방향으로 진행된 경우도 대두되었으나 전반적으로는 유럽연합이 제안한 에너지정책에 부합한 것으로 평가되고 있다.

이처럼 유럽연합이 체계적이며 효율적인 에너지정책을 추진하려는 가장 큰 이유는 북미와 비교할 때 에너지 의존도가 상대적으로 매우 높기 때문이다. 글로벌 경제체제의 주요 경제권인 북미는 에너지 자급비율이 매우 높아 에너지를 수출할 수 있는 입장이지만 유럽연합은 에너지 자급비율이 2012년 약 51%에 불과한 실정이어서 에너지의 안정적인 공급이 지속적인 경제발전에 매우 중요한 역할을 수행하고 있다.

유럽연합은 각 회원국에게 유럽연합 차원의 정책목표 및 방향을 제시하고 각 회원국이 이를 자국의 현실에 맞게 실현할 수 있도록 에너지와 관련된 이슈를 정치화하고 이에 정책적인 우선권을 부여하도록 하는 가이드라인을 제시하고 있다. 유럽연합위원회(EU Commission)는 이를 위하여 다음과 같은 네 가지 방향의 중요 가이드라인을 제시하고 있다(Westphal, 2011).

첫째: 유럽연합의 에너지정책 설정 영향력 향상

유럽연합은 유럽연합 차원의 에너지정책을 수립한다는 정책방향을 현실화시키기 위하여 에너지정책 수립 및 실행과정에 더욱 많은 영향력을 확대하려고 노력하고 있다. 이는 유럽연합과 회원국인 독일과의 정책적인 측면에서 끊임없는 충돌을 야기하고 있다. 그러나 장기적인 측면에서 독일의 에너지정책은 유럽연합과 동일한 방향으로 설정될 가능성이 높아지고 있는 것이 현실이다.

둘째: 경쟁력 있는 에너지시장 구축

유럽연합은 1990년대 중반 에너지 생산, 운송, 판매 등 전반적인 부문에서 경쟁력을 강화하기 위하여 에너지시장의 규제완화, 자유화 그리고 민간화를 요구하였다. 이러한 새로운 유럽연합 차원의 에너지정책 가이드라인이 형성되면서 독일은 자국 내 4개 주요 에너지 기업인 에온(EON), 알뵈에(RWE), 봐텐팔(Vattenfall), 폴크스빈드(Volkswind) 등이 과점체제를 형성하고 있기 때문에 정기적으로 비난의 대상이었다.

이처럼 유럽연합 내 회원국들의 자국 내 에너지시장이 상호 연계되어 있지 않았던 것이 현실이었다. 따라서 각 회원국 간 에너지시장이 상호 연계되고 유럽연합 차원의 내부 에너지시장을 구축하는 것이 정치적 이슈화되었다. 이후 유럽연합 위원회는 2008년 포괄적 에너지시장 협력방안을 제안하기 위하여 제2차 전략에너지조사(The Second Strategic Energy Review)를 공표하였다(EC, 2008).

제2차 전략에너지조사의 새로운 특징은 유럽연합 각 회원국 간

에너지 연대성을 매우 강조하였다는 점이다. 즉, 에너지 연대성과 에너지 네트워크의 현대화 및 관련 부문 연장성 등이 에너지 수급의 안정을 위하여 기여했다는 평가를 받고 있다.

셋째: 에너지 안보

유럽연합 차원의 에너지 안보에 관한 이슈는 특히 2006년 이후에 는 매우 뚜렷하게 대두되었다. 에너지 안보와 관련하여 유럽연합 위 원회는 이미 2000년도에 유럽연합 녹색보고서(The EU Green Paper) 에서 안정적인 에너지 공급을 핵심주제로 선정하였다. 또한 에너지 안보와 관련하여 유럽연합의 에너지 내수시장을 특히 강조하였다 (EC, 2000).

이후 2006년 유럽연합과 각 회원국은 통합된 유럽연합 에너지시 장을 위하여 외부적으로 더욱 확장된 에너지 공급 안정을 위하여 공 동의 노력을 기울였다. 이를 구체화하기 위하여 유럽연합 위원회는 2006년 지속적, 경쟁적, 안정적 에너지 확보를 위한 유럽연합전략을 담은 새로운 유럽연합 녹색보고서(The New Green Paper)를 발간하였 다. 이는 2007년 발표된 유럽연합을 위한 에너지정책(An Energy Policy for Europe)을 통하여 더욱 구체화되었다(EC, 2007).

에너지 안보와 관련된 정책목표 및 수단 등은 현재까지도 각 회원 국의 주권과 연결되어 있는 독자적인 사항이다. 그러나 유럽연합은 각 회원국의 에너지 안보를 유럽연합 에너지시장 내에서 운영될 수 있도록 정치적 통합을 추진하고 있다. 이는 유럽연합 회원국의 단일 경제시장 및 연대성을 기초로 하여 세계 에너지시장의 공급부족 등

과 같은 위기상황을 공동으로 대처하기 위한 것이 주요 목적이다.[13)

넷째: 에너지정책의 지속성

유럽연합 차원의 에너지정책의 지속성은 유럽연합이 보유하고 있는 가장 커다란 장점 중의 하나이다. 암스테르담 협약(The Treaty of Amsterdam)이 체결된 이후 유럽연합은 유럽연합 차원에서 공통적 연대감을 확보한 글로벌 기후변화에 대응하기 위한 환경보호 및 환경과 관련된 대상들을 주요 정책목표로 설정하여 지속적으로 추진하여 왔다. 따라서 에너지정책에 지대한 영향을 미치게 되는 유럽연합의 환경정책에 채택되는 결정들이 중요한 요소로 작용하게 되었다. 대표적인 예 중의 하나가 유럽연합은 유럽연합 이산화탄소 배출권 거래제도(The EU Emission Trading System: ETS)를 시행하면서 각 회원국뿐만이 아니라 유럽연합 차원에서 이산화탄소 배출감축을 실현하고 있다.[14)

이 외에도 유럽연합은 에너지정책과 기후정책을 통합한 공동의 목표를 설정하고 이를 현실화시키기 위하여 20/20 전략적 종합계획 (The Strategic 20/20 Package)을 2007년 발표하였다. 이 계획에 의하면 1990년도 기준으로 2020년까지 온실가스를 20% 감축하고 재생에너지 사용비율을 20%까지 증가시키며 교통 부문에 바이오연료

---

13) 이처럼 유럽연합이 에너지안보를 유럽연합 차원에서 공동으로 대처하기 위한 정치 및 정책적 방안을 마련하려고 하는 가장 커다란 이유는 2009년 1월 러시아와 우크라이나 간 발생한 천연 가스 공급 중단사태로 인하여 유럽연합 전체에 심각한 타격을 발생시켰기 때문이다.

14) 이산화탄소 배출권 거래제도를 운영하는 목적은 유럽연합 내 이산화탄소 배출을 지속적으로 감축하여 21세기 내 지구의 온도상승을 섭씨 2도 이내로 제한하고 에너지 효율성을 증대시키며 신재생에너지 사용비율을 20%까지 높이기 위한 것이다.

사용비율을 10%까지 증가시키는 것을 목표로 설정하고 있다. 또한 에너지 사용 효율성도 같은 기간 내 20% 증가시킬 것을 목표로 하고 있다(EC, 2007).

이러한 유럽연합의 에너지정책 목표 및 방향성을 기초로 독일 에너지정책은 지속적이며 안정적인 에너지 공급을 경제적으로 적정수준의 가격에 확보할 수 있도록 정책적 노력을 기울이고 있다. 동시에 에너지 소비가 환경 및 기후변화에 최소한의 영향을 미칠 수 있도록 하고 있다. 따라서 에너지정책은 외교정책, 무역 및 경제정책, 환경정책 등 상이한 정책 부문과 긴밀한 협력 체제를 구축하여 전반적인 정책목표를 달성하기 위하여 노력하여야 한다.

이는 독일 내 독자적인 에너지부는 존재하지 않지만 에너지정책을 주관하는 부서인 경제기술부(Federal Ministry for Economy and Technology)가 에너지정책방향을 설정하면 재무부(Federal Ministry of Finance), 환경, 자연보존 및 원자력안전부(Federal Ministry for the Environment, Nature Conservation and Nuclear Safety) 이 외 총 14개 에너지 관련 부서와 공고한 협력 체제를 구축하여 긴밀하게 에너지정책을 시행하고 있다. 이러한 정책적 협력을 기초로 독일 에너지정책 방향은 유럽연합 20/20 전략적 종합계획을 채택하여 적극적인 이산화탄소 배출감소, 에너지 효율 향상, 재생에너지 사용비율 증대 등의 방향으로 운영되고 있다(Eissel & Park, 2010).

2.2.3.2. 에너지정책 추진 전략

유럽연합 차원에서 가능한 다양하고 회원국 실정에 적합한 에너지
정책을 수행하기 위하여 유럽연합은 에너지시장연합체(Energy Market
Community)라는 인식을 강화시키고 있으며 회원국 간 국경을 넘어
서 유럽연합이라는 연대감을 고취시키는 데 주력하고 있다.

이를 위하여 유럽연합은 시장기구 및 에너지 관련 법규와 법령 등
을 강화하여 유럽연합 전체 지역의 공동 에너지시장을 창출하기 위
하여 각 회원국의 대외 에너지정책을 통합시켜 나가고 있다. 또한
유럽연합은 다방면의 에너지 관련 회원국 간 관계를 조절하고 있으
며 글로벌 관점에서도 비회원국과의 협력관계 증진에도 주력하고
있다.[15]

독일은 회원국 차원에서 에너지정책 및 기후정책의 통합을 강화
시키고 있으며 국제에너지 관계에서도 유럽연합의 에너지정책 목표
를 공유하고 있다. 이를 위하여 다자간 협력체제 구축에 적극적으로
동참하고 있으며 국가 간 에너지 교역에서 세계무역기구(World Trade
Organization: WTO) 규칙을 적용시키는 핵심적인 역할을 수행하고
있다.

또한 유럽연합의 에너지시장연합체를 구축하기 위하여 독일은 국
내 에너지시장 자유화 및 규제완화를 단행하여 경쟁체제를 유도하
였다. 이로써 석유, 가스, 전력 등 주요 에너지자원 공급이 과거에는

---

15) 에너지 관련 이슈는 유럽연합 내 매우 중요한 정치적 이슈이며 동시에 이는 유럽 인접국정책
(the European Neighbourhood Policy: ENP), 유럽연합 및 러시아 파트너십(the EU-Russia
Partnership), 바쿠 이니시아티브(the Baku Initiative) 정책과도 밀접하게 연관을 맺고 있다.

국가, 지방정부, 국가기관 소유에서 사유화 과정을 거치면서 국내 에너지시장 구조개혁을 1990년대 중반부터 추진하여 에너지시장의 경쟁 체제를 도입하였다. 특히 에너지시장의 자유화 및 규제완화를 단행하면서 기존의 지역적 에너지시장 영토가 소멸되고 소유권이 재구성되면서 전력시장에 전력을 공급할 때 재생에너지 사용에 우선권을 부여하는 전략을 추진하여 재생에너지 사용비율을 획기적으로 향상시킬 수 있었다(Westphal, 2011).

2.3. 에너지정책 목적 및 수행방법

2.3.1. 에너지정책 목적

에너지정책 수행의 제일차적인 목적은 주요 에너지자원 수입 의존도를 감축시키기 위한 것이다. 이미 설명한 것처럼 2010년 주요 에너지자원 수입 의존도가 석유는 약 98%, 천연가스 약 87%, 석탄 약 77%로서 매우 높다. 따라서 독일정부는 에너지정책 수행 목적 중 에너지 수입 의존도를 감축하여 에너지 안보를 우선적으로 관리할 수 있는 상황을 유지하는 것이다. 이 외에도 주요 에너지자원 수입 의존도를 감소시키면서 국내 에너지자원이 절대적으로 부족한 상황하에서 에너지 공급안정을 지속적으로 확보하는 것도 에너지정책 수행의 주요 목적이라 할 수 있다.

독일은 에너지정책을 수행하면서 3대 주요 목표를 설정하고 있다. 독일정부가 설정하고 있는 3대 목표 중 첫째 목표는 경제적 효율성

(Economic Efficiency)을 극대화시키는 것으로 이를 달성하기 위하여 시장경제구조 및 효율적 경쟁을 강조하고 있다. 이로써 에너지 수요와 공급에 있어서 경제적 효율성을 향상시키는 것이다. 즉, 현재에도 진행 중인 유럽연합 내 전력 및 천연가스시장의 자유화로 인하여 경쟁이 치열해지고 있기 때문에 이 부문에서 효율성을 강화하여 가격경쟁력을 확보하는 것이 주요 목표이다. 이는 독일 내 가정 및 산업계에게 경제적 이익이 환원되며 동시에 관련 독일의 에너지산업이 유럽연합 에너지시장에 원활하게 진입할 수 있는 가능성을 높여 줄 것으로 기대하고 있다.

두 번째 목표는 주요 에너지자원 공급의 안정성 확보이다. 이는 세계 에너지시장의 수요와 공급 상황에 영향을 미치지 않도록 에너지 수요를 충족할 수 있는 에너지 공급을 항시 제공할 수 있도록 하는 것이다. 국내 에너지자원이 절대적으로 부족한 상황하에서 에너지공급의 안정을 확보하기 위해서는 주요 에너지자원의 확보도 중요하지만 보유자원의 적절한 배합(Energy Mix)과 에너지 공급원의 다양화를 창출하여야 한다. 또한 원자력에너지 사용이 시기적으로 제한되고 있는 상황이기 때문에 에너지 절약, 에너지 사용 효율성 및 합리화를 극대화시키고 총 에너지 소비를 감소시키는 것이 목표이다.

세 번째 목표는 환경과의 호환성(Environmental Compatibility)이다. 현재 진행 중인 전 지구 차원의 기후변화는 우리 인류와 에너지 정책이 직면한 가장 커다란 문제 중 하나이다. 이를 위하여 에너지 소비 감소뿐만이 아니라 재생에너지 사용이 총 에너지 수요에서 차지하는 비중을 높이는 데 주력하고 있다. 또한 기후변화에 대처하기 위하여 이산화탄소 배출을 감축하는 데 주력하며 그 결과가 산업계에 미치는 영향을 최소화하고 국내뿐만이 아니라 유럽연합 그리고 글로벌 차원에서 이 활동을 지속적으로 수행하고 있다(www.bmwi.de) (<그림 12> 참조).

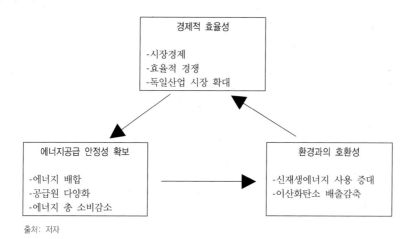

출처: 저자

〈그림 12〉 독일 에너지정책 3대 목표

2.3.2. 에너지정책 수행방법 및 정책수단

2.3.2.1. 에너지정책 수행방법

에너지정책을 수립하고 목표를 설정하여 이를 수행하기 위하여 다양한 접근방법이 활용되고 있다. 특히 21세기는 주요 에너지자원의 지속적이며 안정적인 확보뿐만이 아니라 이를 통한 경제활동의 활성화에도 충분히 기여하여야 하며 동시에 환경에 부정적인 영향을 미치지 않아야 하는 복잡한 전제조건을 충족시켜야 한다. 따라서 이러한 조건을 충족시키기 위해서는 특정 중앙부서가 단독으로 에너지정책을 수립하고 목표를 설정하여 이를 수행하는 것은 적절하지 않다. 그 이유는 에너지와 관련된 이슈가 단순히 개인소비 혹은 산업계에만 영향을 미치는 것이 아니라 국가 경제활동에 전반적으로 영향을 미치고 있기 때문이다.

따라서 독일에서는 이미 설명한 바처럼 에너지정책을 수립하는 경제기술부와 기후변화에 대응하고 환경보호를 주관하는 환경, 자연보존 및 원자력안전부 등 총 14개 정부기관이 협력하여 수행하는 공동수행방식을 채택하고 있다. 이처럼 환경친화적이며 산업계의 경쟁력을 지속적으로 유지하기 위한 에너지정책을 수행하기 위하여 가장 중요한 요소는 미래 에너지 수급체계를 위한 중추적 정책목표를 설정하는 것이다. 이를 위하여 독일정부는 에너지계획(Energy Concept)을 수립하여 시행하기로 결정하였다(Federal Ministry for Economy and Technology, 2010; Federal Ministry for the Environment, Nature Conservation and Nuclear Safety, 2010).

에너지정책 수행 기본방법은 에너지시장의 경쟁력 강화와 시장 중심의 접근방법을 통하여 지속적인 경제성장 달성뿐만이 아니라 직장 창출, 에너지 기술혁신 유발 등을 유도한다. 독일은 에너지 수입 의존도가 유럽연합 회원국 중 가장 높은 국가 중 하나이며 전체 에너지 소비량의 80%가 기후변화의 주범인 지구온난화를 유발시키는 이산화탄소를 배출하고 있다. 따라서 현재의 에너지 공급구조를 중장기 차원에서 획기적으로 변화시켜 에너지 안정을 달성하기 위해서는 기후정책(Climate Policy)과도 긴밀하게 협력하여 운영하여야 한다.

이를 위하여 에너지 관련 장기 로드맵을 작성하여 각 주요 과정마다 에너지 기술혁신 창출, 신규 고용창출 등을 달성하려 하고 있다. 에너지정책을 수행하기 위하여 독일정부가 작성한 에너지계획(Energy Concept)은 친환경적 에너지정책을 수행하기 위한 가이드라인으로서 지속적이며 안정적인 에너지 공급뿐만이 아니라 재생에너지 시대 진입에 관한 장기적 로드맵을 담고 있다.

즉, 에너지계획(Energy Concept)은 2050년까지 장기 전망하에서 에너지 관련 이슈에 대한 전반적인 디자인을 설정하고 이를 실행하는 방안을 설정하고 있다. 우선 수행방법은 장기적 안목에서 에너지 이슈를 전반적으로 접근하면서 동시에 기술개발과 경제성장을 달성할 수 있도록 정책수행의 유연성을 도입하여 운영하도록 하고 있다.

또한 장기 에너지정책 중 가장 중요한 수행과제는 재생에너지 사용비율을 획기적으로 향상시키는 데 초점이 맞추어져 있으며 특히 에너지 배합(Energy Mix) 부문에 기존 에너지자원과 비교할 때 가장 높은 비율을 차지할 수 있도록 하는 것이다. 이로써 화석연료인 기존 주요 에너지자원 사용을 점진적으로 감소시켜 나가면서 그 부족분을 2020년까지 사용할 수 있는 원자력에너지로 대체하는 방법을 채택하고 있는 에너지계획을 수립하여 시행하기로 결정하였다(Federal Ministry for Economy and Technology, 2010; Federal Ministry for the Environment, Nature Conservation and Nuclear Safety, 2010).

이를 수행하는 방법론은 설명한 것처럼 시장중심의 에너지정책을 채택하는 것이며 이는 전력, 운송, 난방 등 에너지 사용 전 분야와 과정에 현존하는 모든 기술 부문에 개방되어 있는 에너지 자유경쟁 시장을 의미한다.

2.3.2.2. 역할분담 및 정책수단

독일 에너지정책 수행은 중앙정부와 지방정부와의 분명한 역할분담이 설정되어 있다. 우선 관련 중앙정부 부서는 에너지정책을 기획하여 이를 수립하고 지방정부는 이를 전반적으로 수행한다. 그리고 중앙정부기관은 중앙정부부서가 에너지정책을 수립하는 데 중요한 싱크탱크(Think Tank)의 기능을 수행하며 동시에 지방정부와 협력하여 에너지정책이 충실하게 수행될 수 있도록 지원하는 역할을 수행하고 있다(Eissel & Park, 2010).

에너지정책을 수립하는 주요 중앙정부 부서로는 전반적인 에너지정책을 수립하는 경제기술부(Federal Ministry for Economics and Technology), 재생에너지 부문의 시장진입 및 연구개발 부문의 정책을 수립하는 환경, 자연보존 및 원자력안전부(Federal Ministry for the Environment, Nature Conservation and Nuclear Safety), 주택 및 건물 등의 에너지 사용 효율화에 관한 정책을 수립하는 운송주택도시부(Federal Ministry for Transportation, Building and Urban Affairs), 바이오연료와 관련된 모든 정책을 담당하는 산림농업문화부(Federal Ministry of Forest, Agriculture and Culture), 에너지 관련 세금정책을 담당하는 재무부(Federal Ministry of Finance) 등이다.

에너지정책을 지역 차원에서 직접적으로 수행하는 지방정부기관으로는 독일중앙정부 상원(Bundesrat)에서 에너지정책과 관련하여 결정되는 최종 에너지정책을 직접 수행하는 각 지방정부, 지방정부위원회, 정책수행 실무그룹, 에너지산업의 사업수행을 감시하는 연방 카르텔국(Fedearl Cartel Office) 등이 있다.

중앙정부의 에너지정책 수립을 기획하고 지방정부의 에너지정책 수행을 지원하는 중앙정부기관으로는 독자적인 규정을 확보하고 있는 연방네트워크청(Federal Network Agency), 오염규제를 담당하는 연방환경청(Federal Environment Agency), 에너지 사용 효율성을 담당하는 연방에너지청(Federal Energy Agency) 등이 있다(<그림 13> 참조).

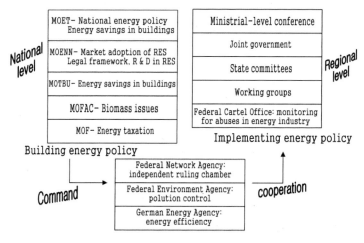

출처: Eissel & Park, 2010

〈그림 13〉 독일 에너지정책 수행주체

재생에너지 사용비율을 증대시키기 위하여 독일정부는 2000년 재생에너지자원법(Renewable Energy Resources Act)을 제정하였으며 이를 2004년 개정하였다. 이 법률제정으로 2007년 유럽연합위원회가 결정한 2020년 주요 총 에너지자원 공급에서 재생에너지 사용이 차지하는 비율을 10%로 목표를 확정할 수 있었으며 가장 중요한 정책

수단으로 활용되고 있다. 재생에너지자원법은 최근 2014년에 재개정되었다.

이 외에도 정책수단으로 활용되는 것은 난방 및 교통 부문에 적용되고 있는 재정적 인센티브가 있다. 특히 교통 부문에 바이오연료 사용을 증대시키기 위하여 이를 적극적으로 장려하고 있다. 그 결과 2000년도 바이오연료 사용비율이 0.5%에서 2005년 4.5%로 증가되었다. 독일정부는 유럽연합이 제정한 2020년 바이오연료 사용비율 10%를 달성하기 위하여 2007년 바이오연료 일정비율 의무사용제도 (A Bio Fuels Quota)를 도입하였다.

또한 전력 부문에는 1990년에 제정된 법령에 의하여 적용되는 발전차액보조금제도(Feed in Tariff System: FIT)가 있다. 발전차액보조금지원법에 의하면 재생에너지자원으로 생산한 전력공급자에게 의무적으로 재정지원을 하는 것으로서 전력회사는 이들에게 전력 소매가격의 65~85%를 지불하도록 규정하였다. 이후 10년 후인 2000년 재생에너지자원지원법(EEG)이 채택되면서 재생에너지자원별, 지역, 자원기술 설치규모 등에 따라서 전력생산량에 대한 보장을 발전차액으로 지원해 주고 있다.

재생에너지자원지원법은 세 단계를 거치면서 발전하여 왔다. 제1단계인 2000~2009년까지는 독일정부는 재생에너지로 국내 전력생산량을 증가시키는 데 정책적 초점을 맞추었다. 특히 첨단기술 부문과 밀접한 연관이 있는 태양광 전력생산 단가가 기존의 화석연료 사용 전력생산 비용보다는 월등하게 높은 관계로 발전차액지원정책을 투자자들에게 투명성, 지속성, 확실성 등을 제공하는 데 치중하였다. 제2단계인 2009~2011년에는 지속적인 연구개발의 결과 태양광 전력생산비용이 급격하게 낮아지게 되어 발전차액지원정책을 태양광 전력생산을 극대화시키는 데 초점을 맞추었다. 제3단계인 2012년 이후에는 태양광, 풍력, 바이오매스 등 재생에너지 전력생산비용이 지속적으로 감소되어 화석연료 사용 전력생산비용과의 격차가 현격하게 줄어들어 발전차액지원 비율을 낮추는 데 정책적 초점을 맞추고 있다(Fulton & Capalino, 2012).

2.4. 경제성장과 에너지정책

2.4.1. 경제성장과 에너지

2.4.1.1. 경제성장과 에너지 상관관계

경제성장과 에너지 소비에 관한 상관관계는 다양한 학문적 연구가 있으나 아직까지는 다수의 가정이 존재하는 상황이다. 이 중 가장 많이 인용되는 것이 경제성장과 에너지 소비는 상호 비례하는 방향으로 움직인다는 것이다. 즉, 에너지 소비가 생산을 위한 하나의 투입요소로 작용하여 에너지 소비가 증가하게 되면 경제성장도 증가한다는 주장으로 가장 일반적으로 인정되고 있다(Apergis and Payne, 2009).

실제로 글로벌 경제에서 1980년부터 2030년까지 전 세계 에너지 소비량과 그 예측치, 그리고 동 기간의 글로벌 경제성장률을 비교하여 보면 2005년까지 에너지 소비량이 지속적으로 증가하면서 글로벌 경제성장률도 증가한 것으로 나타나고 있다. 또한 향후 2010년 이후에도 중국, 인도, 브라질 등 신흥국의 높은 경제성장률로 인하여 에너지 소비량과 경제성장률이 동시에 증가하리라 예측되고 있다. 이러한 장기전망은 2008년 글로벌 금융위기, 2011년 유럽연합 재정위기 등을 거치면서 주요 선진국들의 비전통적인 금융정책인 양적완화(Quantity Easing: QE)를 거치면서 선진국의 경기가 예상했던 것만큼 성장하지 못하고 신흥국인 중국의 경제정책마저 내수 중심으로 전환하는 관계로 글로벌 에너지수요를 예상한 만큼 충족하지 못하게 되었다. 따라서 주요 에너지자원인 석유의 공급과잉으로 인하여 2014년 하반기부터 석유가격이 급격하게 하락하는 상황에 직면하게 되었다(IEA, 2006; Energy Information Administration, 2006; Financial Times, 2014, The Economist, 2015)(<그림 14>, [표 6] 참조).

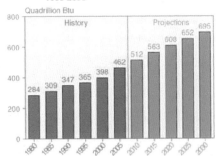

출처: Energy Information Administration, USA, 2006

<그림 14> 세계 에너지 소비량 추이(1980~2030)

[표 6] 세계 경제성장률 추이 및 예상(1978~2030)

Region	History				Projections		
	1978-2003	2003	2004	2005	2005-2015	2015-2030	2003-2030
OECD North America	2.9	2.5	4.1	3.5	3.1	2.9	3.1
United States	2.9	2.7	4.2	3.6	3.1	2.9	3.0
Canada	2.8	2.0	2.9	2.9	2.6	1.8	2.2
Mexico	2.9	1.4	4.4	3.1	4.0	4.1	4.1
OECD Europe	2.4	1.4	2.6	1.9	2.3	2.1	2.2
OECD Asia	3.0	1.9	3.0	2.6	2.3	1.6	1.9
Japan	2.5	1.4	2.6	2.4	1.7	1.0	1.4
South Korea	6.7	3.1	4.7	4.0	4.7	2.8	3.6
Australia/New Zealand	3.3	3.2	3.6	2.3	2.5	2.4	2.5
Total OECD	2.7	2.0	3.4	2.7	2.7	2.4	2.6
Non-OECD Europe and Eurasia	-0.3	7.7	8.1	6.5	4.9	3.7	4.4
Russia	-0.5	7.3	7.2	6.1	4.2	3.3	3.9
Other	0.2	8.0	9.5	7.0	5.9	4.0	5.1
Non-OECD Asia	6.7	7.6	7.8	7.5	5.8	4.9	5.5
China	9.4	9.1	9.5	9.2	6.6	5.2	6.0
India	5.3	8.5	6.9	6.8	5.5	5.1	5.4
Other	5.4	4.8	6.0	5.4	4.9	4.3	4.6
Middle East	2.6	4.8	6.4	6.7	4.4	3.7	4.2
Africa	2.9	4.8	5.1	4.9	4.8	4.1	4.4
Central and South America	2.3	2.1	5.9	4.5	3.8	3.5	3.8
Brazil	2.5	0.5	4.9	2.7	3.7	3.3	3.5
Total Non-OECD	3.7	6.4	7.2	6.7	5.3	4.5	5.0
Total World							
Purchasing Power Parity Rates	3.1	4.0	5.1	4.6	4.0	3.6	3.8
Market Exchange Rates	2.8	3.5	4.1	3.1	3.1	2.6	3.0

출처: Energy Information Administration, International Energy Outlook, 2006

따라서 글로벌 경제체제에서 경제성장, 에너지 소비, 에너지 가격 간의 상관관계는 분명하게 존재하는 것으로 이해되고 있다. 지난 1981년부터 2007년까지 OECD 회원국 25개국의 경제성장과 에너지 소비를 비교분석한 결과를 보면 경제성장, 에너지 소비, 에너지 가격은 회원국 간 상호 매우 밀접한 관계를 갖고 있다는 것이 증명되었다. 즉, 각 회원국의 경제성장이 높으면 에너지 소비도 증가하기 때문에 에너지정책 담당자는 이를 에너지정책 수립에 반드시 반영하여야 한다(Belke et al., 2010).

이 외에도 에너지 생산기업은 높은 경제성장을 달성하는 시기에는 에너지 소비증대로 인한 미래의 에너지 생산증대에 대비하여야 하며 에너지 소비의 특성 중 하나가 가격탄력성이 상대적으로 매우 낮다는 점을 명심하여 사업계획을 추진하여야 한다. 에너지 소비 균형은 한 국가 내 에너지 소비 충격보다는 글로벌 에너지시장 소비충격 이후에 재형성되는 경향이 매우 강하기 때문에 한 국가 내 에너지정책이 국내 에너지 소비에 미치는 영향은 상대적으로 적은 것으로 평가되고 있다. 이는 한 국가의 에너지 보존정책(Energy Conservation Policy)이 경제성장에 미치는 영향이 상대적으로 크지 않음을 의미한다.

2.4.1.2. 경제성장과 에너지정책

에너지 소비와 경제성장 간의 상호 관계는 일반적으로 에너지 소비가 증가할 때 경제성장이 더불어서 높아지고 에너지 소비가 감소할 때는 경제성장도 감소하여 양자는 종속관계를 명확하게 유지하고 있다. 따라서 에너지 소비는 경제성장에 직접적인 영향을 미쳐 직접적으로 발생되는 지구적 문제는 지구온난화로 인한 기후변화 문제이기 때문에 이를 해결하기 위해서는 다른 방법을 도입하여야 한다(Lee and Lee, 2010).

즉, 일방적인 에너지 소비 감소를 추구하면 궁극적으로 경제성장이 저하되기 때문에 경제성장은 지속화하고 동시에 기후변화문제를 해결하기 위해서는 이산화탄소 배출감축에 직접적으로 기여하는 재생에너지 소비를 증가하는 것이다. 이것이 에너지 소비와 경제성장의 상관관계에 존재하는 구조적인 문제를 해결하고 기후변화문제도 해결할 수 있는 유일한 대안 중 하나로 인정받고 있다(Costantini and Martini, 2010).

재생에너지 소비를 증가시키기 위하여 독일정부는 재생에너지자원으로 전력생산을 2025년까지 40~45% 생산하고 2035년에는 이를 55~60% 생산하려고 추진하고 있다. 재생에너지 전력생산은 2050년 총 전력생산의 80%에 이르도록 정책적 목표를 설정하고 있다. 이를 위하여 독일정부는 2014년 신규 재생에너지자원법(Renewable Energy Sources Act: EEG)을 채택하였다.

이 외에도 지속적인 경제성장이 가능한 에너지정책을 추진하는 독일정부는 여타의 기술선진국과 차별적인 정책수단을 시도하고 있다. 이는 재생에너지 소비를 증가시키는 것과 동시에 에너지 소비 효율화를 병행하여 추진하는 것이다. 이를 위하여 정부는 에너지 효율화 행동계획을 추진하고 있다. 이 계획은 최적의 에너지 효율화를 달성하기 위하여 에너지기후기금(Energy Climate Fund)이 재정지원을 수행하여 건축물의 에너지 절약을 강화하고 비효율적인 투자에 대한 자문수행, 에너지 사용 효율화를 위한 저소득층 무료상담, 에너지 효율인증제도 실시 등을 추진하고 있다. 이 외에도 독일정부는 에너지 효율화를 국내뿐만이 아닌 유럽연합 차원에서 에너지 효율이 높은 제품에 대한 표준화를 추진하고 있다(Federal Ministry for the Environment, Nature Conservation, Building and Nuclear Safety, 2014).

2.4.2. 독일 산업구조와 에너지 소비

2.4.2.1. 산업구조

독일의 산업구조는 OECD 국가 중에서도 상대적으로 제조업의 비중이 높다. 또한 제조업이 창출하는 부가가치의 비율도 타 선진국과 비교할 때 매우 높은 것으로 나타나고 있다. 이는 독일 산업에서 전문화된 첨단기술 산업 분야의 제조업이 세계적인 경쟁력을 보유하고 있음을 의미한다.

구체적으로 설명하면 2008년도 독일의 제조업이 창출한 부가가치는 전체의 23.1%를 차지하였으며 이는 중국 34.4%, 한국 27.9%보다는 낮지만 일본 20.6%, 프랑스 11.9%, 영국 12.3%, 미국 13.3%보다 월등하게 높은 수치이다. 최근 통계인 2012년을 기준으로 보면 독일 23%, 중국 32%, 한국 31%, 일본 18%, 프랑스 11%, 영국 10%, 미국 13%로 독일의 경우 제조업의 부가가치 창출에는 거의 변화가 없는 반면에 한국을 제외한 세계 주요 국가에서 제조업의 부가가치가 하락하고 있는 경향을 나타내고 있다(www.worldbank.org).

이는 독일산업의 글로벌 경쟁력은 첨단제조업에서 창출되고 있음을 나타내고 있으며 기후변화, 고령화 시대 대비 등 지식기반사회 구축에 필요한 첨단기술을 확보하고 있는 독일산업 미래에 더욱 강력한 경쟁력을 지속해 나갈 수 있을 가능성을 의미한다(Federal Ministry for Economics and Technology, 2010).

타 기술선진국과 달리 제조업 중심 산업을 유지하고 있는 독일의 산업구조는 매우 특색이 있다. 1990년대 미국, 영국, 프랑스 등 구미 선진국은 서비스업 중심으로 산업구조조정을 하면서 제조업 전략을 자국의 국제 비교우위가 있는 특정 부문만을 전략 산업화하는 과정을 거치면서 제조업 부문에서 창출된 부가가치의 절대비율이 감소하는 경향을 나타내고 있다.

그러나 독일의 경우 1990년대 이후 산업구조조정 수행하는 전략을 구미 선진국이 추진한 비교우위를 확보한 제조업의 특정 부문에 집중한 것이 아니라 보유제조업의 전문화를 통하여 제조업 부가가치창출을 지속화하였다. 따라서 부가가치 창출비율이 1991년 27.3%에서 2008년 23.1% 소폭 감소하는 데 그쳤으며 이는 2012년에도 거의 변화가 없는 상태이다(<그림 15> 참조).

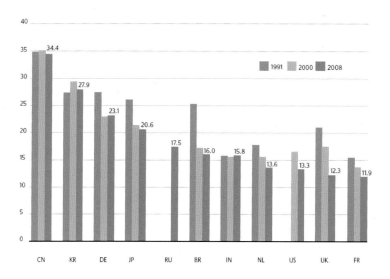

출처: OECD, World Bank 2010

〈그림 15〉 주요 국가 제조업 부가가치 창출비율(1991~2008, %)

독일의 제조업 부가가치 창출은 전 산업 대비 비율뿐만이 아니라 그 창출액수도 타 선진국과 비교할 때 압도적으로 높다. 우선 유럽연합 28개 회원국과 2007년도 산업별 부가가치 창출액수를 비교해 보면 독일이 약 4,600억 유로(약 690조 원)에 이르러 이탈리아 약 2,190억 유로, 영국 약 2,180억 유로, 프랑스 약 2,160억 유로 등과 월등한 차이를 보이고 있다(Eurostat, 2010)([표 7] 참조).

[표 7] 유럽연합 회원국의 산업별 부가가치 창출(2007, 10억 유로)

	Mining & quarrying	Manu-facturing	Elec., gas & water supply	Construc-tion	Distrib. trades	Hotels & restaur.	Trans., storage & communi-cation	Real estate, renting & business activities
EU-27	88.55	1 711.79	203.66	510.02	1 099.04	181.91	652.93	1 202.14
Belgium (¹)	0.32	51.67	6.17	12.31	35.63	3.79	20.00	33.85
Bulgaria	0.64	3.58	1.09	1.06	:	0.33	1.89	0.95
Czech Republic	1.47	26.49	4.88	5.29	11.42	1.26	7.57	9.23
Denmark (¹)	7.16	29.23	2.54	11.08	24.09	2.54	15.35	30.55
Germany	6.47	459.39	44.23	55.44	202.96	23.23	118.70	242.11
Estonia (¹)	0.12	2.28	0.37	1.12	1.99	0.19	1.08	1.40
Ireland	1.17	35.50	2.07	9.22	16.38	3.41	7.13	16.03
Greece	0.95	15.83	2.68	6.38	22.27	3.46	9.21	8.78
Spain	2.50	132.37	15.13	94.26	106.23	25.17	58.68	102.46
France	4.61	215.48	25.78	69.55	151.49	28.53	97.27	202.55
Italy	7.32	218.77	19.79	63.26	116.04	21.99	76.09	108.07
Cyprus	0.04	1.14	0.28	1.21	1.73	0.92	1.03	1.20
Latvia	0.04	1.78	0.35	0.98	2.46	0.23	1.49	1.40
Lithuania	0.10	2.62	0.64	1.27	2.38	0.16	1.53	1.32
Luxembourg	0.03	2.76	0.27	1.62	2.60	0.49	2.57	4.08
Hungary	0.16	17.17	2.03	2.36	7.52	0.70	5.61	6.46
Malta	:	:	:	:	:	:	:	:
Netherlands	6.51	60.13	5.89	23.92	58.53	6.61	33.01	10.03
Austria (¹)	0.87	48.32	5.69	13.64	28.35	6.66	16.02	27.92
Poland	6.47	45.44	8.99	9.32	27.62	1.52	15.46	15.91
Portugal (¹)	0.69	19.78	3.84	9.46	17.00	3.36	10.12	12.54
Romania (¹)	3.02	13.81	2.61	5.26	9.67	0.75	5.94	5.30
Slovenia	0.12	6.43	0.64	1.42	3.06	0.46	1.71	1.92
Slovakia	0.19	6.94	2.67	0.99	3.19	0.17	1.91	1.99
Finland	0.42	33.23	3.32	7.01	13.47	1.81	9.42	13.81
Sweden (¹)	1.76	57.22	6.86	14.85	31.99	3.95	18.02	44.85
United Kingdom	34.98	217.89	35.65	97.62	212.38	41.71	121.86	310.46
Norway	43.65	22.60	5.43	9.98	19.72	2.45	17.88	23.39

출처: Eurostat, Europe in Figures, Eurostat Yearbook, 2010

이는 독일의 제조업 비중이 타 회원국과 비교할 때 상대적으로 높은 것도 사실이나 부가가치 창출 측면에서 매우 높은 효율성을 나타내고 있어서 기술능력의 비교우위뿐만이 아니라 장기적 차원에서 국가경쟁력을 나타내 주고 있다. 이 외에도 제조업의 높은 부가가치 창출능력은 안정적인 고용창출 및 유지 등 지속발전 가능성을 뒷받침해 주고 있다고 할 수 있다.

2.4.2.2. 에너지 소비

주요 에너지자원 소비는 국가 전체적으로 지난 1991년 14,300 Quadrillion Btu에서 2001년 14,619, 2004년 14,701Quadrillion Btu까지 증가하였다가 2008년에는 14,352Quadrillion Btu, 2010년 13,148 Quadrillion Btu까지 감소하였다. 이후 2011년에는 13,478Quadrillion Btu로 증가하였다가 2012년 13,466Quadrillion Btu로 다시 감소하는 경향을 보이고 있다.[16] 주요 에너지자원 소비는 2000년대 중반 이후 기술선진국에서 에너지 집중도(Energy Intensity)가 점진적으로 감소하는 경향을 보이고 있으며 특히 독일의 에너지 집중도 감소가 매우 강력하게 이루어지고 있으며 이는 에너지 사용의 효율화가 강력하게 진행되고 있음을 시사하고 있다(EIA, 2010; IEA, 2012; www.eia.gov).[17]

총 에너지 소비(Total Final Consumption: TFC)는 2005년까지는 지속적으로 증가하다가 이후에는 점진적으로 감소하는 경향을 나타

---

16) 백만 Btu(British thermal units)는 약 40TOE(Metric Tones of Oil Equivalent)이다.

17) 에너지집중도(Energy Intensity)는 각 국가의 국내총생산(GDP) 백만 달러를 창출하는 데 사용되는 에너지의 양인 TOE로 계산된다. 즉, 에너지 집중도가 낮을수록 한 국가의 에너지 사용 효율성이 높다는 것을 의미한다.

내고 있다. 총 에너지 소비 중 가장 많이 차지하는 부문은 산업 부문으로서 동년 약 32%를 차지하고 있으며 이어 수송 24%, 가정주택 24%, 이 외 상업 등 기타로 이어지고 있다. 산업 부문의 에너지 소비는 1985년 38%, 1995년 35%, 2005년 32%, 2012년 28%로서 지속적으로 에너지 소비가 감소하고 있는 상황이다. 이와 비교할 때 수송 부문은 2005년 이후에도 지속적으로 증가하여 2012년에는 31% 가정 및 주택, 상업 부문은 41%로 상대적으로 일정한 에너지 소비 형태를 나타내고 있다(IEA, 2007; AGEB, 2014).

2012년의 총 에너지 소비를 분석하여 보면 산업 부문이 31%, 수송 부문 28%, 가정주택 및 상업, 무역, 서비스 부문이 41%로 나타나고 있다. 이는 2005년도와 비교할 때 산업 부문은 감소하고 수송 부문과 가정, 상업 및 주택 부문은 증가하고 있음을 알 수 있다. 그러나 총 에너지 소비 2030년까지의 장기전망을 살펴보면 2005년 2억 6,100만 톤 TOE에서 2030년에는 1억 9,300만 톤 TOE로 약 26% 감소할 것으로 에너지 관련 전문기관은 예측하고 있다(<그림 16, 17> 참조).

에너지 사용은 필수적으로 이산화탄소 배출을 야기한다. 따라서 이산화탄소 배출량을 보면 에너지 사용의 효율성 및 에너지 관련 기술수준을 알 수 있다. 또한 이산화탄소 배출량을 부문별로 조사해 보면 취약 부문과 이산화탄소 배출감축 가능 부문을 이해할 수 있다. 독일의 경우 1990년 이산화탄소 배출량이 9억 4,800만 톤에서 2006년 7억 9,900만 톤 그리고 2012년에는 7억 4,500만 톤으로 감소하였다. 특히 1996년 8억 6,700만 톤으로 전년 대비 잠시 증가하고 유럽 재정위기 기간인 2012년 석탄수입 증가로 인하여 전년 대

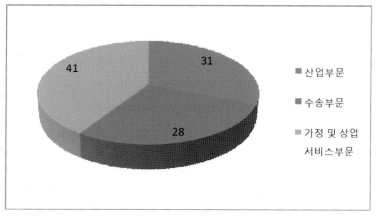

〈그림 16〉 부문별 총 에너지 소비 비율(2012, %)

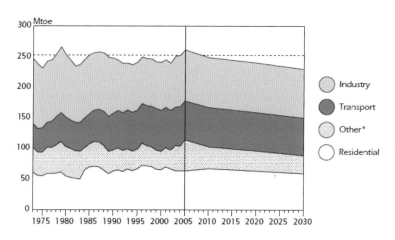

〈그림 17〉 독일의 부문별 총 에너지 소비 장기전망(1973~2030)

비 이산화탄소 배출량이 1.6% 증가한 경우를 제외하고는 이산화탄소 배출량은 점진적이며 지속적으로 감소하여 1990년 대비 2006년에는 약 15.8%, 2012년에는 25.5% 이산화탄소 배출량 감축을 기록하였다[18](Federal Environment Agency, 2014).

우선 2000년대 중반의 상황을 살펴보면 2006년 이산화탄소 배출량 중 부문별 배출량이 총 7억 9,900만 톤 중에서 에너지 부문 3억 6,600만 톤, 수송 부문 1억 4,900만 톤, 가정 부문 1억 1,700만 톤, 제조업 부문 1억 백만 톤 등이 주요 이산화탄소 배출 부문이다. 즉, 에너지 사용 후 이산화탄소 배출 부문 중 에너지 수송 및 가정 부문이 6억 3,200만 톤으로 전체 배출량의 약 79.1%를 차지하고 독일의 핵심 산업 부문인 제조업의 이산화탄소 배출 규모는 전체 배출량의 약 12.6%로서 상대적으로 낮은 비율이다(Federal Ministry of Economics and Technology, 2008)(<그림 18> 참조).

이는 독일제조업이 지속적인 자본투자 및 기술혁신을 통하여 이산화탄소 배출을 감소시키는 기술개발을 가능하게 하여 궁극적으로 에너지 집중도 및 이산화탄소 집중도를 낮추게 하는 데 중요한 역할을 수행하고 있음을 나타내고 있다. 독일제조업 중 분야별 부가가치 창출 부문을 살펴보면 에너지 사용 비율이 매우 높은 광산업, 유리, 시멘트산업 등은 1995년 이후부터 지속적으로 감소하고 있으며 제지 및 펄프산업은 1995년부터 2002년까지는 부가가치 창출이 증가하다가 2003년부터는 감소하였다. 또한 2006년 이후에는 1995년보

---

18) 독일의 이산화탄소 배출량은 2013년에도 증가하여 7억 6,000만 톤에 달하였다. 2013년 유럽연합 전체 이산화탄소 배출량은 약 2.5% 감소하였으나 독일을 비롯한 6개 회원국에서는 이산화탄소 배출량이 증가하였다.

다 낮은 부가가치 창출에 이르게 된다.

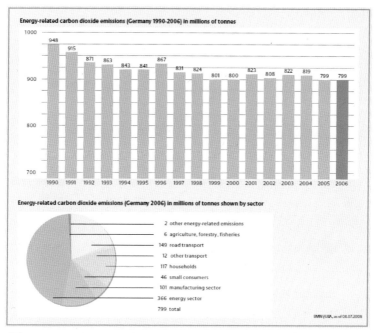

출처: Federal Ministry of Economics and Technology, 2008

〈그림 18〉 독일 이산화탄소 배출량 추이 및 분야별 배출량(1990~2006, 백만 톤)

이와 비교할 때 철강산업은 1995년부터 2004년까지 약 10년간 부가가치 창출비율의 변동이 거의 없는 상태를 유지하다가 2004년 이후 증가하는 패턴을 보이고 있다. 또한 자동차산업은 1995년 이후 2001년 IT버블 경제침체기를 제외하고는 지속적인 부가가치 창출 증가를 나타내고 있다. 이는 에너지 소비가 가장 많은 5대 제조업 중 부가가치 창출이 감소하는 산업 부문은 광산업, 유리, 시멘트산업, 제지 및 펄프산업 등과 같은 전통제조업이며 철강산업 및 자동차산업은 제조업 중 지속적으로 부가가치 창출에 성공한 산업 부문이라 할 수 있다(<그림 19> 참조).

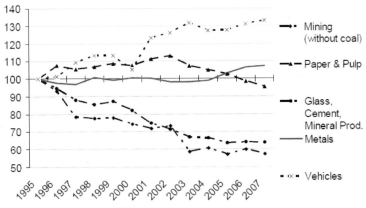

출처: Statisches Bundesamt, 2010

<그림 19> 제조업 분야별 부가가치 창출 추이(1995 기준)(1995~2007)

제조업을 포함한 전 산업 부문을 기준으로 살펴보면 1990년 이후 산업 부문 부가가치가 1990년대에는 하락하는 추세를 보이다 2000년대 중반 이후 급격하게 상승하는 패턴을 나타내고 있다. 동시에 2009년에는 글로벌 금융위기로 인하여 전 산업 부문의 부가가치가 하락추세를 면치 못하다가 2010년 이후에는 빠르게 회복하는 추세를 나타내고 있다. 이는 1990년부터 2011년까지 총 에너지 소비는 지속적으로 감소하는데 국가경제는 성장하고 산업의 부가가치도 증가하는 매우 독특한 독일경제의 특성을 나타내고 있다.

즉, 1990년 독일의 총 에너지 소비는 226Mtoe에서 2011년 208Mtoe

로 약 8% 감소하였으나 국내총생산은 1990년 1조 7,650달러에서 2011년 3조 7,520달러로 213% 증가하였으며 1991년 가격기준으로 는 31% 증가하였다. 전 산업의 부가가치도 1990년도 대비 2007년에 는 약 12% 증가하였고 2011년과 비교할 때는 약 8% 증가하였다 (Schlomann & Eichhammer, 2012; www.worldbank.org)(<그림 20, 21> 참조).

그러나 제조업을 전체로 분석하여 보면 에너지 집중도가 1995년 이후 2002년까지 지속적으로 낮아지고 있다. 2003년에는 예외적으 로 증가하는 현상을 보이고 있으나 이는 일시적인 현상으로 2004년 이후에는 다시 낮아지고 있다. 이는 제조업 전체적으로 에너지 소비 를 감소시키면서 제품의 경쟁력을 확보하려는 노력의 결과라고 판 단된다.

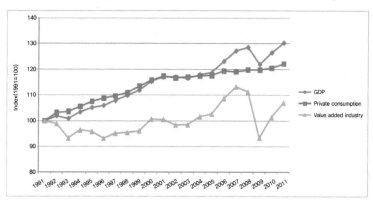

출처: Federal Statistical Office, 2012

〈그림 20〉 독일 거시경제 및 산업 부가가치 발전추이(1991~2011)

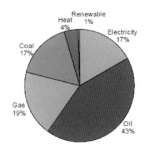

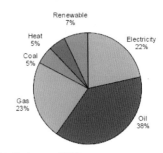

출처: AGEB, 2012

〈그림 21〉 국내 총 에너지 소비량 비교(1990~2011)

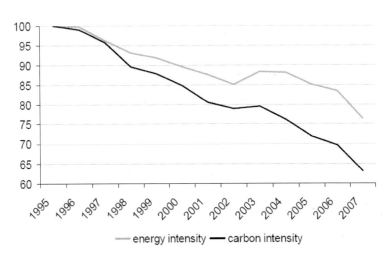

출처: Statisches Bundesamt, 2010

〈그림 22〉 제조업 에너지 및 이산화탄소 배출 집중도(1995년 기준)

이 외에도 이산화탄소 배출집중도 역시 1995년 이후 감소하는 현상을 나타내고 있다. 특히 이산화탄소 배출 집중도는 1998년 이후 에너지 집중도보다 감소비율이 더욱 낮은 상태로 지속적으로 감소되고 있는데 이는 제조업 부문에서 에너지 소비 감소뿐만이 아니라 이산화탄소 배출감소 기술개발 부문에 자본투자와 기술혁신 활동의 결과로 판단된다(<그림 22> 참조).

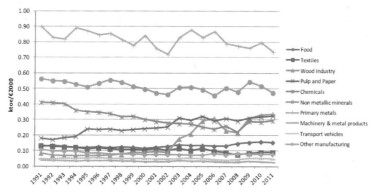

출처: Schlomann & Eichhammer, 2012

〈그림 23〉 제조업 에너지 집중도 변화추이(1991~2011)

독일제조업의 에너지 집중도를 1991년부터 2011년까지 20년간 분석해 보면 에너지 집중도가 가장 높은 산업 부문은 에너지 사용비율이 가장 높은 철강산업이다. 철강산업은 에너지 사용비율이 가장 높음에도 불구하고 1991년 이후 지속적인 에너지 집중도가 감소하였다. 이 외에도 모든 산업 부문에서 에너지 집중도가 감소하는 경향으로 나타나고 있다. 위에서 설명한 바처럼 2003년과 2004년에 에너지 집중도가 다시 증가하는 현상을 나타내고 있는데 이는 화학 및 비금속산업의 에너지 집중도 증가로 인한 결과로 분석되고 있다. 그러나 전통적으로 에너지 집중도가 낮은 산업 부문인 식품, 기계 및 부품, 섬유산업 등은 에너지 집중도가 상대적으로 균형을 지속하였다(Schlomann & Eichhammer, 2012)(<그림 23> 참조).

2.4.3. 산업구조 및 에너지공급과 생산

2.4.3.1. 산업구조

독일의 산업구조는 타 선진국과 비교할 때 제1차 산업인 농업비중이 상대적으로 매우 낮고 제2차 산업인 제조업의 비중이 상대적으로 높은 것이 특징이다. 또한 제조업의 비중이 높으면서도 동시에 제조업이 국내총생산(GDP)에 차지하는 부가가치도 타 선진국과 비교할 때 월등하게 높은 구조를 보유하고 있다. 선진국 주요 경제국인 G-7 국가 간 비교에 의하면 제조업 비중이 가장 높은 국가가 독일로 2010년 기준 27.9%에 이르고 있다. 이는 제조업이 상대적으로 강한 일본의 26.6%보다도 높은 수준이며 미국의 22.1%와 비교할 때 매우 커다란 차이를 보이고 있다. 동시에 서비스산업의 비중은 독일이 71.2%로 71.1%를 보유하고 있는 캐나다 다음으로 낮은 수준이다(Germany Trade and Invest, 2012)(<그림 24> 참조).

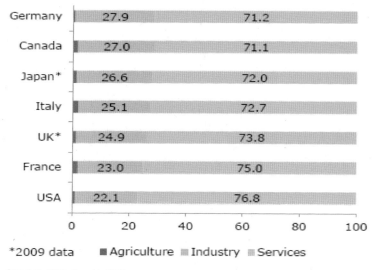

출처: IMD, 2012; Eurostat, 2012

〈그림 24〉 G-7 국가 국내총생산 중 산업구조 비율(2010, %)

유럽연합 회원국 제조업이 2011년 창출한 부가가치의 총액은 1조 7,389억 유로(약 2,261조 원)에 달하고 있으며 독일제조업이 창출한 부가가치는 29%로서 5,043억 유로에 이르렀다. 이는 유럽연합 내 제2위의 제조업을 보유하고 있는 이탈리아가 창출한 13%보다 두 배 이상의 부가가치를 창출한 규모이다. 2011년 27개 유럽연합 회원국 중 독일, 이탈리아, 프랑스, 영국, 스페인, 네덜란드 등 6개 국가가 유럽연합 제조업 부가가치의 73%를 차지하였다[19](<그림 25> 참조).

---

19) 유럽연합은 2014년 7월 1일자로 크로아티아가 회원국으로 가입하면서 총 28개 회원국으로 구성되어 있다.

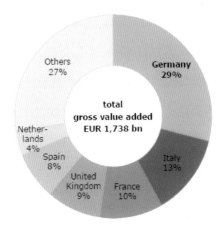

출처: IMD, 2012; Eurostat, 2012

〈그림 25〉 유럽연합 회원국 제조업 부가가치 창출 비율(2011, %)

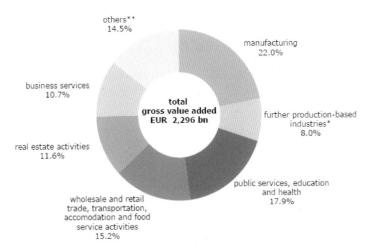

출처: Federal Statistical Office, 2012
비고: * 건설, 광산업, 전기, 가스, 스팀, 냉방공급, 상수도, 쓰레기관리, 교정활동 포함,
     ** 농업, 산림업, 임업, 정보통신, 금융, 보험 및 기타서비스 포함

〈그림 26〉 독일 산업 부문별 부가가치 창출 비율(2011, %)

독일을 개별국가로 국내총생산에서 차지하는 전 산업을 기초로 분석을 하여도 제조업이 창출하는 부가가치는 2011년 30%에 달하였다. 이는 제조업 비중이 27.9%임에 불구하고 부가가치 창출능력은 제조업 비중보다 훨씬 높음을 나타내고 있다. 독일이 2011년 창출한 총 부가가치는 2조 2,960억 유로에 달하였고 제조업이 6,888억 유로에 이르렀다. 제조업 다음으로 부가가치를 많이 창출한 산업 부문은 공공서비스, 교육, 보건 부문으로 17.9%에 달하였으며 부가가치 창출액으로는 4,110유로에 달하였다(Germany Trade and Invest, 2012)(<그림 26> 참조).

독일제조업은 부가가치 창출 부문뿐만이 아니라 고용 측면에서도 타 산업 부문과 비교할 때 중요성이 매우 높다. 2010년 기준 독일 내 총 고용 인력은 2,830만 명에 달하였고 제조업에 종사하는 총 고용 인력은 전체의 22.5%에 달하는 635만 5천 명에 이르렀다. 이로써 제조업은 국내 산업에서 가장 커다란 부문을 차지하고 동시에 가장 많은 고용 인력이 종사하는 핵심 산업 부문이다. 제조업 다음으로 많은 고용을 창출하는 산업 부문은 도매 및 소매무역 부문으로 동년 410만 명을 고용하고 있으며 가장 적은 고용 인력을 보유하고 있는 산업 부문은 금융 및 보험산업 부문으로 101만 5천 명을 보유하고 있다(<그림 27> 참조).

이 외에도 독일제조업은 높은 생산성을 보유하고 있어서 글로벌 시장에서 경쟁력을 확보하고 있다. 2012년 기준으로 독일제조업의 생산성은 미국 및 네덜란드를 제외하면 모든 기술선진국보다 높은 것으로 분석되었다. 즉, 독일제조업의 생산성을 100으로 기준할 때 미국은 112, 네덜란드는 101로 상대적으로 높거나 비등한 수준을 나타내고 있으나 제조업 강국인 일본의 생산성은 81로 독일보다 매우 낮은 것으로 조사되었다(<그림 28> 참조).

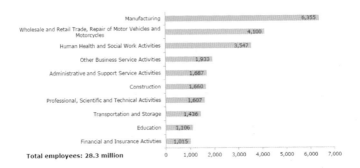

출처: Federal Statistical Office, 2011

〈그림 27〉 독일 산업 부문별 고용현황(2010, 1,000명)

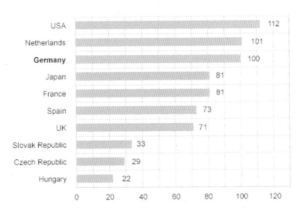

출처: IW Köln, 2014

〈그림 28〉 주요국 제조업 생산성 비교(2012)

독일 산업에서 중추적인 역할을 수행하는 기업은 중소기업이다. 특히 중소기업 중 수출 중심의 전문화된 중소기업의 역할이 독일경제의 지속적인 성장과 안정적인 고용창출을 가능하게 하는 데 핵심적인 역할을 수행하고 있다. 2013년 독일 내 총 기업 수는 372만 개에 이르고 있으며 이 중 중소기업은 99.6%에 달하는 370만 개에 달한다. 전체 기업의 총 매출은 5조 9,210억 유로에 이르며 이 중 중소기업의 총 매출액은 35.9%인 2조 1,280억 유로이다. 총 고용은 62%에 달하는 1,755만 명에 달한다(www.gtai.de)([표 8] 참조).

[표 8] 독일 기업구조(2013)

	총수 및 총액	중소기업	중소기업 비율(%)
기업 수	3백7십2만	3백7십만	99.6
총 매출액*	5조 9,210억 유로	2조 1,280억 유로	35.9
고용인 수	2천8백3십만	1천7백5십5만	62.0

출처: Ifm Bonn, 2014

독일 중소기업이 타 국가와 특이한 점은 글로벌 틈새시장에서 글로벌 경쟁력을 확보하여 틈새시장의 최강자 기업을 다수 보유하고 있다는 점이다. 이들 중소기업은 글로벌시장에서 브랜드가 글로벌 대기업처럼 일반 소비자에게 광범위하게 알려져 있지는 않지만 특정 산업 부문에서는 인지도가 매우 높은 기업으로서 해당 산업 부문에서 부동의 1위부터 3위까지의 위치를 확보하고 있다. 이들 기업은 히든 챔피언(Hidden Champion)으로 명칭 되고 있으며 2012년 글로벌 시장에 2,700개가 존재하는 것으로 조사되었다. 이 중 독일이 보유하고 있는 글로벌 중견기업의 수는 1,307개로 부동의 1위를 차지하고 있다(Simon, 2012)(<그림 29> 참조).

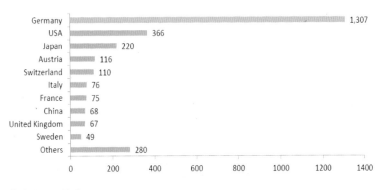

출처: Simon, 2012

〈그림 29〉 주요국 글로벌 중견기업 보유 현황(2012, 개)

독일 글로벌 중견기업은 대기업 수준의 규모를 형성한 경우도 있지만 5개 중 1개 기업은 200명 이하의 고용인을 보유하고 있는 작은 기업규모를 갖고 있으나 뛰어난 기술력을 바탕으로 글로벌 시장에서 확고한 시장점유율을 보유하고 있다. 이처럼 독일이 주요 국가 중에서도 최대 다수의 글로벌 중견기업을 보유할 수 있는 이유는 독일의 자연 및 사회과학 교육과 실습을 중심으로 하는 직업교육의 호환성 존재, 유럽 내 정중앙에 위치한 입지적 조건, 지역산업 발전을 장려하는 강력한 지역적 특성 등으로 요약될 수 있다(Germany Trade and Invest, 2013).

2.4.3.2. 에너지공급 및 생산

2012년 독일 내에 공급된 총 주요 에너지자원은 3억 1,250만 톤 TOE이며 자국 내 총 에너지 생산은 1억 2,380만 톤 TOE이다. 또한 동년 에너지 총 주요 에너지 수입은 1억 9,956만 톤 TOE에 달하였다. 이 중 전력소비량은 시간당 585테라와트(Twh)에 이르렀으며 이산화탄소 배출량은 2008년보다 4,800만 톤 감소한 7억 5,500만 톤에 달하였다(IEA, 2014).

총 주요 에너지 공급 중 부문별 공급비율은 상대적으로 안정적인 상태를 보이고 있다. 2011년 기준으로 석유가 가장 많은 32.7%, 석탄 24.8%, 천연가스 23%, 원자력에너지 9%, 재생에너지 11.5%를 나타내고 있으며 지난 16년간 이 비율은 재생에너지가 1995년에 1.8%에서 2011년 11.3%까지 매년 급격하게 증가하였으며 원자력에너지는 2000년과 비교할 때 36.3%가 감소하였다.

그러나 총 주요 에너지공급이 최대에 이르렀던 1985년과 비교해 보면 석탄 공급이 약 40%에 달하던 것이 2011년에는 24.8%로 감소하여 가장 커다란 변화를 나타내고 있다. 천연가스 또한 1985년에는 13%의 공급비율에 2011년 23%로 증가하였으나 이는 네덜란드 및 이탈리아의 증가비율과 비교할 때 매우 빠른 증가는 아니다(IEA, 2013b).

총 주요 에너지공급의 장기 예측 전망은 2012년 3억 1,250만 톤 TOE에서 2030년 2억 8,400만 톤 TOE로 약 9.2% 감소할 것으로 예상되고 있다. 이처럼 총 주요 에너지공급의 감소가 예상되는 것은 에너지 사용 부문의 효율성이 지속적으로 높아지고 2021년에는 원자력에너지 공급이 중단될 예정이며 동시에 정부가 재생에너지 공급을 정책적으로 확대할 계획을 갖고 있기 때문이다. 2010년 정부가 발표한 에너지정책 핵심인 에너지전환(Energiwende)의 목표에 의하면 재생에너지 공급을 2020년 총 에너지 소비 중 18%, 2030년에는 30%에 이를 것을 목표로 하고 있다(IEA, 2013b).

2030년 총 주요 에너지 공급구성에 의하면 2000년 원자력에너지가 13%에서 2030년에 원자력발전소 폐쇄에 의하여 0%에 이르며 재생에너지 공급비율은 2000년 3%에서 2030년 30%로 1,000% 증가할 예정이다.[20] 또한 원자력에너지 공급이 차지하는 비중을 상쇄하기 위하여 2030년 석탄 공급을 26%까지 증가시키고 천연가스도 같은 기간 내 21.1%에서 23%로 증가시킬 예정이다. 이와 비교할 때 석유는 동 기간 38%에서 34%로 감소할 예정이다.

독일 내 에너지 생산은 1997년 1억 3,850만 톤 TOE 그리고 10년 후인 2007년 1억 3,530만 톤 TOE를 생산하였다. 이후 2010년에는 1억 3,150만 톤 TOE 그리고 2012년에는 1억 2,380만 톤 TOE로 감소 추세이다. 2010년을 기준으로 총 에너지 생산 중 부문별 생산비율을 살펴보면 원자력에너지 27.6%, 석탄 34.3%, 천연가스 7.4%, 석유 2.9%, 재생에너지 24.9%로 구성되어 있다.

이는 유럽연합 내 타 주요 회원국과 비교할 때 석탄의 비중이 상대적으로 매우 높은 상태이며 재생에너지 부문은 28개 유럽연합 회원국 평균인 20.1%보다는 상대적으로 높지만 17개 유로 사용국(EMU) 평균인 24.9%와 동일한 수준이다. 이는 2007년과 비교할 때

---

20) 독일정부는 2011년 3월 일본 후쿠시마 원자력발전소 폭발사고 이후 국내 원자력발전소를 2020년 1월부터 모두 폐쇄하기로 결정하였다.

[표 9] 유럽연합 내 독일 에너지 생산 추이 및 부문별 비율(백만 TOE, %)

	Total production of primary energy	Share of total production (%)				
		Nuclear energy	Solid fuels	Natural gas	Crude oil	Renewable energy
EU-27	830.9	28.5	19.6	18.8	11.7	20.1
EA-17	475.8	39.4	13.5	17.4	3.0	24.9
BE	15.1	81.8	0.0	0.0	0.0	13.2
BG	10.4	38.1	47.5	0.0	0.0	14.2
CZ	31.5	23.0	65.8	0.5	0.9	9.2
DK	23.3	0.0	0.0	31.5	53.5	13.4
DE	131.5	27.6	34.3	7.4	2.9	24.9
EE	4.9	0.0	80.0	0.0	0.0	20.0
IE	2.0	0.0	52.4	15.9	0.0	31.3
EL	9.5	0.0	77.4	0.1	1.2	21.0
ES	34.1	46.9	8.9	0.1	0.4	43.0
FR	134.4	82.2	0.0	0.5	0.9	15.5
IT	30.2	0.0	0.2	22.8	19.8	54.1
CY	0.1	0.0	0.0	:	0.0	91.7
LV	2.1	0.0	0.1	0.0	0.0	99.4
LT	1.3	0.0	0.7	0.0	8.9	90.5
LU	0.1	0.0	0.0	0.0	0.0	70.8
HU	11.0	37.1	14.5	20.3	9.8	17.5
MT	0.0	0.0	0.0	0.0	0.0	0.0
NL	69.9	1.5	0.0	90.7	2.6	4.1
AT	11.8	0.0	0.0	12.6	8.7	73.2
PL	67.1	0.0	82.1	5.5	1.1	10.2
PT	5.6	0.0	0.0	0.0	0.0	97.4
RO	27.7	10.8	21.3	31.1	16.1	20.5
SI	3.7	39.2	32.1	0.2	0.0	27.9
SK	6.0	64.0	10.3	1.5	0.3	23.4
FI	17.0	34.6	10.6	0.0	0.7	53.2
SE	33.1	45.1	0.7	0.0	0.0	52.6
UK	147.6	10.9	7.0	34.9	43.3	3.6

출처: Eurostat, Key Figures on Europe, 2013

독일의 재생에너지 생산 부문이 20.8% 그리고 17개 유로 사용국 평균이 21.5%로 평균치에 근접한 수준에서 유로존 국가의 평균치에 도달하였다. 이는 2007년부터 2010년까지 독일의 재생에너지 생산이 빠른 속도로 증가하였고 에너지 사용의 효율성이 향상되었음을 의미한다(Eurostat, 2010; Eurostat, 2013)([표 9] 참조).

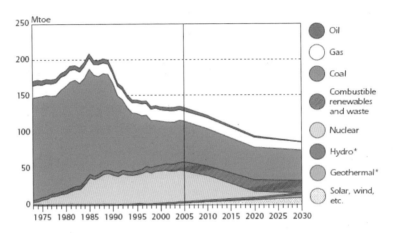

출처: IEA & OECD. Energy Balances of OECD Countries. 2007

〈그림 30〉 부문별 에너지 생산 장기 예측(1973~2030)

에너지 생산 장기 전망은 1985년 약 2억 1,000만 톤 TOE의 최대 생산에서 2005년 약 1억 3,500만 톤 TOE로 지속적으로 감소하였으며 2030년에는 약 9,000만 톤 TOE로 2005년 대비 약 33.4% 감소할 것으로 예측된다. 2030년 에너지 생산에서 차지하는 최대 비율은 석탄이 차지할 것으로 예측되며 그다음은 연소가 가능한 쓰레기 재처리, 재생에너지자원 등이 중요한 에너지 생산 재료로 그 역할을 하리라 예측되고 있다(<그림 30> 참조).

2.4.4. 산업구조 고도화와 에너지정책

2.4.4.1. 산업구조 고도화와 에너지 효율성

장기적 경제성장과 지속적인 에너지 소비 감소는 학자 혹은 에너지 전문가가 예상하는 것과 달리 동시에 달성하는 것이 가능하다. 그러나 이를 동시에 달성하기 위해서는 반드시 커다란 변화, 구조조정, 막대한 자본의 투자 등이 수반되어야 하기 때문에 궁극적으로 경제적 비용 상승을 반드시 유발하게 된다.

독일정부는 이러한 산업구조 조정에 필요한 비용을 단순히 세금을 증가시켜 비용을 충당하는 방법보다는 국민에게 최소한의 부담으로 정책목표를 달성하기 위한 방안에 주력하고 있다. 이를 위해서는 효율성은 매우 높고 비용은 합리적으로 활용할 수 있는 에너지 기술이 매우 중요하다고 판단하고 있다. 따라서 정부는 이를 해결하기 위하여 에너지기술의 연구개발 및 기술혁신 창출을 통합에너지 및 기후프로그램(Integrated Energy and Climate Program)의 일부로 인식하고 있다.

새로운 에너지 기술의 연구, 개발, 판매 등은 일차적으로 기업이 수행하여야 할 주요 과제이나 정부는 개발비용 및 시간이 장기간 소요되고 기술개발의 위험이 매우 높은 부문에서는 기업을 대신하여 적극적으로 지원을 하고 있다. 그러나 글로벌 기후변화 대처, 에너지 효율성, 에너지산업이 처한 다양하고 복합적인 문제점을 전반적으로 해결하려는 정치적 목적을 달성하는 데 가장 커다란 도전은 전반적인 에너지 감소와 기술정책을 조합하고 배분하는 것이다.

이를 위하여 독일정부는 에너지 생산 및 전환에서부터 에너지 수송 및 일반소비자의 사용까지 광범위한 분야에서 에너지 효율성을 향상시키는 접근방법을 추구하고 있다. 이 접근방법은 다음과 같은 두 가지 상호 보완적인 방향으로 진행되고 있다.

첫째: 에너지 보존과정의 역동성을 강화하고 지속화시키기 위하여 통합에너지 및 기후프로그램이 단기적인 측면에서 적용할 수 있는 다양한 방법론을 보유하고 있다. 이 중 특히 중요한 정책적 목표는 전력과 난방생산 결합을 확대시키는 방안, 에너지 절약법령(Energy Saving Ordinance) 개정안, 사회간접자본 및 빌딩 현대화를 통한 에너지 효율성 증대를 위한 재정지원 프로그램, 정부기관의 에너지 고효율 제품 및 서비스 구매에 관한 신규 가이드라인 등이다.

둘째: 중기적 정책목표로 에너지 효율 향상을 위한 에너지기술 부문에 연구개발 활동을 위한 재정지원을 통하여 경제적으로 안정성이 보장된 주요 에너지자원 부문의 소비를 감소시킬 수 있는 전제조건을 창출할 수 있어야 한다. 이는 특히 경제기술부(Federal Ministry of Economics and Technology)가 재정지원을 강화하여 시장이 필요로 하는 제품을 개발할 수 있도록 유도하여야 한다.

2.4.4.2. 에너지정책

통합에너지 및 기후프로그램이 독일정부에 의해 채택된 후 경제기술부는 기후변화 대처와 에너지 효율성에 관한 기술프로그램

(Technology Program on Climate Protection and Energy Efficiency) 이란 명칭으로 현대 에너지 기술 분야에 관한 제5차 에너지 연구프로그램(5th Energy Research Program) 구도하에 재정지원 활동을 재조정하고 있다. 이를 위한 재정지원의 규모는 2008년에서 2011년까지 4년간 총 4억 4,600만 유로(약 6,700억 원)가 지원되었다(Federal Ministry of Economics and Technology, 2008).

경제기술부가 시행하는 기후변화 대처와 에너지 효율성에 관한 기술프로그램은 발전소 건설기술 현대화, 전력생산 및 난방생산 결합, 수소 및 2차 전지개발, 전력사용의 효율성 및 보존, 최대 에너지 활용 빌딩건설, 산업, 상업, 무역 및 서비스 부문의 에너지 효율성 극대화 등 여섯 가지에 초점을 맞추고 있다.

21세기 초 각 국가 정부가 직면하고 있는 가장 중요한 정치적 도전은 기후변화 대처 및 에너지 효율성 향상이다. 따라서 이를 해결하는 에너지정책의 방향은 에너지 효율성 향상을 위한 연구개발 부문의 투자증대와 정책적 관심이 지속되어야 하며 동시에 개발된 새로운 에너지 기술을 즉시 필요한 부문에 적용하는 것이다.

독일정부의 에너지 효율성 정책(Energy Efficient Policy)은 경제기술부가 전담하고 있으며 특히 이 정책이 급속하게 발전할 수 있었던 계기는 유럽연합의 최종 에너지 소비 효율성 및 에너지서비스 지침(EU Directive on Energy End Use Efficiency and Energy Services: 2006/32/EC/ESD)을 실행하기 위하여 2007년 9월 및 2011년 8월 두 번에 걸쳐서 에너지 효율성 행동계획(Energy Efficiency Action Plans)을 제출한 이후이다. 이 외에도 독일정부는 2010년 에너지체제 전환을 통하여 에너지 효율성 향상을 위하여 정책적으로 강력하게 추진하였다(Schlomann & Eichhammer, 2012).

독일정부는 2010년 9월 채택한 장기 에너지정책인 에너지전환 (Energiewende)을 확정 지으면서 2050년까지 전반적인 에너지 전략을 설정하였다. 에너지전환은 두 가지의 정책방향으로 구성되었으며 에너지 효율성 향상을 통하여 총 에너지 소비를 감소시키고 동시에 총 에너지 소비에 재생에너지 부문을 확대하는 것이 주요 내용이다 (Federal Ministry of Economics and Technology & Federal Ministry for the Environment, Nature Conservation, and Nuclear Safety, 2010).

2.4.5. 재생에너지정책

2.4.5.1. 배경

세계 제1차 석유위기가 발생한 이후 1970년대 중반 각 기술선진국이 추진하였던 에너지정책은 급상승한 석유가격으로 인하여 석유자원의 안정적인 공급과 가격 부문에 주로 초점을 맞추게 되었다. 그러나 2000년대 이후에는 에너지정책이 환경보호 및 기후변화대책, 합리적인 가격을 기초로 하는 안정적인 에너지공급에 초점을 맞추게 되었다.

특히 2005년 이후 진행된 석유가격의 폭등은 에너지 소비가 많은 각 국가에 재생에너지자원(Renewable Energy Sources: RES) 개발에 박차를 가하도록 외부적 환경을 제공하게 되었다. 따라서 이들 국가는 석유가격 상승에 대한 에너지자원 수입에 관한 해결방안뿐만이 아니라 화석연료 사용으로 인한 이산화탄소 배출로 인한 지구온난화현상을 해결할 수 있는 방안을 국제사회로부터 요구받고 있는 것이 현실이다.

따라서 지구온난화현상의 주범인 이산화탄소 배출을 감축하기 위해서는 총 주요 에너지자원에서 재생에너지자원이 차지하는 비율이 높아져야 한다. 이러한 새로운 에너지환경에 대응하기 위하여 1990년대 이후 재생에너지 생산 및 기술개발에 모든 주요 국가에서 정책적 관심을 집중시키게 되었다.

독일은 유럽연합(EU) 내 최대 경제국으로서 2005년 기준 유럽연합이 중국과 미국 다음으로 세계 3대 이산화탄소 배출지역이라는 사실을 간과할 수 없는 상태였다. 당시 세계 이산화탄소 배출량 중 중국 17%, 미국 16%, 유럽연합 11%를 차지하였으며 3년 후인 2008년에는 중국 23%, 미국 20%, 유럽연합 17%로 증가하였다. 가장 최근 자료인 2012년에는 중국 28.6%, 미국 15%, 유럽연합 10.8%로 중국의 이산화탄소 배출량은 급격하게 증가하고 있는 반면에 미국 및 유럽연합의 이산화탄소 배출비율은 감소하고 있는 것으로 나타나고 있다(RITE, 2011; Oliver et al., 2013).

2008년 독일은 세계 제3위의 경제대국 자리를 중국에 넘겨주었으나 2012년 기준으로 여전히 세계 제6위의 이산화탄소 배출 국가이며 유럽연합 총 이산화탄소 배출 중 21.7%를 차지하고 있기 때문에 글로벌 관점에서도 이산화탄소 배출량을 감소시켜야만 할 의무를 갖고 있다.

또한 독일은 유럽연합 내 에너지 수입 의존도가 2007년 62%에서 2010년 기준 약 61%로 다소 감소하였으나 유럽연합 내에서 에너지 의존도가 상대적으로 매우 높은 국가이다.[21] 따라서 안정적이며 지속적인 에너지공급을 위하여 에너지 수입원의 다변화뿐만이 아니라 수입비율을 점진적으로 낮추고 자체 에너지 생산비율을 높이기 위하여 재생에너지자원 개발 및 생산에 주력하여야만 했다(이현진 & 윤성원, 2010; Eurostat, 2013).

2.4.5.2. 정책방향 및 성과

국가적으로 높은 비율의 이산화탄소 배출량 감축과 에너지 수입 의존도를 감소시키기 위해서 독일이 에너지정책으로 선택할 수 있는 선택권은 그다지 많지 않은 것이 현실이다. 국내적으로는 2020년까지 원자력에너지를 전면적으로 폐쇄할 예정이며 주요 화석연료인 석유와 천연가스는 거의 전량 수입에 의존하여야 한다. 독일정부는 2010년 발표한 장기에너지정책 및 전략인 에너지전환에서 원자력발전소를 2020년에 모두 폐쇄하기로 결정하였다. 2012년 원자력발전소의 전력생산 비율은 약 15%이며 원자력발전소가 생산한 전력을 대치하기 위한 대안으로 재생에너지로 생산된 전력의 비율을 2050년 80%까지 증가시키기로 결정하였다.

그러나 에너지자원 측면에서 국내 유일하게 매장된 석탄은 무연탄이 아닌 갈탄(Lignite: Brown Coal)이 대부분이며 북유럽 및 알프스 주변국가가 보유하고 있는 수력자원도 풍부하지 못하다. 따라서 독일이 국가적 차원에서 안정적인 에너지공급을 유지하기 위해서는

---

21) 독일 에너지 수입 의존도 통계가 차이를 보이는 이유는 원자력발전을 위한 원료인 우라늄 수입을 수입 의존도에 포함시키느냐 포함하지 않느냐에 다라서 커다란 차이를 나타내고 있다. 이를 포함시킬 경우 에너지 수입 의존도가 동년 71%로 상승한다.

구조적으로 재생에너지에 정책적인 초점을 맞출 수밖에 없다.

재생에너지자원을 개발하고 소비하기 위해서 독일은 다양한 재생에너지 관련법을 제정하였으며 독일 재생에너지 관련법은 유럽연합 차원에서 재생에너지를 개발하고 육성하는 벤치마킹으로 활용되고 있다. 독일의 재생에너지정책은 짧은 시간 내에 괄목할 만한 성과를 내고 있다. 우선 총 주요 에너지공급에서 재생에너지 부문이 차지하는 비율이 1995년 3.1%에서 2008년 9.5%, 2010년 24.9%로 1995년 대비 약 여덟 배 넘게 증가되었으며 전력소비 부문에서는 같은 기간 4.8%에서 15.2%, 17%로 대폭 증가되었다. 이로써 이산화탄소 배출은 1990년도 기준으로 2010년 20%, 2012년 20.6%가 감소하는 성과를 나타내고 있다. 따라서 독일의 재생에너지정책은 타 국가에 모범사례로 인용되고 있다(Europolitics Energy, 2010; Oliver et al., 2013).

2.4.5.3. 재생에너지 부문 신규경향

8개 부문으로 이루어진 재생에너지는 1990년대 에너지정책의 초점을 받으면서 2000년대 이후 매우 빠른 속도로 총 주요 에너지 공급 부문뿐만이 아니라 에너지 생산, 특히 전력생산 부문에 그 기여도를 높여 가고 있다. 그 가장 커다란 이유로는 지구온난화로 인한 기후변화를 억제하기 위해서는 이산화탄소 배출량을 감축하여야 하는데 이를 위해서는 주요 화석연료 중 하나이며 이산화탄소 배출량이 상대적으로 매우 높은 석탄의 사용을 감소시키기 위한 것이다.

생산된 재생에너지의 소비는 주로 전력, 난방, 연료 등으로 사용되고 있으며 총 에너지 소비에 차지하는 재생에너지 공급은 1999년

3.4%에서 2012년 11.3%로 약 3.3배 정도 증가하였다. 같은 기간 내 총 에너지 생산 중 재생에너지의 부문별 증가세를 살펴보면 전력생산이 5.4%에서 22.9%로 급격하게 증가하였고 난방은 3.8%에서 10.4%로 완만한 상승을 기록하고 있으며 연료는 0.4%에서 5.2%로 13배 이상 증가하였다. 특히 연료는 2007년 글로벌경기 확장기로 인하여 7.6%까지 상승하였다 하락하는 진기록을 보이고 있다(IEA, 2009. Agentur für Erneurbare Energien, 2014).

재생에너지로 생산되는 전력공급량이 증가함에 따라서 재생에너지 전력시장도 매우 활성화되고 있으며 전력 부문에서 중요한 에너지자원의 역할을 수행하고 있다. 2014년 재생에너지자원으로 생산된 총 전력량은 155.7테라와트(Twh)이며 이 중 수력발전이 18.5테라와트, 풍력 51.4테라와트, 바이오매스 53.0테라와트, 태양광 32.8테라와트, 기타 등이다. 이는 1990년대 재생에너지자원 중 전력을 가장 많이 생산하던 수력이 20여 년 만에 풍력, 바이오매스, 태양광으로 대체되었음을 의미한다(Bruger, 2015).

재생에너지 중 가장 많은 전력을 생산하는 풍력은 전력생산능력이 2009년까지는 미국, 중국에 이어 세계 제3위였으나 스페인의 추격으로 2010년에는 4위를 유지하였다. 풍력발전에 사용되는 터빈의 수는 2012년 말 24,200기로 이는 1990년 405기에서 급격하게 증가한 것이며 발전생산 가능 양은 31,332메가와트(Mwh)로 전 세계 풍력발전량의 16.3%에 이른다. 이로써 풍력발전산업 부문에 선도적인 기술능력을 배양하고 있으며 동시에 독일정부도 재생에너지자원 중 가장 중요한 에너지자원으로 간주하고 정책적 지원을 시행하고 있다(<그림 31> 참조).

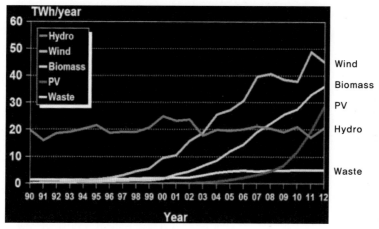

출처: German Renewable Energy Agency, 2013

〈그림 31〉 재생에너지자원 전력생산 추이(1990~2012)

풍력 다음으로 주목받고 있는 재생에너지자원은 바이오매스다. 2002년 이후 바이오매스가 풍력발전을 빠른 속도로 추격할 수 있었던 이유는 복합 난방 및 발전법(Combined Heat and Power Act)하에서 대규모 복합 난방 및 발전소가 2006년 건설된 이후 발전능력이 매우 증대되었기 때문이다. 이 발전소 건설 후 2009년 바이오매스 전력생산량이 4.6테라와트에서 30.5테라와트로 증가하였으며 2014년에는 53테라와트를 생산하여 51.4테라와트를 생산한 풍력을 제치고 제1위의 재생에너지자원이 되었다.

바이오매스의 중요성은 단순히 전력생산에만 기여하는 것이 아니라 난방 및 바이오연료 공급에도 중요한 역할을 수행하고 있다. 즉, 1990년 총 난방수요의 2.1%에서 2012년 10.4%로 증가하였다. 또한 바이오매스에 추출되고 있는 바이오연료는 전력과 난방과 더불어 재생에너지 수요에 중요한 역할을 수행한다. 바이오연료 수요는 2007년 총 연료수요의 7.2%를 차지하여 최고 정점을 이루었으며 글로벌 경제위기로 인하여 2009년 5.4%로 급격하게 감소하였으며 2012년에는 총 연료수요의 5.2%를 차지하였다.[22]

독일정부는 바이오연료 사용을 향상시키기 위하여 2006년 바이오연료의무할당법(Biofuel Quota Act)을 제정하여 디젤에는 최소 4.4%의 바이오디젤을 그리고 휘발유에는 최소 1.2%의 바이오에탄올을 혼합하여 사용하도록 의무화했다(IEA, 2007).

풍력 및 바이오연료 이외에도 독일정부는 태양광발전에 정책적인 관심을 집중하고 있다. 태양광발전은 재생에너지 부문에서 아직까지는 가장 적은 에너지자원으로 활용되고 있으나 그 증가속도는 가장 빠른 편이다. 1990년에는 태양광발전이 1기가와트(Gwh)에 불과하였으나 2000년 64기가와트, 2009년 6,200기가와트, 2014년 35.2테라와트로 급성장하였다.

이처럼 태양광 발전이 급성장할 수 있었던 배경은 정부가 1999년 태양광 10만 호 보급프로그램(The 100,000 Roofs Program) 실시 및 보조금, 융자, 기술지원 등을 제공하는 시장 친화적 인센티브 프로그램(Market Incentive Program)을 실시하여 적극적으로 지원했기 때문이다. 그 결과 2009년도 태양광 세계시장 점유율 18.5%를 달성하여 중국 다음으로 세계 제2위의 태양광 점유국가가 되었다. 그러나 글로벌 금융위기 이후 수요를 대폭 초과하는 태양광 과잉생산으로

---

22) 바이오연료(Biofuel)는 바이오디젤(Biodiesel)과 바이오에탄올(Bioethanol)로 이루어져 있으며 2009년도 바이오연료 총수요가 감소된 이유는 글로벌 경기침체로 인하여 바이오연료 공급이 감소하였기 때문이다.

인하여 독일의 태양광 생산업체가 글로벌시장에서 가격경쟁력을 상실하기 시작하여 글로벌시장 점유율은 대폭 감소하였다. 동시에 중국, 일본, 한국 등 동북아시아 국가의 지속적인 투자로 인하여 이들 국가의 태양광 글로벌시장 점유율이 대폭 증가하였다. 2013년 태양광 발전이 전력망에 연결된 발전량을 기준으로 보면 중국이 11.8기가와트, 일본 6.9기가와트, 미국 4.8기가와트, 독일 3.3기가와트로 글로벌시장에서 제4위를 차지하고 있다(European Photovoltaic Technology Platform, 2010; European Photovoltaic Industry Association, 2014; Bloomberg, 2014).

그럼에도 불구하고 독일은 태양광 발전 설치비중이 세계에서 가장 높은 국가이다. 2013년 말 태양광 발전능력이 134기가와트로 글로벌 태양광 발전능력의 27%를 차지하고 있으며 제2위인 중국 및 타이완 합계인 13%보다 두 배 이상의 발전 능력을 보유하고 있다. 제3위는 이탈리아로 12%를 차지하였다. 독일은 태양광 발전으로 전력의 5.2%를 2013년에 공급하였으며 2014년에는 더욱 증가하여 6.2%까지 증가하였다. 태양광 발전능력은 독일 및 이탈리아를 포함한 유럽연합 국가가 전체의 58%를 차지하고 있다(Fraunhofer Institute, 2014)(<그림 32> 참조).

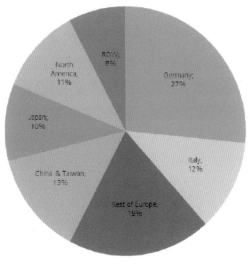

출처: Fraunhofer Institute, 2014

〈그림 32〉 글로벌시장 태양광발전 설비비율(2013)

2.4.5.4. 유럽연합 가이드라인

유럽연합 차원에서 재생에너지정책과 관련하여 유럽연합 회원국에게 직접적인 정책수립 및 집행에 관하여 영향을 미친 것은 1997년 발표된 미래 재생에너지백서(White Paper on Energy for the Future: Renewable Sources of Energy)이다. 이 백서에서 유럽연합은 재생에너지 사용목표 비율을 1995년 6%에서 2010년 12%로 두 배 증가시켰다. 백서 발간 이후 유럽연합 내 최대 경제국이며 에너지 및 환경 관련 첨단기술을 보유하고 있는 독일에 대한 기대치는 매우 높았으며 독일이 한층 더 강화된 재생에너지정책을 수행하여 유럽연합의 재생에너지정책이 목표로 설정한 기대치를 달성하기를 강력하게 희망하였다(European Commission, 1997; Runchi, 2005).

미래재생에너지백서 발간 이후 각 회원국이 자체적인 정책을 수행하기 위한 가이드라인으로 2001년 유럽연합 단일전력시장 내 재생에너지자원 전력생산 증진방안(Directive on the Promotion of Electricity Produced from Renewable Energy Sources in the Internal Electricity Market)이 발표되었다. 이 방안은 당시 15개 회원국이 재생에너지자원을 사용하여 에너지 생산의 비율을 1997년 14%에서 2010년 22.1%까지 향상시키는 목표를 설정하였으며 각 회원국이 재생에너지로 생산된 전력을 소비할 수 있도록 회원국의 실정에 적합한 정책을 수행할 것을 권고하였다(European Union Directive, 2001).

재생에너지자원을 통하여 생산된 전력 및 에너지 사용을 증진시키기 위한 유럽연합의 가이드라인은 다음과 같은 네 가지의 범위로 구성되어 있다.

첫째: 고정발전차액지원제도(Fixed Feed in Tariffs: FIT)

고정발전차액제도는 재생에너지자원으로 전력을 생산한 생산자가 유효전력을 전력회사에 판매할 때 생산원가가 판매가보다 더 높을 때는 정부가 이를 지급보증해 주는 제도이다. 또한 이 제도는 지역 혹은 전국 공급망을 확보하고 있는 전력회사가 재생에너지자원으로 생산된 전력을 일정 부문 의무적으로 구입하도록 하며 이에 관한 최저 가격은 법으로 규정하고 있다.

이 제도의 최대 장점은 재생에너지 생산자에게 장기적 관점에서 재정지원을 수행하고 이들이 투자를 단행하는 데 위험을 최소화시킬 수 있다는 점이다. 따라서 2005년 9개 유럽연합 회원국, 2010년 18개 회원국, 2012년 18개 회원국이 고정발전차액제도를 운영하고 있으며 독일을 비롯한 덴마크, 스페인의 풍력, 태양열, 바이오메스를 사용하는 전력생산이 대표적인 성공사례로 인정받고 있다(Ragwitz et al., 2007; 2012).

둘째: 할당제도(the Quota System)

할당제도는 재생표준구조(Renewable Portfolio Standard: RPS)라고도 불리며 재생에너지자원 특정 부문의 소량전력생산을 구성하여 이를 의무적으로 사용하도록 하는 제도이다.[23] 이 제도에서는 할당의무를 변경시키기 위하여 판매가능 환경인증서(Tradeable Green Certificates: TGCs)가 활용되고 있다. 할당제도는 재생에너지 사용 전력생산자 간 경쟁을 유도하기 때문에 시장 친화적인 정책으로 인식되고 있다. 할당제도는 단기간 생산자 간 경쟁을 통하여 기술투자 부문의 비용을 최소화시킬 수 있는 장점이 있는 반면에 동시에 저급기술 부문만을 장려하는 위험을 초래할 수도 있다.

셋째: 재정적 인센티브 제공(Fiscal Incentives)

재정적 인센티브 제공은 탄소세 및 에너지세의 일정부분을 감소시켜 주는 제도이다. 이 제도의 최대 장점은 최종소비자에게 재정적인 부담을 최소화하면서 재생에너지자원을 배치할 수 있다는 점이

---

23) 우리나라에서는 RPS를 재생에너지의무할당제로 번역하여 사용하고 있다.

다. 그러나 이 제도의 단점으로서 재정적 지원을 장기적 기간 지속할 수 없어서 장기적 관점에서 투자하려는 투자자 및 프로젝트 개발자들에게는 위험요소로 작용한다는 점이다.

넷째: 감독제도(Tender System)

이 제도는 재생에너지 부문 투자기회라는 측면에서는 관심을 끌기에는 충분하다. 그러나 사용국가 및 투자자들의 흥미부족으로 프랑스만이 지속하고 있으며 영국은 2002년 할당제도 그리고 아일랜드는 2006년 발전차액지원제도로 변경하였다.

위의 네 가지 가이드라인 중 유럽연합 28개 회원국이 채택하고 있는 제도는 독일을 비롯한 다수의 회원국이 발전차액제도를 운영하고 있으며 스웨덴을 비롯한 회원국은 할당제도, 핀란드 등은 재정적 인센티브 제공 등을 운영하고 있다[24](<그림 33> 참조).

가이드라인이 설정된 이후 2006년 유럽연합위원회는 환경백서(The Green Paper)를 통하여 유럽연합 차원의 통일된 에너지정책을 수립할 것을 주장했으며 2020년까지 재생에너지 사용목표비율을 설정하였다. 이후 1년 후인 2007년에 2020년까지 재생에너지 사용비율 20%, 1990년 대비 이산화탄소 배출감축량 20%, 에너지 소비 감소 20% 등과 같은 구체적인 유럽연합 목표치가 확정되었다.

---

24) 유럽연합(EU)은 2014년 7월 1일 이후 크로아티아가 회원국으로 가입하여 기존의 27개 회원국에서 28개 회원국으로 증가하였다.

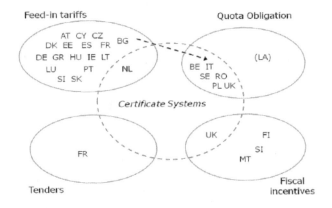

Notes: AT: Austria, BE: Belgium, BG: Bulgaria, CY: Cyprus, CZ: Czech Republic, DE: Germany, DK: Denmark, EE: Estonia, ES: Spain, FI: Finland, FR: France, GR: Greece, HU: Hungary, IE: Ireland, IT: Italy, LA: Latvia, LT: Lithuania, LU: Luxembourg, MT: Malta, NL: Netherlands, PL: Poland, PT: Portugal, RO: Romania, SE: Sweden, SI: Slovenia, SK: Slovakia, UK: United Kingdom.

출처: Ragwitz et al., 2007

〈그림 33〉 유럽연합 재생에너지 지원 가이드라인별 채택 회원국가

유럽연합은 2008년 유럽연합 에너지정책의 법적 근거인 신에너지 법령 제정을 제안하였으며 동시에 재생에너지 사용비율을 2020년까지 20%까지 증가하도록 규정하였다. 즉, 유럽연합의 이산화탄소 배출감축, 에너지 소비 감소, 재생에너지 사용 증가목표를 규정한 2020년 20/20/20 정책목표가 구체화 되었다(COM, 2008).

2.4.5.5. 독일 재생에너지정책 추진동기 및 법적 근거

독일이 재생에너지정책을 국가의 중요한 전략적 정책으로 추진하게 된 가장 커다란 동기는 1997년에 발효된 교토의정서(Kyoto Protocol)가 유럽연합의 이산화탄소 배출감축 목표를 2012년까지 1990년 기준

7% 감소시킬 것을 권고하였다. 그러나 독일은 같은 기간 내에 21%를 감축할 것을 결의하였다. 당시 독일은 2030년 원자력에너지를 완전히 폐기시킬 계획을 갖고 있었기 때문에 2012년까지 이산화탄소를 21% 감축시키기 위해서는 특단의 대책이 필요하였다. 이를 위해서는 재생에너지를 개발하여 사용하는 것이 가장 효율적이라고 판단하게 되었다. 따라서 재생에너지정책이 중앙정부의 주요 정책목표로 채택되어 강력하게 추진되기 시작하였다(Runci, 2005).

재생에너지정책을 추진할 수 있었던 법적 근거는 전력차액지원법(Stromeinspeisungsgesetz: StrEG)으로 영어로는 Electricity Feed-in Act로 번역되고 있다. 전력차액지원제도는 1991년 독일의회에서 논의될 때 자유민주당(Liberal Democratic Party)을 제외하고는 보수당인 기독교민주당, 진보당인 사회민주당 모두 찬성하였으며 동독 지역 공산당의 후신인 민주사회당은 기권하였다.

전력차액지원법이 의회에서 채택되기 위해서 적극적으로 로비활동을 수행한 단체는 독일중소수력발전협회(Bundesverband Deutscher Wasserkraftwerke e.V.: BDW)로 이들의 지역적 근거지는 산악지대가 풍부한 남독일 지역에 주로 집중되어 있으며 이들의 정치적 성향은 보수적이고 독일 양대 보수정당 중 하나인 독일기독교사회연맹(Christlich Sozialisitsche Union: CSU)의 본거지이다.

전력차액지원법이 제정될 당시 이를 거세게 반대한 측은 전력회사로서 독일 4대 전력회사인 에온社(E.ON AG), 알뵈에社(RWE AG), 봐뗀퐐社(Vattenfall Europe AG), 에니르기 봐덴뷰르텐베르그社(Energi Baden Württemberg AG)이었다. 이들은 1998년 독일 전력시장 자유화 조치가 단행된 이후 국내시장의 약 80%의 시장지배력을 보유하게 되었으며 독일 내 지역별 전력공급에 커다란 영향을 미치었다. 따라서 전력차액지원법으로 인한 손실을 우려해 입법안에 강하게 반대하였다(Langniss et al., 2008).

전력차액지원법 제2항은 지역의 전력공급업자(Electric Grid Operator)와 전력회사는 일정부분의 재생에너지자원을 의무적으로 구매하도록 규정하고 있다. 이 법이 규정하고 있는 재생에너지자원으로는 수력, 풍력, 태양광 및 태양열, 바이오매스, 폐기물 가스 등으로 생산된 전력이다.

이 법안의 시행에 있어서 가장 중요한 점은 재생에너지자원 부문에 대한 전력차액지원을 어떠한 방법으로 공명정대하게 진행할 수 있느냐 하는 점이다. 따라서 각 재생에너지자원별 및 전력생산 발전소 규모 등에 따라서 공정하게 지원할 수 있도록 전력차액지원을 상이하게 지원할 수 있도록 규정하고 있다(Wüstenhagen & Bilarz, 2006).

전력차액지원법 제3항은 판매된 재생에너지자원 전력에 대하여 지역의 전력공급자가 적정수준에서 재생에너지 공급자에게 보상해 주는 규정이다. 보상규정은 제2항과 동일하게 재생에너지자원 부문 및 발전소 규모에 따라서 상이하게 지급되도록 규정하고 있다. 구체적으로 풍력은 지역전력시장 평균공급가격의 90%, 수력, 바이오매스, 폐기물 가스는 80%, 그 이외의 것은 65~80%로 규정하고 있다 (www.umwelt-online.de).

전력차액지원법의 핵심적 사항은 제1항이 규정하고 있는 것처럼 수력, 바이오매스, 폐기물 가스 등으로 생산된 전력 중 5메가와트(MW) 이상일 경우에는 지역의 전력공급자가 구매할 의무가 없으며 전력차액지원도 제공되지 않도록 되어 있다. 이는 중소규모의 풍력 및 태양광 발전에 대한 기술향상을 목적으로 하는 전략적 목표가 존재하고 있음을 웅변하고 있다(이현진 & 윤성원, 2010).

전력차액지원법이 정부가 원하는 대로 항상 원만하게 진행된 것만은 아니다. 그 이유는 제4장에 명시된 학대조항(Hardship Clause)으로 전력회사에 기술적, 경제적, 법적 부담이 부당하게 증가되면 전력회사는 의무적 구매행위를 중지할 수 있는 권한을 부여했다. 이러한 부담은 전력회사가 타 경쟁사에 비하여 전력판매 가격을 급격하게 올리면 위의 조건을 충족하는 것으로 간주되었다.

따라서 1998년 사회민주당과 녹색당 연합정권이 창출된 이후에는 이러한 조항을 개선하기 위하여 지역의 전력공급자가 의무구매 사항에 대한 불공정 재정지원을 삭제하고 그 대신에 이 중 최상 5% 구매제도(Twofold 5% Cap)를 설정하였다. 이 제도는 지역전력공급자가 재생에너지자원으로 생산된 전력의 5%를 공급받으면 의무사항을 충족시키기 때문에 이 이상의 재생에너지 전력이 공급되면 상위 전력공급자에게 부가된 비용을 이전시킬 수 있다.

동시에 지역 전력공급자가 재생에너지자원으로 생산된 전력의 5%를 공급받으면 더 이상의 의무적 구매를 수행할 필요가 없으며 재생에너지 공급자에게 보상을 수행할 의무도 사라지게 된다. 기본적으로 당시 상황으로 봤을 때 5%의 재생에너지자원 전력공급은 매우 높은 수준이라 할 수 있다. 1998년 재생에너지자원으로 생산된 전력공급은 독일 총 주요 에너지 공급의 3%를 차지하는 수준이었다(Wüstenhagen & Bilarz, 2006).

전력차액지원법은 2000년 에너지정책의 효율성을 향상시키기 위하여 재생에너지자원법(Gesetz für den Vorrang Erneurbarer Energien:

EEG)으로 개정되었으며 영어로는 Renewable Energy Sources Act로 번역되고 있다. 재생에너지자원법은 사민당과 녹색당의 연정기간 내 재생에너지 기술을 발전시키고 국내시장에 이를 보급시킬 목적으로 개정되었다(EEG, 2000).

이처럼 재생에너지 기술개발 및 보급에 연합정권이 관심을 갖게 된 배경에는 기후변화에 대한 대응, 에너지 공급의 다변화, 환경 및 에너지산업 육성을 통한 신규 시장창출 등을 목적으로 하고 있다. 이를 위하여 연합정권은 지속적이며 안정적인 에너지공급과 이산화탄소 배출감축에 대한 합의를 통하여 2020년 말까지 국내에 있는 17개 원자력발전소를 완전 폐기하기로 결의하였다. 연합정권 이후 2006년부터 기독교민주당 및 사회민주당 대연정이 시작되었다. 이후 원자력발전소 수명연장에 관한 정책적 관심이 증대되었으나 2011년 3월 일본 후쿠시마에서 발생한 원자력발전소 사고로 인하여 보수당 정권하에서도 원자력발전소는 2020년 말에 모두 폐쇄하는 것으로 기존 결정을 존중하게 되었다(Hirschl, 2008; 박상철, 2014).

따라서 2000년대 초는 그 어느 때보다도 재생에너지정책의 중요성이 대두되는 시점이었다. 연합정권은 재생에너지정책을 수행하면서 에너지시장에서 신규시장진입에 관한 공정성을 확립하고 지속적이며 안정적인 체제를 구축할 수 있는 정책적 균형을 유지할 것을 합의하였다. 재생에너지정책을 강력하게 추진하기로 합의한 연합정권은 이를 실현하기 위하여 1999년 태양광발전 10만 가구지원 사업(100,000 Solar-roof Electricity Program)을 추진하였으며 이 사업을 통하여 높은 초기투자비용을 시장금리보다 매우 낮은 금리로 대출받을 수 있도록 부흥은행(Kreditanstalt für Wiederaufbau)과 협력하여 추진하였다. 이 사업은 태양광발전용량을 2003년까지 300메가와트(MW) 목표로 추진되었다(BMWi, 2002).

전력차액지원법이 재생에너지자원법으로 발전된 가장 커다란 이유는 북독일에서의 풍력발전 증대로 지역의 전력공급자가 상한 5% 구매를 이미 1990년대 말에 달성하였기 때문에 전력차액지원법 제4항의 학대조항이 적용되어 전력공급자는 더 이상의 풍력발전에서 생산되는 전력을 구매하려 하지 않게 되었다. 그 결과 재생에너지 사용증대가 한계에 이르렀다. 따라서 연합정부 중 특히 녹색당은 재생에너지자원 사용증대를 확대하기 위해서는 전력차액지원법을 개정할 필요성을 절실하게 느끼고 있었다.

이 외에도 전력차액지원법은 보조금 및 배상지원에 있어서 전력시장 변화에 따라서 매우 커다란 편차를 보여 왔다. 특히 1998년 독일전력시장이 유럽연합 에너지정책의 일환으로 자유화되면서 전력가격이 급격하게 하락하였다. 따라서 재생에너지 개발부분에 일반투자액이 크게 감소하는 경향을 나타내어 연합정부로서는 재생에너지 부문에 일반투자를 더욱 활성화시키기 위해서는 전력차액지원법을 재생에너지 부문에 더욱 우호적인 재생에너지자원법으로 개정할 필요가 있었다.

재생에너지자원법은 기존의 전력차액지원법이 목표로 하고 있는 재생에너지 사용 비율을 5%에서 10%로 배로 증가하였으며 두 법의 가장 커다란 차이점은 재생에너지자원법이 재생에너지기술 부문의 비용 대비 효율성의 차이점을 기초로 각 부문의 최소가격을 다양화시킨 것이다. 따라서 재생에너지자원법하에서는 발전차액지원 방식이 재생에너지 부문 및 발전용량의 규모에 따라서 다양하게 차등적으로 지급되도록 개선되었다.

이처럼 새로운 재생에너지자원법하에서 발전차액지원제도는 풍력의 경우 발전지역에 따라서 차등적으로 지원되도록 하였다. 전력가격도 정부가 선호하는 지역과 비선호지역의 가격을 상이하게 설정하여 풍력발전이 북독일 해안가 특정지역에 밀집되어 주변지역의 주민원성 가능성을 상쇄시킬 수 있도록 개선하였다[25](Wüstenhagen & Bilarz, 2006).

재생에너지자원법은 발전차액지원, 저금리융자제도, 지역전력공급자의 의무구매 등과 같은 사항을 포괄적으로 소개하고 있다. 그러나 이전의 발전차액지원제도와 비교할 때 가장 커다란 차이점은 보상제도로서 전국적으로 직접 보상비율을 설정하고 있다는 점이다. 보상제도는 확정된 가격체계와 신규발전설비에 대한 지원체감비율 등을 설정하고 있다.

특히 재생에너지자원법 제7항은 각 재생에너지자원별 발전차액지원 비율과 지원체감비율을 명시하고 있다. 이 조항에 의하면 풍력의 경우 2002년 이후 킬로와트(Kwh)당 8.96센트(약 135원)의 전력가격을 설정 받고 20년간 지원체감비율은 연 2%로 설정하였다. 재생에너지자원법은 재생에너지 생산을 장려하기 위하여 부문별 발전차액지원 및 지원체감비율을 최소 20년간 지원하도록 규정하였다(EEG, 2000).

이로써 재생에너지자원으로부터 생산되는 전력량의 규모를 1,000

---

25) 북부 독일에 주로 건설된 풍력발전은 지역의 주산업 중 하나인 낙농업에 부정적인 원인을 제공한 것이 사실이다. 그 이유는 풍력발전을 생산하는 과정에서 과도한 소음이 발생하여 이로 인한 낙농농가의 우유생산이 감소하여 농부들의 피해사실이 접수되기 시작하였다. 이후 풍력발전의 기술개발이 지속적으로 진행되어 2014년 소음문제는 크게 개선되었다.

메가와트(MW)로 상향 조정하고 지역 전력공급자가 재생에너지 전력의 의무구매량이 전국평균 가격을 초과할 때는 타 지역 전력공급자가 이를 보전할 수 있도록 제10항에 명시하였다. 이는 재생에너지 사용이 전국적으로 균등하게 소비될 수 있도록 제도적 뒷받침을 마련한 것으로 평가받고 있다. 그 결과 전력차액지원제도가 설정하고 있는 최상 5% 재생에너지 구매의무를 실질적으로 폐기시키는 결과를 낳게 되었으며 실질적으로 재생에너지 사용을 더욱 활성화시킬 수 있도록 하였다(Dagger, 2009).

재생에너지자원법은 이후 수차례 개정되었다. 우선 2004년 재생에너지자원법이 개정된 이유는 유럽연합이 2001년 재생에너지자원에 관한 가이드라인을 제시하면서 각 회원국은 재생에너지자원의 생산, 송전, 배분 등에 관한 점검 작업을 수행하였다. 따라서 각 회원국은 자체적으로 기존의 재생에너지 사용을 재정립하여 투자 및 재정지원계획을 수립할 수 있었다.

이 외에도 재생에너지자원법 제12항은 매 2년 경제기술부가 재생에너지 시장 및 비용발전에 관한 성과보고서를 제출하도록 되어 있다. 따라서 제1차 보고서를 작성한 2002년 연합정권은 재생에너지 보급 확대를 위한 지속적인 성과를 창출하기 위해서는 재생에너지 부문에 대한 더욱 명확한 의미규명이 필수적이라고 판단하여 이를 개정하려고 시도하였다(Dagger, 2009).

2004년 재생에너지자원법 개정안은 이전의 법안과 비교할 때 다음과 같은 네 가지의 특성을 갖고 있다.

첫째: 명확한 재생에너지정책 목표 설정

2004년 개정안은 독일 재생에너지정책 중 최초로 명확한 정책목표를 설정하였다. 따라서 재생에너지자원으로 생산되는 전력량을 2010년에 전체 공급량의 12.5% 그리고 2020년에는 20%까지 증가시킬 것을 목표로 설정하였다.

둘째: 명확한 재생에너지 및 관련 주체 의미설정

2002년에 발행된 성과보고서를 기초로 재생에너지 부문에 관한 명확한 의미설정뿐만이 아니라 타 전문용어인 용량(Capacity), 발전소(Plant), 전력체제공급자(Grid System Operator) 등과 같은 개념을 설명하였다.

셋째: 학대조항(Hardship Clause) 설정

개정안 11항에 전력과다사용 기업들에 적용되는 학대조항을 설정하였다. 이 조항은 전력과다사용 기업이 재생에너지자원으로 생산되는 전력을 높은 가격으로 구매할 때 불공정하고 과도한 생산가격 상승을 유발할 때는 재생에너지로 생산된 전력구매 의무에서 제외할 수 있도록 하였다. 이는 전력과다사용 기업이 글로벌시장에서 가격 경쟁력을 상실하는 것을 방지하기 위한 것이다.

넷째: 재생에너지 부문별 발전차액지원 변경

전력전문가, 의회, 국가자문위원회 등이 장시간 신중히 토론한 끝에 재생에너지 부문별 발전차액지원 변경에 관한 합의를 도출하였다(Dagger, 2009).

그 결과 독일의회는 2004년 전력 부문 재생에너지 신규 권리규정(New Regulation of the Right of Renewable Energy in the Electricity Sector)을 제정하였다. 이 법령에 의하면 태양광을 사용하여 전력을 생산한 생산자가 이를 지역 전력회사에 공급할 때 20년간 사용 계약에 의하여 공급규모에 따라서 킬로와트당 47.5센트에서 57.4센트(약 700~800원)를 지원받을 수 있도록 규정하였다.[26] 이 가격은 당시 전력시장가격의 약 두 배가 되는 높은 가격이다. 그러나 매년 지원 금액의 6.5%가 감소되도록 하여 기술개발을 촉진하고 동시에 발전차액보조금에 의존하는 도덕적 해이를 방지하려고 노력하고 있다[27] (IEA, 2008)([표 10] 참조).

재생에너지자원법은 2009년 1월 1일 두 번째로 개정되었다. 그 이유는 2005년 사회민주당과 녹색당의 연합정권이 결렬되고 사회민주당과 기독교민주당이라는 대연정이 시작한 결과 전통적인 양대 정당의 정치철학의 상이함으로 인하여 재생에너지에 대한 인식의 차이가 분명하게 존재하였기 때문이다. 양대 정당의 재생에너지에 대한 인식의 차이가 존재함에도 불구하고 재생에너지의 필요성에는 공감대를 형성하여 개정안 제1항에 재생에너지자원으로 생산되는 전력량의 목표치를 2020년까지 20%에서 30%로 상향 조정하였다.

---

26) 당시 환율 1유로는 1,480원을 적용하였다.

27) 신재생에너지 중 발전차액보조금 지원액 삭감비율은 태양광발전이 가장 높다. 그 이유는 태양광에너지가 아직까지는 풍력, 수력, 바이오에너지 등과 비교할 때 전력생산 효율이 매우 낮으며 생산비용이 상대적으로 높기 때문이다. 그러나 동시에 태양광에너지는 첨단기술이 접목되는 분야가 많기 때문에 시장장벽이 매우 높다. 따라서 독일은 장기적 관점에서 태양광에너지를 전략 산업화하려는 강한 의지를 갖고 있다.

또한 제8항에는 재생에너지 일정 부문 의무구매방식이 재생에너지 사용 활성화에 매우 중요한 방법 중 하나로 설정하였다. 또한 재생에너지 발전차액지원 기간을 최소 20년으로 상향 조정하여 2004년 개정안에 대규모 수력발전에 적용된 15년간 발전차액 지원기간을 장기화시켰다. 그러나 최소가격 기준은 개정안별로 상이하게 적용되게 하였다.

[표 10] 재생에너지 분야별 발전차액 보조금 지급(2002~2006)

Technology	Tariff for installations (eurocents/KWh)				Guaranteed term of payments	Annual degression rate
	2002	2003	2004	2006		
Large hydropower (5-150 MW)	N.A.	N.A.	N.A.	3.62-7.51	15 years	1.0%
Small hydropower (< 5 MW)	6.65	6.65	6.65	6.65-9.67	30 years	0%
Biomass (<20 MW)	8.60	8.52	8.43	3.78-21.16	20 years	1.5%
Geothermal energy (< 20 MW)	8.95	8.95	8.95	7.16-15.00	20 years	1.0%*
Wind energy (onshore)	8.96	8.83	8.70	5.28-8.36	20 years	2.0%
Wind energy (offshore)	8.96	8.83	8.70	6.19-9.10	20 years	2.0%**
Photovoltaic	48.09	45.68	43.40	40.60-56.80	20 years	6.5%

출처: IEA & OECD, Energy Balances of OECD, 2007을 기초로 저자 작성
비고: * 2010년에 시작, ** 2020년에 시작

이후 재생에너지자원법은 2012년 및 2014년에 지속적으로 재개정되었다. 2012년 개정안은 재생에너지 사용 전력생산자가 직접 시장에서 전력판매를 권장하는 방향으로 개정되었다. 이 개정법에 의

하면 재생에너지 사용 전력생산자는 발전차액지원제도에 의한 지원금을 수령하지 않는 상태에서 시장에서 전력매매를 할 수 있는 선택권을 보장받을 수 있다. 따라서 전력판매 수익 이외에도 전력시장에서 형성되는 가격 프리미엄도 획득할 수 있게 되었다.

가장 최근에 개정된 2014년 개정안은 재생에너지자원법 2.0의 완결판으로 간주되고 있다. 개정안은 104항 및 4개 부록으로 구성되어 있으며 2014년 8월 11일부터 효력을 발생하고 있다. 개정안은 지속적인 생산가격 감소노력을 기초로 국내전력시장에 재생에너지 전력공급을 증가시키는 것을 목표로 하고 있다. 이를 위하여 제1항 2조에 재생에너지 전력소비를 2025년에 전체 전력소비 중 40~45%, 2035년까지 55~60%, 2050년까지 80%로 증가시킬 것을 명문화시켰다(EEG, 2014; Herbold, 2014).

이 외에도 2014년 개정안은 2012년 개정안보다 더욱 전력시장 친화적으로 향상되어 대다수의 신규 재생에너지발전소에 발전차액지원제도를 적용하지 않도록 하고 있다. 그 대신에 재생에너지 전력생산자가 원칙적으로 전력시장에 직접 판매할 수 있도록 하고 있다. 이를 위하여 2014년 개정안 19항은 재생에너지 전력생산자가 전력을 시장에서 판매할 때 발전차액지원금을 받지 않는 상황에서 발생하는 재정적 차이를 전력시장에서 형성되는 가격 프리미엄으로 상쇄할 수 있도록 지원하고 있다. 가격 프리미엄은 2016년 12월 말까지 발전차액지원금 총액에 의하여 결정될 예정이다. 2014년 개정안은 유럽연합법(EU Law)에 많은 영향을 받았으며 유럽연합위원회에 승인을 받았다(EEG, 2014; www.germanenergyblog.de).

Part 3

독일 녹색성장정책

3.1. 녹색성장정책 대두 및 중요성

3.1.1. 녹색성장정책 배경

1987년 국제연합(UN) 세계 환경 및 발전위원회가 작성한 브룬트란트보고서(Brundtland Report)는 최초로 지속 가능 개발에 관한 개념을 소개하였으며 이는 1992년 리오국제회의(Rio Conference)에서 정식으로 논의되기 시작하였다. 이처럼 지속 가능 발전전략이 세계적으로 관심을 갖게 된 점은 경제성장을 추구하는 과정에서 필연적으로 자연자원의 과도한 사용으로 지구환경에 피해를 초래하기 때문이다. 따라서 지속 가능한 발전을 위한 경제성장을 달성하고 동시에 지구환경을 보전하는 새로운 발전모델이 필요하게 되었다. 이러한 새로운 발전모델이 환경친화적인 경제성장인 녹색성장정책이며 이러한 새로운 정책이 대두된 배경은 다음과 같다(World Commission on Environment and Development, 1987; UNCED, 1992).

첫째: 고속성장의 한계

지난 20세기 100년간 세계 인구는 약 4배 증가하였으나 세계 경제성장은 약 22배 증가하였다. 이러한 전 세계적인 고속성장은 인류에게 평균수명의 연장, 경제적 부의 확산 등의 긍정적 결과를 초래하였다. 그럼에도 불구하고 선진국에서는 이러한 생산, 무역, 소비 등을 기초로 하는 자본주의 경제체제가 우리 인류의 미래에 위험을 초래하지 않고 지속될 수 없다는 점을 인식하기 시작하였다.

그 이유는 경제성장과 함께 나타나는 수자원 부족, 공기 및 식수 오염, 지하자원 고갈, 자연생태계 파괴 등이 현실화되고 있으며 이는 우리 인류 모두에게 부정적인 영향을 미치는 전 지구적 차원의 문제이기 때문이다. 따라서 우리 인류는 20세기 말까지 일방적인 지하자원, 자본, 인력, 기술 등 요소투입형 경제성장이 전반적인 지구환경을 파괴하기 때문에 경제성장의 방향설정을 제고하여야 한다고 판단하고 있다(www.oecdobserver.org).

둘째: 에너지자원 고갈

에너지자원 고갈은 녹색성장정책을 현실화하는 데 가장 중요한 이유 중의 하나이다. 특히 화석에너지 사용은 지난 20세기 100년간 14배 증가하였으며 2050년에는 이 지구상에 90억 인구가 필요로 하는 화석에너지 생산이 증가하여야 한다. 그러나 화석연료 매장량은 유한하고 인구는 증가하여 그 소비량이 증가하기 때문에 시장원칙에 의하여 에너지 가격은 상승할 가능성이 매우 높다. 동시에 화석에너지 사용은 지구온난화의 주요 원인인 이산화탄소 과다 배출로 인하여 기후변화를 초래하고 있어서 인류생존 및 자연생태계를 위협하고 있다.

따라서 화석에너지자원 고갈을 대체하기 위하여 자연에서 무한하게 공급받을 수 있는 재생에너지 개발에 세계 주요 국가가 주력하여 현재까지 많은 성과를 이루어 왔다. 즉, 에너지자원 고갈이 친환경 기술이면서 녹색성장의 주축이 되는 새로운 경제성장과 환경보호라는 패러다임이 구축되고 있다.

셋째: 기후변화

2006년 발간된 스턴보고서(Stern Report)에 의하면 지난 100년간 지구의 평균기온은 약 섭씨 2.5도 상승하였다. 이처럼 빠른 지구온도 상승은 해수면 상승으로 인한 저지대 침수, 이상기온현상으로 인한 심한 농작물 피해 등 경제적 손실을 극대화시키고 있다. 기후변화의 주요 원인은 산업화로 인한 과도한 에너지자원의 소비로 인한 이산화탄소 배출에 있으며 이는 지구온난화현상을 초래하고 있다. 기후변화로 인한 경제적 손실을 최소화하기 위해서는 21세기 동안 지구의 평균기온을 섭씨 2도 이내 상승으로 고정시켜야 한다. 이를 준수하지 못할 경우 세계가 지불하여야 할 경제적 비용은 매년 5,000억 달러에 이를 것으로 추정된다(Stern, 2006).

3.1.2. 녹색성장정책 개념

녹색성장이라는 단어 자체는 매우 모순된 개념이다. 우선 녹색이라는 단어는 환경을 대변하는 의미이고 성장은 경제적 용어로서 경제성장을 의미한다. 따라서 경제성장을 위한 인간의 모든 행위는 자연환경을 일정 부문 파괴하면서 진행되기 때문에 완전한 환경친화적이면서 경제성장을 달성하는 것은 이론적으로 가능하지만 현실적으로는 불가능한 상황이다.

따라서 환경변화를 최소화하면서 우리 인류의 문명생활을 유지하기 위한 경제활동이 필요함을 1980년대 후반부터 이해하기 시작하였다. 이러한 개념을 발전시킨 것이 1987년 세계환경개발위원회

(World Commission on Environment and Development)가 우리 인류
의 미래(Our Common Future)라는 보고서를 발표하면서 지속발전모
델(The Model for Sustainable Development)을 소개하였다(World
Commission on Environment and Development, 1987).

이 보고서에 의하면 지속발전이란 현재의 세대가 필요로 하는 물
질을 생산하는 데, 다음 세대가 필요로 하는 물질을 생산하는 데 환
경적인 피해를 전혀 주지 않는 발전 형태를 의미한다. 지속발전 개념
은 이후 1992년 리우데자네이루(Rio de Janeiro)에서 개최된 국제연합
(United Nations: UN)의 환경개발회의(Conference on Environment and
Development)에서 정식으로 채택되었다. 그 결과 국제사회가 지속성
장 모델을 선언하고 이를 현실화하는 방법으로 어젠다 21(Agenda 21)
이라는 명칭으로 글로벌실행프로그램(Global Program Actions)을 개발
하였다.

이 프로그램의 핵심은 지속발전을 목표로 하는 전략으로서 경제
적으로 경쟁우위 확보, 사회적으로 공정사회 구현, 환경적으로 지속
적 생태계를 유지할 것을 채택하였다. 따라서 세계 주요 국가가 이
프로그램을 공식적으로 인정하고 국가발전전략으로 채택하였다. 독
일정부도 지속발전을 국가의 대표적인 과제로 인정하였으며 모든
정책수행에 가장 중요한 기초로 선정하게 되었다(Bundeskanzleramt,
2007).

지속 가능 발전 및 녹색성장에 관한 개념은 국제기구별로 약간의
차이를 보이고 있으나 그 핵심내용은 대동소이하다. 이 개념을 구체
화시킨 국제기구로서 국제연합(UN), 선진국경제협력기구(OECD)와
인터넷 백과사전에 정리된 개념을 살펴보면 다음과 같다.

국제연합(United Nations)은 녹색성장과 연관되는 여러 부서를 운영하고 있으나 이 중 특히 녹색성장을 주로 다루는 부서는 국제연합 환경프로그램(UNEP)하에서 운영되는 녹색경제주도(Green Economy Initiative)가 있다. 국제연합이 규명하고 있는 녹색성장을 달성하는 녹색사업(Green Business)의 개념은 장기적 차원에서 환경보호를 주요 사업목적으로 채택하고 환경친화적으로만이 아니라 환경 효율적 (Eco-efficient) 생산 활동을 적극적으로 장려하고 지속성장이 가능한 제품 및 서비스를 판매하는 기업을 의미한다. 이러한 녹색사업이 녹색성장을 달성하는 데 가장 중요한 역할을 수행한다. 이 외에도 경제성장 (Economic Growth)뿐만이 아니라 경제발전(Economic Development) 부문에 정책적 초점을 맞추는 방향전환이 유럽연합에서 대두되었으며 이를 녹색경제(Green Economy)라고 규정하고 있다(Winther, 2011; UNEP, 2012).

선진국경제협력기구(OECD)가 정의하는 녹색성장은 지하자원의 수량 및 질적 수준에 대한 비지속적인 압력을 회피할 수 있는 한도 내에서 경제성장 및 발전을 최대화시킬 수 있는 것으로 규명하고 있다. OECD는 녹색성장전략을 발표하면서 지속 가능성이 녹색성장전략 개념의 핵심으로 자리 잡아야 한다고 주장하고 있다. 즉, 녹색성장은 지속 가능 발전의 대체개념이 아니라 지속 가능 발전을 달성하기 위한 실질적이며 유연한 접근방법으로 경제 및 환경 부문의 발전을 가능하게 하는 측정방법으로 사용되어야 한다. 동시에 녹색성장을 달성하는 과정에서 사회적 결과로 나타나는 부문도 흡수할 수 있어야 한다. 결과적으로 녹색성장전략은 자연자원을 지속 가능한 범위 내에서 경제발전 가능성에 최대한 활용할 것을 핵심으로 하고 있다(OECD, 2009; OECD, 2012).

따라서 지속 가능 발전과 녹색성장은 인류의 미래를 위한 자연자원의 적정관리 및 유지, 지속적인 삶의 질 향상, 환경보호라는 글로벌관점의 목표를 공유하고 있다. 그럼에도 불구하고 지속 가능 발전은 지구환경보호라는 측면을 초월하여 인류 삶의 질 향상을 위한 자연자원 및 다양한 형태의 인적, 사회적, 경제적 자본을 전반적으로 포함하고 있다. 동시에 더 넓은 광의적 의미로 지속 가능 발전과 녹색성장은 생산성, 투자, 경제구조 지표 등을 포함하고 있으나 녹색성장은 특히 환경 부문에 정책적 관심의 초점을 맞추고 있다(Federal Statistical Office of Germany, 2013)(<그림 34> 참조).

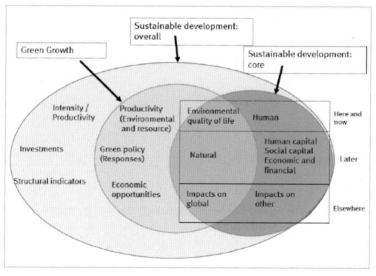

출처: Federal Statistical Office of Germany, 2013

〈그림 34〉 지속 가능 발전과 녹색성장 관계 및 주요 요소

글로벌 인터넷 백과사전인 위키피디아는 녹색성장이란 현재의 경제체제가 공해 및 지구온난화현상의 주범인 이산화탄소 배출감소, 폐기물 배출 최소화, 자연자원 소비 효율성 증대, 생태계 다변화 유지, 에너지 수급안정 강화 등을 통하여 지속 가능한 경제체제(Sustainable Economy)로 이전하는 것으로 규명하고 있다(www.wikiprogress.org).

3.1.3. 녹색성장정책의 중요성

위에서 설명한 것처럼 지속 가능 발전 및 녹색성장은 우리 인류가 직면하고 있는 21세기의 근본적인 문제점들을 해결하는 방안으로 매우 중요한 새로운 패러다임이다. 따라서 녹색성장정책은 다음과 같은 두 가지 요소로 인하여 그 중요성이 인정되고 있다.

첫째: 글로벌 환경 이해

지난 20세기 100년간 전 세계 인구는 약 4배 증가하였으며 세계 총 생산은 22배 그리고 화석연료 사용은 약 14배 증가하였다. 따라서 급속하게 증가하는 인구와 경제활동으로 인한 다양한 측면에서 자연환경이 보유하고 있는 생태계가 견딜 수 있는지에 대한 시험이 되고 있는 실정이다 즉, 세계는 2050년 예상되고 있는 90억 인구가 필요로 하는 에너지, 식량 및 식수 등을 공급할 능력이 되는지에 대한 심각한 토론을 진행 중에 있다. 분명한 것은 기존의 경제성장 정책을 수정하지 않는다면 2030년경 지구상의 약 10억 명의 인구는 식수조달에 커다란 어려움을 겪을 것이라고 국제연합(UN)은 예상하고 있다(UNEP, 2011).

식수뿐만이 아니라 유해물질 배출로 인한 영아사망수가 2000년 대비 2030년에는 전 세계 약 2.5배 증가할 것으로 예상되고 있다. 이 외에도 기후온난화 주범인 이산화탄소 배출도 2005년 대비 2050년에는 약 2배에 이를 것으로 예측하고 있다. 또한 생태계 다양성에도 2000년 대비 2030년에는 매우 위협적인 수준으로 전환될 것으로 예측되고 있다(OECD, 2011)(<그림 35> 참조).

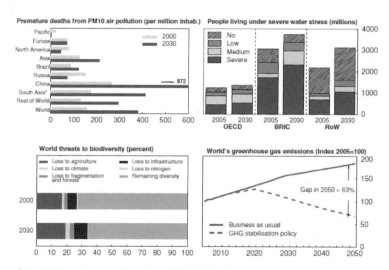

출처: OECD, Environmental Outlook to 2030, 2008, OECD, The Economics of Climate Change Mitigation: Policies and Options for Global Actions beyond 2012, 2009

〈그림 35〉 글로벌 환경변화 예측

따라서 21세기 지구는 급격하게 팽창하는 인구를 부양하여야만 하는 지속적인 경제성장과 이를 인내할 수 있는 자연환경에 대한 압력이라는 두 가지의 도전에 직면하고 있는 실정이다. 또한 이러한 두 가지 도전을 동시에 해결하기 위해서는 기존의 경제성장 정책을 통해서는 장기적 차원에서 해결이 불가능하며 환경친화적인 녹색성장정책을 수행하여야만 하는 당위성이 존재한다.

둘째: 정책전환의 중요성

이처럼 기존의 성장 위주의 경제정책은 2030년까지의 지구미래에 매우 부정적인 결과를 초래할 우려가 매우 높기 때문에 정책전환이 반드시 필요한 실정이다. 이를 대체하는 정책이 녹색성장정책이며 녹색성장정책을 통하여 인류가 당면하고 있는 두 가지의 도전을 동시에 해결할 수 있도록 발상의 전환이 필요하다.

녹색성장은 경제성장 및 발전을 지속 가능하기 위하여 사용되는 지하자원이 제품과 서비스를 지속적으로 제공할 수 있는 한계 내에서 자원을 소비하면서 가능토록 하여야 한다. 이를 위해서는 투자와 기술혁신이 반드시 필요하며 이 과정을 통하여 신규 사업기회를 포착할 수 있으므로 정책전환을 통하여 경제성장 및 발전과 환경보호라는 균형점을 찾을 수 있다.

3.1.4. 녹색성장정책 방향

녹색성장을 달성하는 경제적 경로는 정책 및 관련 기관 구성, 경제발전 단계, 지하자원 보유, 특정 환경피해 상황 등에 따라서 달라진다. 즉, 녹색성장은 모든 국가에 일정하게 적용되는 것이 아니라 각 국가가 직면한 상황에 따라서 상이하게 적용되는 것이 바람직하며 녹색성장정책을 수행할 시 다양한 정책적 조합이 필수적이다. 녹색성장정책은 미시적인 경제성장정책, 환경보호정책 등에만 국한되어 있는 것이 아니라 해당 국가의 국민 질적 생활수준 향상이라는 전반적인 목표를 달성하기 위한 정부의 광범위한 정책 간 협의 및 상호 협력을 통하여 달성할 수 있는 것이다.

생산성 향상과 에너지 소비의 효율성 증대를 통한 경제성장과 장기적 측면에서 환경보호라는 목표를 달성하기 위해서는 지속적 기술혁신 창출이 매우 중요하다. 이를 위해서 경제정책과 환경정책이 상호 보완적인 방향으로 추진되어야 하며 궁극적으로 두 정책이 국민복지 증대를 위한 가교의 역할을 수행하여야 한다.

또한 녹색성장정책은 추진하는 과정에서 필수적으로 발생하는 주요 사회적 충격 및 자연자원의 손실을 충분하게 감안하여야 한다. 특히 노동시장에서 발생하는 사회적 문제를 최소화하기 위하여 노동자 스스로가 변화할 수 있는 기회제공 및 체제의 유연성을 확보하여야 하며 정치적 문제점, 경제적 비용 등에 대해서 투명하게 공개하여 국민적 이해를 구하여야 한다(OECD, 2011).

독일의 경우 연방정부 차원에서 녹색성장정책을 추진하기 위한 방법으로 관련 정책 간 방향성 및 주도권을 협의하도록 메르켈(Merkel) 총리가 2010년 직접 지시하였다. 따라서 녹색성장정책은 국가지속발전전략(The National Sustainability Strategy)의 기조하에서 에너지 및 기후보호 프로그램(Energy and Climate Protection Program), 재생에너지자원법(Renewable Energy Sources Act) 등과 연계하여 추진되고 있다.

또한 녹색성장정책을 추진하기 위해서 재생에너지 부문에서 산업계, 학계, 정부 등 산학관 연계체제를 공고하게 하여 연구개발 활동 및 투자활동에 역동성을 창출하는 데 주력하고 있다. 실례로 재생에 너지 부문인 바이오연료 개발을 위하여 자동차산업, 석유산업, 농업 부문이 상호 연계하여 바이오연료 생산을 활성화하고 있다(Winther, 2011).

3.2. 녹색성장정책 추진방법

3.2.1. 녹색성장정책 수단

녹색성장정책 수단 중 중요한 하나는 정책적 공통성이다. 녹색성 장정책은 한 국가의 경제적 수준, 지역 환경 및 경제적 조건, 정부조 직 구조, 발전단계에 따라서 달라질 수 있다. 그러나 모든 경우에 공 통적으로 적용될 수 있는 점이 존재한다. 정책적 공통성은 다음과 같다.

첫째: 경제성장을 달성하기 위한 의사결정 및 역동성의 기초하에 서 가용할 수 있는 지하자원을 통합하여야 한다.

둘째: 지하자원의 가치를 반영할 수 있는 경제적 청산장치를 수행 할 수 있는 체제를 발전시켜야 한다.

셋째: 경제정책과 환경정책이 상호 보완 및 강화될 수 있는 방향

으로 정책의 초점을 맞추어야 한다.

정책적 공통성 이외에도 다양한 녹색성장정책의 정책적 수단이 존재한다. 이러한 정책적 수단으로서는 세금 및 거래허가제도, 보조금지원제도, 표준규제강화, 기술혁신, 사회간접자본 투자프로그램, 효율적 지배구조 등이 있다. 이러한 정책적 수단을 구체적으로 설명하면 다음과 같다.

첫째: 세금 및 거래허가제도

세금 또는 거래허가제도와 같은 작동체계를 통하여 환경오염과 지하자원 사용에 비용을 부과하는 방법을 채택한다. 이 방법은 가장 효율적인 가격정책수단이다. 이 정책은 효율성 향상 및 기술혁신에 관한 인센티브 제공을 통해서 추진된다. 이 외에도 세금 및 거래허가제도는 교육, 보건, 사회간접자본 건설, 극빈층 부담 경감 등을 경제적으로 지원할 수 있는 실질적인 수익을 창출할 수 있다. 또한 시기적으로 제한적인 특정 기간 동안 보조금을 지급하여 가격변화를 유도하는 수단으로 활용할 수 있다.

둘째: 보조금 지원제도

부적절한 기존 보조금지원제도 철폐를 통하여 오염유발, 과도한 지하자원을 소비하는 부문을 제도적으로 차단하여 녹색성장정책에 활력을 제공한다.

셋째: 표준규제 강화

결과 중심의 표준규제강화를 통하여 가격정책이 오염방지 및 에너지 효율성 향상 등에 중요한 요소로 자리 잡을 수 있도록 한다. 이외에도 정보공유 및 확산방법을 통하여 소비자의 의식수준 및 가정 소비행태에 중요한 영향을 미칠 수 있도록 하여 타 관련 정책에 시너지효과를 창출할 수 있도록 한다.

넷째: 기술혁신

녹색산업 부문에 기술혁신이 지속적으로 창출될 수 있도록 정책적 초점이 맞추어져야 한다. 따라서 정부는 이를 위하여 관련 연구개발 부문에 재정적 지원을 제공하여야 하며 수준별 기술개발에 차등적으로 지원하고 수요 중심 요소인 표준화, 규제, 공공구매 등을 적극적으로 활용하여야 한다. 이를 위해서 정부는 무역, 해외직접투자(Foreign Direct Investment: FDI)에 관한 장벽을 최소화하여야 하며 동시에 지적재산권 보호 등을 강화하여야 한다.

다섯째: 사회간접자본 투자프로그램

수자원, 에너지, 수송 부문의 사회간접자본 투자프로그램을 운영하여야 한다. 적정수준의 계획된 투자프로그램은 경제발전을 주도하고 수자원 및 공기오염을 감소시킬 수 있으며 토지의 난개발을 저지하며 차세대 기술개발을 가능하게 한다. 그러나 투자프로그램은 민간 부문의 자본을 차입하는 방향에 초점이 맞추어져야 투자효과를 극대화시킬 수 있다.

여섯째: 효율적 지배구조

다양한 정부기관의 효율적 지배구조를 구축하여야 한다. 녹색성장정책을 추진하기 위해서는 다양한 관련 부서와의 긴밀한 협력체제가 주요 관건이기 때문에 다양한 관련 기관들 간의 효율적인 통합이 매우 중요하다. 이를 위하여 정부는 녹색성장정책의 목표를 광의의 경제정책, 개발계획, 극빈층 지원전력 등에 접목시켜야 할 필요성이 있다(OECD, 2011).

3.2.2. 녹색성장정책 추진 효과

녹색성장정책을 추진하게 되면 다양한 측면의 정책효과가 발생하게 된다. 이러한 정책적 효과로는 지속개발전략, 지속개발전략 지표 개발 및 결산보고 통합, 사회, 경제, 환경 측면의 변화 등이다. 이들 변화를 구체적으로 살펴보면 다음과 같다.

첫째: 지속개발전략

독일의 녹색성장정책은 이보다 포괄적 개념인 지속개발전략을 추진하는 과정에서 시작되었다. 독일정부는 2002년 4월 국가지속개발전략을 채택하였으며 이 전략은 국책연구기관, 시민사회, 비정부기관(NGO) 등의 토론과정을 거쳐서 그 필요성이 인정되었다. 이후 지속개발전략은 독일총리의 고문이 위원장을 역임하고 있는 지속개발위원회에서 발전시켜 왔다.

지속개발위원회는 지속개발전략을 추진하기 위하여 21개의 지표를 설정하여 이 지표가 지향하는 목표에 대한 질적 및 양적 측면의 개념을 설정하고 이를 달성하는 방법론 등을 구체화시켰다. 21개의 지표를 설정하는 작업은 주로 정책결정자의 의지가 반영되었으며 특히 정책의 지속 가능성에 중점을 두었다.

특히 환경개발과 관련된 지표는 1999년에 제정된 환경부의 환경 표준(German Environment Barometer)을 기초로 채택되었다. 이 환경 표준은 환경과 관련된 모든 이슈에 강력한 영향력을 미치고 있으며 특히 환경에 관한 국민여론에 초점을 맞추고 있다. 또한 환경표준은 2000년에 개정된 재생에너지자원법(EEA)과 밀접한 관련을 갖고 있기 때문에 6개 지표 중 5개인 지하자원 소비, 이산화탄소 배출, 산성가스 배출, 주택 및 수송을 위한 토지사용 등을 공유하고 있다 (Schoer, 2006).

둘째: 지속개발전략 지표개발 및 결산보고 통합

지속개발전략을 추진하면서 목표를 달성하기 위한 수단으로서 21개의 지표를 개발하였다. 이는 국가 부문, 사회경제적 부문, 환경 경제적 부문으로 구성되었으며 대부분의 경제 및 환경 부문의 지표가 포함되어 있는 상태이다. 경제 부문과 관련된 지표로는 공공 부문 재정지원(6), 자본지출비율(8), 국내총생산(10) 등이 있으며 환경 부문 지표로는 에너지 및 지하자원 생산성(1), 이산화탄소 배출(2), 주택 및 수송을 위한 토지사용(4), 수송집중 및 총 수송에서 차지하는 철도수송비율(11), 대기오염(13), 노동력 참여비율(16) 등이 있다 (<그림 36> 참조).

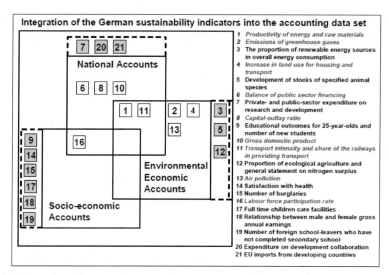

출처: Karl Shoer, Sustainable Development Strategy and Environmental-Economic Accounting in Germany, 2006

〈그림 36〉 지속개발 지표의 결산보고 통합 구도

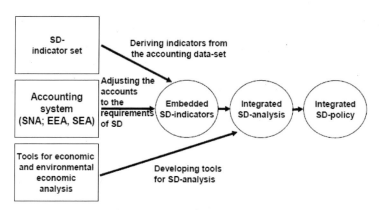

출처: Karl Shoer, Sustainable Development Strategy and Environmental-Economic Accounting in Germany, 2006

〈그림 37〉 통합 지속 가능 성장정책 구도

이처럼 지속 가능 발전전략 추진에 있어서 지표 및 결산보고 등을 종합해서 운영하고 있는 이유는 지속 가능 발전정책에 선정된 지표의 지속적인 개정 및 보완, 결산제도의 지속적 확대, 상호 연계된 지속개발 분석을 위한 적정수단 개발 등으로 이루어져 있기 때문이다. 즉, 지속개발전략을 위한 지표 및 결산보고는 상호 연계되어 있으며 경제 및 환경 분석을 위한 수단 등은 지속 가능 성장전략을 분석하는 수단으로 활용되며 이를 기초로 통합된 지속성장 정책을 수행할 수 있는 구도가 형성된다(Schoer, 2006)(<그림 37> 참조).

셋째: 추진 효과

지속 가능개발전략 추진에 대한 효과는 경제, 사회, 환경적인 측면에서 매우 광범위하게 나타나고 있다. 우선 경제적인 측면에서 나타나는 효과는 청정기술 부문(Green-Tech)의 성장이 매우 뚜렷하다. 특히 글로벌 금융위기하에서 거의 모든 산업 부문에서 세계경제의 위축상황에도 불구하고 청정기술 부문의 성장은 지속되는 경향을 보이고 있으며 2010년 청정기술 글로벌시장규모는 약 2조 유로(약 2,600조 원)에 달하였다. 이 시장규모는 2025년 두 배 이상인 4조 4,000억 유로(약 5,720조 원)에 이를 것으로 전망되고 있다[28] (www.cleantechnica.com).

---

28) OECD에서 녹색성장추진(Green Growth Initiative)이 공식적으로 추진된 계기도 2008년 글로벌 금융위기가 시작된 이후 글로벌 경제 활성화를 위한 것이다. 2009년 34개 회원국 경제장관들이 서명한 글로벌 경제 위기 극복을 위한 녹색성장선언(Declaration on Green Growth)은 환경보호를 의미하는 녹색(Green)과 경제성장을 의미하는 성장(Growth)이 상호 협력하여 시너지 효과를 창출하여야 한다는 의미이다. 이는 환경보호기술인 청정기술개발에 중요한 역할을 제공하고 있다.

독일 내 청정기술산업 부문이 차지하는 비율은 2010년 국내총생산의 약 8%에 이르렀으며 2020년에는 국내총생산의 약 14%까지 증가할 것으로 예상하고 있다. 2013년 글로벌시장에서 독일 청정기술산업이 차지하는 시장점유율은 14%이며 이는 3,440억 유로로 달하였다. 따라서 청정기술산업은 신규직장 창출에도 막대한 영향을 미칠 것으로 예상하고 있다(Federal Ministry for the Environment, Nature Conservation and Nuclear Safety, 2009; Federal Ministry for the Environment, Nature Conservation, Building and Nuclear Safety, 2014).

사회 및 환경적인 측면에서는 에너지와 환경에 대한 인식이 변화하여 기존의 화석에너지보다는 재생에너지 사용에 더욱 많은 관심과 실제 생활에서의 사용을 증가시키고 있다. 또한 환경에 대한 의식수준이 고조되어 정부가 기후변화에 능동적으로 대응할 수 있는 정책수단을 갖추고 이를 국가지속 가능 발전전략의 핵심주제로 선정할 수 있도록 강력한 여론을 형성하고 있다.

3.2.3. 녹색성장정책과 환경

세계적으로 기후변화라는 글로벌 이슈가 대두되기는 했으나 아직까지 모든 국가에서 녹색성장정책이 기후변화를 억제하는 주요 정책으로 추진되는 것은 일반적인 현상이 아니다. 그럼에도 불구하고 기후변화현상은 시기적으로 지연되면 지연될수록 경제, 사회, 환경적인 측면에서 천문학적 비용을 발생시키기 때문에 글로벌 협력체계를 구축하여야 할 당위성이 존재한다(Purvis, 2010).

이를 위하여 세계은행(World Bank)은 기후변화현상에 능동적으로 대응하기 위해서는 중국이 2020년까지 자국경제가 소비하는 에너지 집중도를 약 20% 감소시켜야 한다고 주장하고 있다. 이와 관련하여 중국은 2010년 자국 경제활동으로 인하여 발생되는 이산화탄소 집중도의 40~45%를 2020년까지 감축할 계획을 설립하였다. 이 외에도 브라질도 2016년까지 이산화탄소 배출감축 목표량을 39%로 설정하였다. 이는 아마존 밀림지역의 삼림이 파괴되지 않는 것을 목적으로 하고 있다(World Bank Group, 2010; Wei, 2010).

중국과 더불어 신흥거대경제국가인 인도는 이산화탄소 배출감축을 위하여 재생에너지자원을 개발하는 데 정책적 초점을 맞추고 있다. 특히 인도의 국가태양열사업(India's National Solar Mission)을 추진하여 2020년까지 약 20기가와트(GW)의 전력을 생산할 계획이다. 인도는 2010년 말까지 약 6기가와트의 전력을 재생에너지자원으로 생산하였으며 2014년 말에는 약 30기가와트 생산능력을 보유하게 되었다(Project Catalyst, 2010; Ministry of New and Renewable Energy, 2014).

기후변화 억제에 주도적인 역할을 수행하고 있는 유럽연합은 2020년까지 1990년 대비 이산화탄소 감축비율을 20~30%로 설정할 계획을 추진 중이다. 유럽연합 최대 경제국이며 청정기술을 선도하고 있는 독일은 2020년까지 이산화탄소 배출감축량을 20%에서 30%로 상향 조정하였다(European Commission, 2010; Federal Ministry for the Environment, Nature Conservation and Nuclear Safety, 2011).

녹색성장정책이 환경에 긍정적인 결과를 초래하기 위해서는 국가 간 긴밀하고 원활한 협력체제 구축이 매우 중요하다. 그 이유는 21세기 인류가 당면하고 있는 최대 환경문제인 기후변화는 모든 국가가 기후변화 억제를 위하여 아무런 조치를 취하지 않을 경우 21세기 내에 파국에 이를 가능성이 매우 높기 때문이다. 2010년을 기준으로 세계 주요 국가가 기후변화 억제를 위하여 계획하고 있는 2020년 이산화탄소 감축목표량을 기초로 하면 2100년에는 지구의 온도는 2000년 대비 섭씨 약 4도 상승할 예정이다. 이는 기상이변 등 기후변화로 인한 자연재해를 방지하기 위한 적정기온상승 한계인 섭씨 2도의 약 2배에 해당된다.

이처럼 주요 국가의 이산화탄소 배출감축 목표에도 불구하고 지구온난화현상이 가속되는 이유는 이 지구상에서 기후변화 억제라는 공공재를 확보하기 위해서는 지구상 모든 국가 간 협력체제하에서 이산화탄소 배출감축 활동 및 청정기술산업이 발전하여야 효과를 극대화할 수 있기 때문이다. 즉. 소수의 주요 국가가 적극적으로 참여를 하지 않으면 이산화탄소 배출감축이 아닌 누출현상(Carbon Leaking Phenomenon)이 증가하기 때문에 지구온난화현상을 효과적으로 억제하는 데 한계가 있다(Purvis, 2010).

3.3. 녹색성장정책과 에너지정책의 상관관계

3.3.1. 녹색성장정책과 에너지정책의 방향성

2010년 말 세계는 주요 에너지자원으로 화석연료에 5조 달러를 사용하였다. 이는 세계 총생산의 약 9%에 달하는 금액이다. 화석연료 사용은 앞으로 20여 년 동안은 개발도상국의 빠른 인구증가로 인하여 증가할 것으로 예상되고 있다. 개발도상국의 화석연료소비 증가를 위하여 에너지공급 인프라를 구축하는 데 2030년까지 매년 약 1조 달러가 필요할 것으로 예측하고 있다(Project Catalyst, 2010; Purvis, 2010; IEA, 2014b).

따라서 세계적으로 에너지정책의 변화가 없으면 2030년까지 화석연료 사용비율이 총 에너지 소비의 80%를 유지하게 되고 그 결과 지구온난화현상은 가속화되어 자연재해의 폐해가 필수적으로 발생하게 된다. 이러한 이유로 인하여 지구온난화현상을 억제하기 위하여 새로운 에너지정책 및 녹색성장정책 추진이 원만하게 이루어져 인류에게 거다란 환경피해를 초래할 수 있는 재앙을 사전에 방지하여야 한다(IEA, 2008).

지구온난화현상을 극복하고 기후변화에 각 국가가 공동으로 대처하기 위해서는 녹색성장정책과 에너지정책이 공동보조를 맞추면서 동일한 방향으로 진행되어야 한다. 우선 효율적이며 생산적인 정책 추진을 통하여 녹색산업의 핵심인 청정기술산업을 활성화시키면서 새로운 친환경 직장창출을 가능하게 하여야 한다. 또한 녹색산업 부문에의 투자 측면에서도 비용의 효율화를 달성할 수 있다.

이를 위하여 기후변화에 대처하기 위한 친환경에너지자원개발 및 에너지인프라를 확장하는 데 필요한 총비용은 2030년까지 매년 약 5,000억 달러가 될 것으로 예상한다. 이 중 3,150억 달러는 개발도상국의 녹색성장산업을 위한 투자비용이며 1,300억 달러는 녹색산업 부문 사업을 유지시키는 점진적 비용이다. 이 비용은 매우 높은 비용이라고 할 수 있지만 세계 총생산의 1% 이하이며 우리가 화석연료를 사용하는 비용과 비교하면 상대적으로 적은 1/10 정도의 비용이라 할 수 있다(IEA, 2009; Project Catalyst, 2010).

이러한 녹색성장정책과 에너지정책의 일환으로 독일정부는 2000년에 이미 1990년 대비 교토의정서가 지정한 지구온난화의 주범인 온실가스 6개 유해물질 배출감축을 18.7% 달성했으며 2020년에는 40%를 감축할 예정이다. 이산화탄소 배출감축만을 비교하면 독일은 이미 2005년에 1990년 대비 25%를 감축하는 데 성공하였다.[29]

독일이 녹색성장정책을 추진하는 핵심은 재생에너지사업을 추진하여 에너지 의존도를 낮추고 진입장벽이 높은 첨단기술 부문의 재생에너지 기술을 확보하는 것이다. 이를 기초로 기후변화에 적극적으로 대응하여 기술 및 정책적인 측면에서 세계적 리더의 역할을 수행하는 것이다. 이를 위하여 정부는 재생에너지자원의 사용비율을 총 주요 에너지 소비의 4.2% 그리고 전력생산 부문의 12.5%를 2000년에 달성하였으며 2010년에는 전력생산 부문의 24.9%, 2014년에는 31%까지 증가하였다(Bundeskanzleramt, 2007; Eurostat, 2013; Wirth, 2014).

3.3.2. 녹색성장정책과 에너지정책의 상관관계

3.3.2.1. 녹색성장산업과 정책

청정기술로 상징되는 녹색성장산업은 기존산업 부문의 지속적인

---

29) 독일의 지구온난화가스 배출량 감축량은 2013년 말에 1990년 기준에서 약 23.8%를 감축한 상태이다. 2020년까지 40% 감축을 목표로 하고 있지만 2008년 글로벌 금융위기로 인하여 상대적으로 비용이 저렴한 화석연료인 석탄의 사용량이 잠시 증가한 관계로 2020년 지구온난화 가스 감축 목표가 불가능할 수 있다는 비판이 2014년 대두되기 시작하였다.

저성장에도 불구하고 투자 대비 고성장을 달성하고 있다. 즉, 녹색성장산업은 새로운 성장동력산업으로 인식하여야 하며 동시에 기후변화를 억제할 수 있는 매우 중요한 대안이기도 하다. 특히 2008년 발생한 글로벌 금융위기로 인하여 경제침체기에 거의 모든 산업이 침체되어 있으나 녹색성장산업 부문은 짧은 침체기를 겪은 이후에 지속적인 성장을 구가하고 있는 현상을 나타내고 있다.

따라서 세계적으로 2020년까지 녹색성장산업의 시장규모는 약 3조 1,000억 유로(약 4,650조 원), 2025년에는 4조 4,000억 유로(약 5,720조 원)로 증대될 것으로 예상하고 있다. 독일의 경우에도 녹색성장산업이 국내총생산에 차지하는 비율이 2020년 약 14%에 이를 것으로 예상하고 있다. 또한 녹색성장산업이 창출한 신규고용 인력은 2009년 전 세계에 약 100만 명에서 2013년 약 650만 명으로 추산되고 있으며 이 중 독일이 창출한 신규고용 인력은 같은 기간에 약 300,000명에서 371,000명으로 증가하였다(Federal Ministry for the Environment, Nature Conservation and Nuclear Safety, 2009, 2010; REN 21, 2014)([표 11] 참조).

이 외에도 에너지 생산, 분배, 소비개혁, 녹색성장산업의 수출지원, 재생에너지 및 에너지 효율성 향상을 위한 투자는 경제성장에 기여할 뿐만이 아니라 에너지 의존도를 감소시키는 데도 중요한 역할을 하리라 예상된다. 유럽연합 차원에서 녹색성장산업은 2020 유럽전략(Europe 2020 Strategy)에 의하여 육성되고 있다. 2020 유럽전략은 스마트성장(Smart Growth), 지속 가능성장(Sustainable Growth), 포괄적 성장(Inclusive Growth)을 지향하고 있으며 구체적인 목표로 2020년까지 1990년 대비 온실가스 배출량 20% 감축, 총 주요 에너지 소비 20% 감소를 설정하였다. 동시에 이러한 목표를 달성하기 위하여 각 지역, 회원국가, 유럽연합 차원의 녹색성장정책을 강화하려는 노력을 기울이고 있다(PES Working Paper, 2010).

[표 11] 세계 재생에너지 관련 주요 국가 고용추이(2013, 1,000명)

| | World | China | Brazil | United States | India | Bangla-desh | European Union[m] | | |
							Germany	Spain	Rest of EU
				Thousand Jobs					
Biomass[a,b]	782	240		152[c]	58		52	44	210
Biofuels	1,453	24	820[f]	236	35		26	3	82
Biogas	264	90			85	9.2	49	0.5	19
Geothermal[e]	184			35			17	1.4	82
Hydropower (Small)[h]	156		12	8	12	4.7	13	1.5	18
Solar PV	2,273	1,580[e]			112	100[k]	56	11	153
CSP	43			143[i]			1	28	0
Solar Heating / Cooling	503	350	30[k]		41		11	1	31
Wind Power	834	356	32	51	48	0.1	138	24	166
Total	**6,492[d]**	**2,640**	**894**	**625**	**391**	**114**	**371[l]**	**114**	**760**

출처: REN 21, 2014

녹색성장을 강화하기 위하여 유럽연합위원회는 저탄소경제(Low Carbon Economy), 생태체계서비스(Ecosystem Service), 생태적 기술혁신(Eco-Innovation) 부문에 투자를 강화하였다. 또한 지속 가능 성장 원칙 정착, 기후변화 억제, 지속 가능 성장 지배구조 향상 등을 통하여 더욱 합리적인 투자를 유도하도록 하였다. 이러한 조직적인 접근을 통하여 사업개발을 목표로 하고 있다. 이는 경제성장에 직접적으로 기여하는 것으로 판단된다(Winther, 2011).

독일은 녹색성장산업을 대표하는 청정기술 부문에 있어서 유럽연합과 세계를 대표하고 있는 국가이다. 청정기술 부문의 무역규모도 국가경제에 가장 중요한 부문으로 자리 잡고 있어 글로벌 청정기술 무역의 약 16%를 차지하고 있다. 청정기술 부문에 있어서 독일의 강점은 녹색성장산업 핵심기술 부문인 공학, 화학, 물리학 부문에 글로벌 경쟁력을 확보하고 있으며 특히 지속성, 자원부족, 에너지 안정 등에 글로벌 리더로 인식되고 있다(<그림 38> 참조).

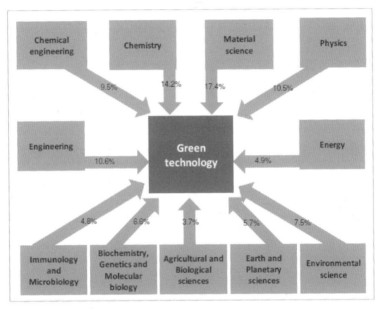

출처: OECD, Measuring Innovation—A New Perspective, 2010

〈그림 38〉 녹색성장산업 기술혁신 핵심기술 부문(2000~2007)

특이한 점은 독일의 경우 청정기술 부문에 전문화되어 있는 기업의 약 80%가 고용인 100인 미만의 중소기업이며 이 중의 67%는 고용인 50인 이하의 소기업이다. 즉, 독일의 녹색성장산업의 추진동력은 전문화된 중소기업이며 독일정부는 녹색성장산업 부문에서 창출되는 수출과 신규고용을 위하여 적극적으로 지원을 하고 있는 실정이다(Winther, 2011).

3.3.2.2. 에너지산업과 정책

독일은 세계 제6위의 온실가스 배출국으로서 에너지 소비와 온실가스 배출 간의 상관관계를 개선하여 경제성장 및 신규고용창출에 기여해야 할 의무를 갖고 있다. 이를 위하여 제1차적으로 독일정부가 에너지정책 중 가장 관심을 갖고 있는 부문이 재생에너지 사업부문이다. 재생에너지사업은 2000년 의회에서 승인된 재생에너지자원법(EEG)으로 인하여 재생에너지자원으로 생산된 전력사용을 빠른 시간에 확산될 수 있도록 하였다.

이로써 2000년에는 재생에너지자원으로 생산된 전력이 총 전력생산의 약 8%에 불과하였으나 2008년에는 약 두 배에 이르는 15%, 2014년에는 2008년의 두 배에 달하는 31%까지 상승하였다. 이로써 온실가스 감축량이 1990년 대비 2008년 1억 1,200만 톤에 달하는 성과를 내었다. 2008년 글로벌 경제위기로 인하여 화석연료 중 특히 석탄사용이 증가하여 2012년에는 온실가스 배출량이 2011년 대비 1.6% 증가하였으나 교토의정서가 권고한 목표 감축량 21%를 2012년까지 맞추는 것은 아무런 무리가 없었다. 독일정부는 2010년 발표한 장기에너지정책 가이드라인인 에너지전환에서 2020년까지 온실가스를 1990년 대비 40% 감축할 것을 목표로 하고 있다(www.germanenergyblog.de: Federal Ministry of Economics and Technology

& Federal Ministry for the Environment, Nature Conservation, and Nuclear Safety, 2010).

온실가스 감축을 위하여 재생에너지 사용을 권장하는 정책인 재생에너지자원법(EEG)을 수행하는 데 필요한 경제적 비용도 실질적으로 매우 낮은 것으로 나타나고 있다. 재생에너지 활성화를 위하여 재정된 발전차액지원제도로 인하여 전 독일가정이 부담하는 전기료는 1킬로와트에 1.1센트(16원)에 그치고 있다. 이는 2011년 독일가정이 지불한 1킬로와트당 평균전기료 25.3센트(약 379원)에 비교하면 매우 낮은 수준이다. 유럽연합 내 독일의 전기료는 덴마크 다음으로 높은 가격을 유지하고 있으나 전력가격을 형성하고 있는 부가가치세 및 기타세금을 제외한 기초전력비용은 상대적으로 낮은 편이다(Eurostat, 2012)(<그림 39> 참조).

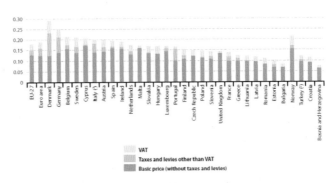

출처: Eurostat on line data code: nrg_pc_204

<그림 39> 유럽연합 회원국 가정용 전기료(2011, 유로/킬로와트)

독일정부는 2020년까지 재생에너지자원으로 생산된 전력의 비율

을 최소 약 35%로 상향 조정하였다. 동시에 재생에너지 전력비율의 목표치를 2030년 50%, 2040년 65%, 2050년 80%로 증가시키기로 에너지전환에서 제시하였다. 이처럼 재생에너지 생산 및 소비를 정책적으로 지원한 결과 재생에너지 부문에서 창출된 신규고용 인력은 2013년까지 약 371,000명에 이르고 있으며 수출, 신규투자 및 매출에 크게 기여하고 있다(Federal Ministry of Economics and Technology & Federal Ministry for the Environment, Nature Conservation, and Nuclear Safety, 2010).

재생에너지정책에서 전략적으로 초점을 맞추고 있는 부문은 풍력, 태양열 및 태양광 그리고 바이오매스 부문이다. 풍력은 2020년까지 총 전력공급의 약 20%를 담당할 것을 목표로 삼고 있으며 태양열/광은 지속적인 기술개발로 전력 효율화를 향상시키는 것을 목표로 하고 있다. 바이오매스의 전력생산은 2008년 글로벌 경제위기 이후에 크게 증가하는 현상을 보이고 있다. 재생에너지 부문은 경제 및 산업적으로도 그 중요성을 더해 가고 있다. 2008년 재생에너지 국내 총 매출액은 약 288억 유로(약 43조 2,000억 원)에 달하였으며 신규 고용창출뿐만이 아니라 지속적인 기술혁신으로 재생에너지 기술 부문을 선도하고 있다. 동시에 녹색성장산업의 핵심인 청정기술을 수출하여 글로벌시장에서 기후변화 억제에 능동적으로 대처하는 긍정적 이미지를 확산시키고 있다. 재생에너지시장은 지속적으로 성장하여 2015년에는 국내시장 규모가 400억 유로에 달할 것으로 예측하고 있으며 글로벌시장 규모는 2030년에 1조 4,000억 유로에 이를 것으로 예상하고 있다(The Irish Times, 2011)(<그림 40> 참조).

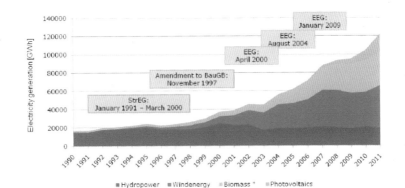

출처: BMU KI III 1, 2012

〈그림 40〉 독일 주요 재생에너지자원 전력생산 추이(1990~2011)

재생에너지 개발뿐만이 아니라 기존의 에너지 사용 효율화를 향상시키는 것도 에너지정책의 주요 목표 중 하나이다. 에너지 효율화는 궁극적으로 온실가스 감축에 기여할 수 있으며 화석연료 수입을 감소시켜 에너지 의존도를 낮추는 데도 중요한 역할을 하고 있다. 이 외에도 경제적으로는 에너지 수입비용을 감소시켜 정부, 산업, 가정 등 모든 에너지 사용 주체들에게 경제적 이익을 제공할 수 있다.

이를 위하여 정부는 이산화탄소 배출 건축물 재건축 프로그램(CO_2 Building Renovation Program)을 실시하여 2020년까지 1990년도 대비 에너지 생산성을 두 배로 증가시키는 것을 목표로 설정하였다. 이 프로그램에 의하면 기존의 건축물을 화석에너지를 전혀 사용하지 않는 제로에너지주택(Zero Energy House)으로 개조하는 데 초점을 맞추고 있다.

이 외에도 수송 부문에서 에너지 사용 효율화를 향상시키기 위하여 자동차의 이산화탄소 배출감축을 강화하고 친환경 연료인 바이오디젤 사용을 증가시키며 전기자동차 생산 및 보급에 정책의 초점을 맞추고 있다. 이를 위하여 정부는 국가전기이동개발계획(National Development Plan for Electric Mobility)을 수립하여 2020년까지 국내에 100만 대의 전기자동차를 보급할 예정이다(Transatlantic Climate Bridge, 2010).

3.3.3. 녹색성장정책과 에너지정책의 시너지 효과

녹색성장정책과 에너지정책의 시너지효과는 경제적, 사회적, 환경적 측면에서 나타나고 있다. 두 가지 정책의 시너지 효과를 세 가지 측면에서 조명해 보면 구체적으로 다음과 같다.

첫째: 경제적 효과

녹색성장정책 및 에너지정책 추진으로 경제적 시너지 효과는 매우 괄목할 만한 성장을 촉진하였다. 특히 녹색성장산업 부문 글로벌시장의 성장은 매우 빠른 속도로 진행되고 있다. 2020년 약 3조 1,000억 유로로에 이를 것으로 예상되고 있으며 독일은 국내총생산에서 녹색성장산업이 차지하는 비율이 2008년 8%에서 2020년에는 14%까지 증가할 것으로 예상하고 있다(Federal Ministry for the Environment, Nature Conservation and Nuclear Safety, 2010).

따라서 2008년 글로벌 금융위기 이후 전 산업 부문에서 경기침체를 경험하고 있으나 21세기 글로벌 이슈인 온실가스 배출감축 및 기후변화 대처를 위한 재생에너지, 청정기술산업 등과 같은 녹색성장산업 부문은 새로운 성장 동력을 창출하고 있는 실정이어서 국가경제성장을 견인하는 중요한 역할을 수행하고 있다. 독일은 재생에너지 및 청정기술산업 부문에서 강력한 글로벌 경쟁력을 보유하고 있기 때문에 글로벌 시장에서 비교우위를 확보하고 있다. 2009년 독일의 청정기술산업이 글로벌무역에서 차지하는 비율은 약 16%에 이르러 세계 최대의 청정기술 무역 국가이다. 이후 2013년에는 청정기술산업 매출액은 3,440억 유로에 달하였다(PES Working Paper, 2010).

둘째: 사회적 측면

1998년 재생에너지정책과 2002년 녹색성장정책의 상위개념인 지속 가능 성장정책이 독일의회에서 승인된 이후 정부는 이를 추진하기 위하여 최선을 다하여 왔다. 정부의 정책추진이 사회적으로 미친 영향은 초반에는 정책의 홍보가 미흡하여 국민에게 직접적으로 미친 영향은 상대적으로 적었지만 정책추진 시기가 장기화되면서 적극적인 국민호응을 획득하게 되었다.

특히 재생에너지정책 추진으로 풍력 및 태양열/광 에너지자원의 전력생산이 증가하고 총 주요 에너지공급에서 차지하는 재생에너지자원의 비율을 높이는 데 사회적으로 적극적으로 동참하는 계기를 창출하였다. 이로써 독일은 풍력 및 태양열/광 에너지 기술연구 및 개발에 세계에서 선두주자의 역할을 수행하고 있다. 이 외에도 에너지자원 사용으로 인한 경제적 비용 상승에 매우 민감하게 반응하여 결과적으로 전력사용 및 운송수단 이용에도 에너지 효율성을 극대화하는 데 중요한 역할을 하고 있다(박상철, 2010a; 2010b; Eissel & Park, 2010).

셋째: 환경적 측면

녹색성장정책 및 재생에너지정책은 환경에 지대한 영향을 미쳤다. 우선 재생에너지자원 사용 전력공급의 비율이 2000년에는 약 8%에 불과하였으나 2008년에는 약 두 배에 이르는 15%, 2014년에는 31% 까지 상승하였다. 이로써 막대한 규모의 온실가스가 감축되었으며 독일정부는 2020년까지 온실가스 감축목표치를 더욱 증가시킬 수 있게 되었다.

독일은 1990년대 이후 환경정책에 관한 이슈를 에너지정책을 근본적으로 변화시켜 환경개선을 추구하는 방식을 채택하였다. 특히 생태적 세제개혁과 원자력의 단계적 폐기, 전력매입법과 재생에너지법 등과 같은 법률을 제정하고 정책을 추진하는 과정에서 에너지정책과 기후문제가 상호 시너지효과를 발생시키고 있는 것이 커다란 장점이라 할 수 있다.

독일이 배출하는 지구온난화 주범인 그린하우스가스(Green House Gas: GHG) 배출의 약 90%가 에너지 관련 이산화탄소이다. 이처럼 에너지 사용 부문에서 90%의 이산화탄소 배출이 이루어지고 있기 때문에 이를 감소시키는 것이 정책적으로 매우 시급한 사항이었다. 따라서 이를 위하여 1990년대 초반 실행 가능성 연구를 통하여 2005년까지 1987년 대비 30.5%의 이산화탄소 감축이 가능한 것으로 파악하였다. 이후 1990년 6월 각료회의에서 2005년까지 1987년 대비 25%의 이산화탄소를 삭감할 것으로 결정하였다. 1995년 베를린에서 개최된 제1회 기후변화당사국총회에서 독일은 세계적 수준의 기후정책에 주도적인 역할을 수행하였다. 이를 뒷받침하기 위하여 이산화탄소 배출감축 기준연도를 1987년에서 1990년으로 변경하여 이산화탄소 배출감축 목표를 강화하고 이를 선언하였다(윤순진, 2007).

온실가스 배출감소를 위한 환경정책을 수행하는 1970년대 및 1980년대의 명령 및 강제적 규제(Command and Control-based Regulation)에서 1990년대 및 2000년대의 환경세 및 배출권거래제와 같은 경제적 유인규제(Incentive-based Regulation)로 전환하게 된 변화의 이념적 기초는 기후변화에 대해서 생태적 근대화(Ecological Modernization)를 추구하고 있는 것이라 할 수 있다.

따라서 경제성장과 환경보호가 동시에 양립할 수 있기 위해서는 경제주체 중 중요한 역할을 수행하는 기업이 환경 보전적인 산업 활동을 수행하게 되면 결국은 경제적 이익뿐만이 아니라 환경적인 이익도 획득할 수 있다는 사실을 인식하여야 한다. 독일은 이러한 생태적 근대화를 실천하고 환경보전적인 산업 활동을 수행하는 방법으로 이산화탄소 배출을 감축하는 목표량을 타 유럽연합 주요 회원국보다도 더욱 강력하게 책정하여 실행하고 있다(Dryzek, 2005; 박상철, 2010)([표 12] 참조).

[표 12] 유럽연합 주요 국가 이산화탄소 배출감축 목표량
(2008~2012, 1990년 기준)

국가	감축목표량(%)
프랑스	0.0
독일	−21.0
이탈리아	-6.5
네덜란드	-6.0
스페인	15.0
영국	-12.5

출처: CICERO, CICERO Report, 1999:3

Part 4

독일의 탄소세

4.1. 탄소세(일명 생태적 에너지세) 도입배경 및 개념

4.1.1. 배경

21세기 글로벌 차원에서 우리 인류에게 가장 중요한 이슈는 환경 및 에너지문제이다. 따라서 에너지와 지구환경, 이산화탄소(CO_2) 배출과 관련된 문제는 에너지, 경제, 환경 부문에 종사하는 모든 전문가를 막론하고 지구의 지속 가능한 성장과 미래의 지구환경보존, 인류의 생존을 위하여 반드시 해결하여야 할 인류의 보편적이며 필수적인 관심사로 되었다. 글로벌 이산화탄소 배출은 1995년 230억 톤이었으며 이후 지속적으로 증가하였다가 2008년 글로벌 금융위기의 여파로 2009년 약간 감소하였다. 이후 2013년까지 지속적으로 다시 증가하여 360억 톤이 배출되어 1995년 대비 약 60%가 증가하였다 (OECD, 2014)(<그림 41> 참조).

이러한 전 인류적인 관심에도 불구하고 일정기간 내에 이산화탄소 배출삭감 대책을 강구할 수 있는 가능성은 매우 적은 것으로 세계경제 및 환경연구기관은 보고하고 있는 것이 현실이다. 동시에 에너지 부문의 획기적인 전환을 의미하는 화석연료 중심에서 재생에너지 부문으로의 이전에 필요한 경제적 비용은 증가하게 되었다.

따라서 최악의 시나리오에 도달하기 이전에 지구온난화로 인한 기후변화문제를 해결하기 위하여 유럽연합(EU)은 유럽연합 차원에서 글로벌 대책 중 하나로 이산화탄소 배출권시장을 2005년부터 운영 중에 있다. 그러나 이산화탄소 배출권시장에 대하여 비판적인 시각을 갖고 있는 단체는 이러한 조치는 이산화탄소 배출량 절감에는 실질적으로 기여하지 못한다고 비판적인 시각을 나타내고 있다.

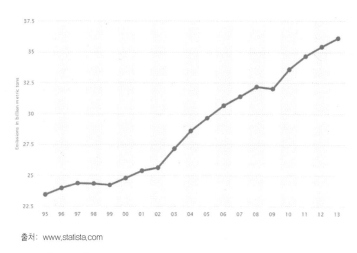

출처: www.statista.com

〈그림 41〉 글로벌 이산화탄소 배출 추이(1995~2013, 십억 톤)

그 이유는 이산화탄소 배출권시장 운영은 현실적으로 참여국가의 이산화탄소 배출감축도 존재하지만 이산화탄소 배출 최소국가의 이산화탄소 배출권이 이산화탄소 과다배출국가의 국경이나 지역을 이동하는 결과만을 가져온다고 주장하고 있다. 이는 현실적으로 매우 설득력이 있는 주장으로 이해되고 있으며 이를 해결하기 위해서는 보다 근본적인 조치가 뒤따라야 한다는 주장이 대두되고 있다. 이러한 대안을 제시하기 위하여 궁극적으로 탄소 배출량을 감소시키기 위해서는 탄소세(Carbon Tax)를 도입하여야만 한다고 이산화탄소 배출권시장 운영 반대론자들은 주장하고 있다.

탄소세제도는 이산화탄소 배출량 거래와 마찬가지로 서유럽 국가에서 가장 먼저 검토되었으며 북유럽 국가들은 이미 이 제도를 운영 중에 있다. 그 역사적 배경은 1991년 12월 당시 유럽공동체(EC) 에 너지환경 각료회의에서 탄소세 도입방침이 처음 합의된 이후 현재 까지 탄소세 제도를 실시하고 있는 국가는 북유럽 국가인 스웨덴, 핀란드, 덴마크, 노르웨이 등 4개 국가이다. 이후 2014년 탄소세제 도를 운영하는 국가는 전 세계 15개 국가가 운영하고 있다. 이 중 유럽 국가는 북유럽 4개 국가와 스위스, 영국, 아일랜드, 아이슬란드 등이다(Baron, 1997; World Bank, 2014).

탄소세 도입은 1990년 핀란드를 시작으로 1991년 스웨덴, 노르웨 이 1992년 덴마크, 네덜란드가 도입한 이후 2010년 기준으로 유럽 연합 회원국가 중 독일, 이탈리아, 아일랜드, 폴란드, 슬로베니아, 영 국, 에스토니아에서 탄소세를 운영 중에 있다.[30] 유럽연합 회원국 이외의 국가로서는 뉴질랜드, 스위스, 일본, 칠레, 코스타리카, 캐나 다, 멕시코 등이 전면 혹은 부분적으로 운영하고 있다(OECD, 2008; World Bank, 2014).

유럽연합 차원의 탄소세 도입이 현실적으로 어려운 점은 회원국 가 간 자국 내 에너지 다소비산업의 글로벌 경쟁력을 배려하여 이산 화탄소 경감조치나 면세조치를 시행하고 있기 때문이다. 따라서 한 국가 내 정부수준에서도 조정이 어려운 만큼 다수의 회원국가가 상 이한 경제 및 산업구조를 보유하고 있는 상태에서 동일한 탄소세를 부과하는 것은 실현성이 매우 적다고 판단된다.

이 중 독일은 타 4개 북유럽 국가 및 이웃 나라인 네덜란드보다는 다소 늦은 1994년 에너지 관련 특별세로 환경세를 부과하는 방법을

---

30) 독일은 탄소세라는 명칭으로 운영하는 것이 아니라 생태적 에너지세라는 명칭을 사용하고 있 으며 이는 에너지세 및 환경세를 합친 의미라고 할 수 있다.

통하여 탄소세제도를 운영하고 있다. 그러나 독일은 환경세를 운영하고는 있으나 명백하게 이산화탄소 배출과는 연계시키고 있지는 않았다. 이후 1999년 제1차 환경세제 개혁을 실시하여 기존의 에너지세인 광물 및 석유세(Mineral Oil Tax)에 세율을 추가하는 방식으로 도입되었으며 이 세금은 가솔린, 액화석유가스(LPG), 천연가스 등에 해당되었다. 따라서 가솔린의 경우 2014년 기준으로 1리터당 디젤은 1유로 12센트 그리고 석유는 1리터당 1유로 27센트를 부과하고 있다.

4.1.2. 개념, 목적 및 현황

탄소세는 지구온난화현상 방지를 위하여 이산화탄소를 과도하게 배출하는 석유 및 석탄 등 각종 화석에너지 사용량에 따라 부과되는 세금을 의미한다. 즉, 탄소세는 이산화탄소 및 타 온실가스의 배출에 대한 환경세이며 공해세의 한 예라고 할 수 있다.[31] 탄소세의 목적은 화석에너지의 효율적 사용을 권고하고 비화석에너지자원인 재생에너지와 같은 환경친화적인 대체에너지 부문의 투자를 유도하는 것이 주요 목적이다(테크노베이션파트너스, 2008).

독일은 탄소세 도입을 위하여 그 명칭을 직접적으로 사용한 것이 아니라 에너지세라는 명목으로 1999년 세제개편을 단행하였다. 이를 위하여 석유 및 전기에 대한 세율을 단계적으로 인상하고 재생

---

[31] 1991년 12월 유럽공동체(EC) 에너지 환경 각료회의가 세계 최초로 탄소세 도입방침에 합의하였다. 주요 내용으로는 1993년부터 탄소세 도입을 시작하지만 첫해에는 원유 1배럴에 3달러의 탄소세를 부과하고 2000년까지 매년 1달러씩 증액하기로 회원국 간 합의하였다.

가능한 에너지자원에 대해서는 재정지원을 강화하는 친환경적인 세제개편을 실시하게 되었다. 동시에 모든 석유류 제품에 일반소비세인 부가가치세(Value Added Tax: VAT)를 부과하고 있으며 부가가치세율은 1998년 4월 이후 2010년까지 16%를 유지하다가 2014년 말에는 19%를 유지하고 있다. 그러나 예외조항이 운영되고 있으며 특히 산업 및 전력발전용으로 사용되는 에너지원과 상업목적으로 사용되는 경유에 대해서는 부가가치세를 환급해 주는 제도를 운영하고 있다.[32]

이후 2001년 사회민주당과 녹색당의 연합정권은 환경과 관련된 세금을 기존세제의 전환과 결부시켜 더욱 강화시키는 방향으로 정책을 설정하였다. 이러한 정책방향의 전환과 함께 독일정부는 환경오염에 관한 대처방안을 단순히 일반적인 오염자부담원칙을 적용하는 것보다는 세수기반으로 인식하기 시작하였으며 동시에 세수중립적인 환경세제 개편의 틀 속에서 기존의 소득과 관련된 세금을 감면하였다.

따라서 법인세는 42%에서 25%로 감소되었으며 개인소득세는 53%에서 42%로 낮아지게 되었다. 이처럼 법인세 및 소득세의 감면을 통하여 독일정부는 친환경산업에 투자를 촉진하고 있으며 이 부문에서의 새로운 고용창출을 기대하고 있다(KOTRA, 2008).

독일의 세제개혁을 전반적으로 설명하면 최초 1994년 에너지 관련 특별세로 환경세를 부과하기 시작하여 1999년에는 제1차 환경세제 개혁을 단행하여 기존의 에너지세인 광물석유세에 세율을 추가

---

32) 이는 독일이 환경세의 일환인 에너지세를 유연하게 운영하면서 자국 산업에 미치는 경제적 영향을 최소화하기 위한 정책적 배려로 이해할 수 있다.

하는 방식을 도입하였다. 이후 2000년 기후변화협약 프로그램을 포함하면서 보다 확대 및 자국의 산업을 최대한 보호하기 위하여 정책을 유연하게 운영하고 있으며 2003년까지 한시적으로 유지하는 계획을 설정하였다.

4.1.3. 독일의 탄소세 도입

일반적으로 유럽연합(EU)에서 산업 및 환경 규제수단으로 주로 사용되고 있는 제도는 경제적 유인제도이며 최근에 빠르게 증가하고 있는 추세를 보이고 있다. 이는 유럽연합 회원국들이 전통적으로 배출허용기준, 지도감독 등 직접규제방식에서 경제적 유인 제도를 보완적인 혹은 주요 정책수단으로 사용비중을 높이는 경향을 반영하고 있다. 유럽연합에서 산업과 관련된 대기환경규제로 대표적인 경제적 유인 제도는 주로 화석연료에 부과하는 에너지 관련 세금, 탄소세 등 오염물질 발생에 대하여 직접 부과하는 환경세 그리고 기타 통합적인 환경세 개혁 등을 들 수 있다.[33]

유럽연합 회원국 중 특히 독일은 대기오염 감소와 에너지 효율증대를 위하여 세제개혁을 중요한 정책수단으로 사용하고 있다. 독일의 세제개혁은 1994년 에너지 관련 특별세로 환경세를 부과하기 시작하여 1999년에는 제1차 환경세제 개혁을 단행하여 기존의 에너지세인 광물석유세에 세율을 추가하는 방식을 도입하였다. 이후 2000

---

33) 유럽연합 회원국은 기본적으로 유럽연합위원회에서 합의한 최소세율기준에 의거하여 개별 회원국의 고유한 기존세율을 조정하고 있다. 각 회원국이 세율구조 및 과세대상에 대해서는 국내 에너지, 대기환경, 재정정책 등을 고려하여 결정한다. 따라서 각 회원국은 자국의 사정을 기초로 기존세제를 보다 친환경적이며 저에너지 소비형 세제구조로 전환시키고 있다.

년 기후변화협약 프로그램을 포함하면서 보다 확대되어 진행되고 있으며 2003년까지 매년 생태계 세금개혁(Ecological Tax Reform: ETR)을 단행하여 총 다섯 차례를 진행하였다.

독일의 환경친화적 세제개혁은 기본적으로 고용에 관련된 조세부담을 경감하여 에너지세 등의 신설 및 세율증대를 통하여 환경과 직접적으로 관련된 소비에 대하여 조세부담을 증가시키는 방법으로 운영되고 있다. 환경세제 개혁은 기본적으로 조세 중립적으로 정책을 추진하고 있으나 경제 및 산업 활동, 소비행위의 변화 등으로 2003년에는 약 1.7%의 세수감소를 통한 조세부담의 경감을 경험하기도 하였다.

환경친화적 세제개혁의 비용효과는 휘발유, 디젤 등 일반 석유류에 대하여 리터당 1.7센트, 난방유에 대해서는 리터당 2.05센트, 전력에 대해서는 킬로와트당 1.02센트의 세금이 추가적으로 부과되는 반면에 조세중립(Fiscal Neutrality)을 위하여 추가적으로 부과된 세금을 경감하기 위하여 사회보장기금 부담금을 0.8% 감소시켰다. 이처럼 사회보장기금 감소를 통하여 고용인 및 피고용인이 각각 0.4%씩 균등하게 동일한 부담경감을 지도록 하여 조세 형평성을 달성하도록 노력하였다(임동순, 2003)([표 13] 참조).

2000년 이후에는 난방 및 전기 생산을 위한 중유에 대한 석유세는 일률적으로 1톤에 17.89유로를 부과하였으며 이 세금은 2003년 이후 지속적으로 상승하여 2005년에는 1톤당 25유로에 달하였다. 석유에 생태계 세금을 부과하는 반면에 갈탄(Brown Coal), 석탄(Hard Coal)에는 생태계 세금이 적용되지 않고 있다(Kniege & Görlach, 2005).

[표 13] 유럽연합 회원국의 환경친화적 세제개혁 비교

국가 (시행연도)	과세대상 전환		대상전환에 의한 세수증대/총 세수
	기존과세대상 감면	전환	
스웨덴(1990)	개인소득세(노동세에 대하여 약 4.3% 감소)	탄소세, 아황산가스세를 포함한 에너지 및 환경세	1.9% 증가 (20억 유로)
덴마크 (1993, 1995, 1998)	개인소득세, 고용자 사회보장 기금부담금, 투자 유인세	탄소세, 아황산가스세를 포함한 에너지 및 환경세	2.5% 증가 (3.4억 유로)
네덜란드(1996)	개인 및 법인소득세, 고용자 사회보장기금부담금	에너지 및 탄소세	0.8% 증가 (10억 유로)
독일 (1999, 2000)	고용자 및 피고용자 사회보장기금부담금	에너지세	0.8% 감소 (43억 유로)
이탈리아(1999)	고용세	탄소세	0.2% 증가 (6억 유로)
프랑스 (1999, 2000)	의료보험	VOC 및 경유 환산세	0.6억 유로/ 2.3억 유로 증가
영국(2001)	고용자 사회보장기금부담	기후변화세	16억 유로 증가
영국(2002)	고용자 사회보장기금부담	통합 환경세	6.1억 유로 증가

출처: Speck & Ekins, 2000

위와는 반대로 저 유황연료에 대해서는 정부가 리터당 1.53센트의 보조금을 지급하여 대기오염 감소활동에 경제주체가 적극적으로 참여할 수 있도록 인센티브를 제공하는 유인 정책도 동시에 추진하였다. 그러나 산업경쟁력을 유지하기 위하여 예외적인 조치를 동시에 실시하고 있는데 일부 제조업과 임업, 농업이 그 대표적인 예다. 또한 환경친화적 기술 및 재생에너지자원, 지역공공교통수단, 철도, 천연가스 운송수단 등에 대해서도 세금감면 혜택이 인정되고 있으며 열병합발전과 고효율 가스터빈 발전시설에 대해서도 일정한 자격요인이 갖추어져 있을 경우에는 세금감면 혜택이 가능하였다.

독일정부가 1999년에 시행한 친환경적 세제개혁은 생태적 세제개혁(Ecological Tax Reform: ETR)이라고 불리기도 하는데 그 이유는 에너지 사용의 절약뿐만이 아니라 동시에 재생에너지 사용을 촉진하여 고용을 창출하려는 세 개의 목적을 달성하려고 하기 때문이다.[34] 이는 시장가격이 생태계에 가하는 손상을 회복하는 데 발생하는 비용을 반영할 수 있도록 환경세를 부과하여 환경을 보존하고 세수 중립적 접근을 통하여 고용 부문의 세금을 감면하여 고용창출을 유도하는 이중배당가설(Double Dividend Hypothesis)에 그 기초를 두고 있다(Schröder, 2002).

생태적 세제개혁은 5년 동안 에너지세를 다섯 단계에 걸쳐서 인상하는 방법을 통하여 최종적으로 완성되었으며 정부는 이를 강력하게 시행하여 많은 성과를 이루었다. 생태적 세제개혁에 관한 법률은 1998년, 1999년 그리고 2002년 세 번에 걸쳐서 개정되었다(Beuermann & Santarus, 2006; Kniege & Görlach, 2005).

첫 번째 법령은 환경보호를 위한 전력 및 석유소비에 관한 세금징수를 소개하는 것이며 재생에너지로 생산되는 전력에는 세금을 면제하였다. 두 번째 법령은 기존의 발전소에 효율성을 향상시키기 위한 세금조정에 관한 것이다. 그리고 마지막으로 세 번째 법령은 석유소비에 대하여 세금을 인상하는 조치이며 동시에 조세중립 원칙에 따라서 개인소득세를 감면하는 조치를 취하였다(Federal Ministry

---

34) 생태적 세제개혁은 독일연방 차원에 수행되고 있는 기후변화정책 중 하나로서 생태적 세제개혁 이외에 재생에너지 가능 확대를 위한 전력매입법(Feed-in-Tariffs), 신재생에너지법(Renewable Energy Act: REA), 자발적 협약의 한 형태인 산업체자체공약(Climate Change Self Committment), 10만 가구 태양지붕프로그램, 단열기준설정과 같은 건물규제(Building Regulation), 에너지 절약 투자에 관한 저금리대출 프로그램(Low Interest Credit Program), 열병합발전 확대를 위한 열병합 발전보호법안(CHP Protection Law) 등이 운영되고 있다.

of Finance, 2003, 2009)([표 14] 참조).

[표 14] 독일의 에너지세 현황

1단계 (1999.04.01)		2~5단계 (2000, 2001, 2002, 2003)		2009년	
광물성 기름	전력	광물성 기름	전력	광물성 기름	전력
휘발유/경유 3.07센트/리터 난방기름 2.05센트/리터 난방용 천연가스 0.164센트/Kwh 난방용 LPG 12.78 유로/1톤	1.02센트/Kwh	휘발유/경유 3.07센트/리터	0.26센트/Kwh	휘발유/경유 3.07센트/리터	0.25센트/Kwh

출처: Federal Ministry of Finance, 2003, 2009

타 선진국에서 도입한 탄소세와는 다른 형태이지만 생태적 에너
지세 도입을 통하여 독일은 환경과 고용적인 측면에서 타 국가와 비
교할 때 괄목할 만한 성과를 실현하였다.[35] 특히 환경적인 측면에서
생태적 에너지세 도입은 국가적으로 에너지 사용량을 4.5% 이상 절
감할 수 있었으며 이산화탄소(CO_2) 배출량을 약 13% 그리고 아황산
가스(SO_2) 배출량을 약 20% 감소시킬 수 있었다. 또한 고용적인 측
면에서 총 62,000명의 신규고용을 창출하였다. 이산화탄소 감축량은
2005년도 목표치에 달성하지는 못하였지만 1990년 이후 지속적인
감소를 달성한 것은 커다란 성과이며 2012년도 총 온실가스 감축
목표는 달성할 수 있으리라 예상하였으나 2008년 발생한 글로벌 경

---

35) 독일에서는 탄소세라는 명칭보다는 생태계세(Ecology Tax) 혹은 생태적 에너지세라는 명칭을
일반적으로 사용하고 있으나 이산화탄소 감축을 위한 환경세를 최초 도입한 북구 5개 국가에
서 탄소세라는 명칭을 사용하게 되어 유럽연합에서 일반적으로 사용하게 되었다.

제위기 및 2011년 시작된 유럽연합 재정위기로 인하여 감축목표를 달성하지는 못하였다(<그림 42> 참조).

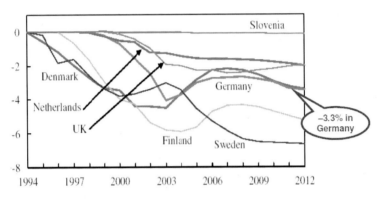

출처: Green Budget Germany, 2012

<그림 42> 독일 및 주요 유럽연합 국가 온실가스 감축 현황(1994~2012)

4.2. 탄소세 도입이 산업에 미치는 영향

4.2.1. 이해 당사자 간 갈등 현황 및 극복과정

1998년 10월 사회민주당(Social Democratic Party: SPD)과 녹색당(Green Party)과의 연합정권이 탄생한 후 특히 녹색당은 산업계, 과학기술부(Ministry of Science and Technology: BMWi), 보수야당인 기독교 민주당(Christian Democrats: CDU/CSU), 자유민주당(Liberal Democratic Party: FDP) 등의 강력한 반대에도 불구하고 비정부기관(Non Governmental Organization: NGO)과 환경부(Ministry of

Environment: BMU)의 지지를 바탕으로 생태적 세제개혁을 단행하였다. 따라서 재생 가능 에너지와 에너지 효율기술의 촉진, 원자력 발전소의 단계적 폐쇄 등에 합의하였으며 생태적 에너지세는 하원과 상원을 통과하여 1999년 4월 1일부로 효력을 보게 되었다.

생태적 에너지세 도입에 따른 각계의 반응은 자신과 집단의 이해관계에 따라서 매우 상이하였다. 보수야당은 유럽연합(EU) 전체가 생태적 에너지세를 도입할 시기에 독일도 도입하여야 한다는 입장이었으며 환경연구소들은 이를 즉시 전적으로 지지하는 의견을 제시하였다. 다만 함부르크 경제연구소 등과 같은 국가정책 경제연구소들은 산업에 미치는 글로벌 경쟁력을 감안하여 중립적인 입장을 제시하였다.

산업 현장에도 동일한 목소리보다는 자신과 집단의 이해관계에 따라서 의견이 갈라지고 있는 것이 당시의 현실이었다. 즉, 산업현장을 대표하는 위치에 있으며 생태적 에너지세 도입이 산업생산 활동에 직접적인 영향을 미치게 되는 자동차생산산업연합, 보험, 갈탄산업연합은 반대 입장을 제시하였으나 대규모 노동조합은 생태적 에너지세가 새로운 고용을 창출할 수 있는 계기라고 판단하여 찬성하는 입장이었다(Jost and Jacob, 2004).

생태적 에너지세 도입에 대하여 가장 강력하게 반대한 기업인들은 장기간 정치계에 압력을 행사하여 에너지세 도입을 최대한 늦추도록 하고 시행이 된다고 하더라도 최소한의 에너지세 부과를 위하여 오랫동안 노력하여 왔다. 이들은 이러한 시도가 국내산업의 글로벌 경쟁력을 유지할 수 있는 방안이라 굳게 믿고 있었다. 특히 생태적 에너지세 도입에 민감하게 영향을 받게 되는 에너지 집약산업인 광산업, 에너지산업, 화학산업 부문에서는 기업가와 노조지도부가 동일한 이해관계하에서 협력 체제를 구축하는 현상도 발생하였다 (Kohlhaas, 2000).

기업계의 강력한 반대주장에도 불구하고 생태적 에너지세 도입을 적극적으로 지지한 녹색당은 사민당과의 이해관계가 상이한 부분을 최소화하기 위하여 석탄산업과 에너지집약산업에 관해서는 양보할 수밖에 없는 상황이었다. 따라서 석탄산업에 대해서는 사민당의 지지층인 광산업 관계자들의 지지표를 의식하여 생태적 에너지세를 면제해 주고 시멘트 및 철강산업 등과 같은 에너지 집약산업에 대해서도 산업의 국제경쟁력을 고려하여 생태적 에너지세의 약 80%를 감소시켜 주기로 결정하였다. 따라서 생태적 에너지세가 도입되기 위해서 정당 간 그리고 이해 당사자 간 광범위한 논의가 진행된 후 면세나 감소범위가 결정되었다(윤순진, 2007; Jost and Jacob, 2004).

이후 2000년에는 더욱 다양한 활동들이 이루어져 4월에는 전력 매입법(Energy Feed in Tariff)을 대신하는 재생가능에너지법이 제정 및 발효되었으며 동년 10월에는 국내환경프로그램을 통해 분야별 온실가스 배출감축 목표가 최초로 발표되었다. 감축목표는 최소 5,000만 톤에서 최대 7,000만 톤으로 설정되었으며 에너지 부문과 산업 부문에 2,000만 톤에서 2,500만 톤, 주거 부문에 1,800만 톤에서 2,500만 톤 그리고 수송 부문에 1,500만 톤에서 2,000만 톤이 할당되었다 (Watanabe & Mez, 2004).

2002년 사민당과 녹색당이 두 번째 연합정권을 창출한 이후에는 정권 내 녹색당의 협상능력이 한층 강화되었다. 따라서 독일의 환경정책은 재생에너지정책과 기후정책이라는 두 축이 강력하게 구성되

어 추진되었다. 그 결과 그린하우스가스 배출감축을 2020년까지 40%
달성하는 것을 정책의 중간목표로 설정하였다. 또한 1998년 제1차
사민당과 녹색당의 첫 번째 연합정권 창출 시 도입된 생태적 에너지
세는 이산화탄소 감축에는 공헌을 하였지만 석탄산업 및 에너지 집
약산업에 대한 면세 및 감세조치로 인하여 환경단체, 환경전문가 등
으로부터는 많은 비판을 받게 되었다(Bulkeley & Kern, 2004).

따라서 이러한 비판을 정책적으로 해결하기 위하여 연합정권은
2003년 생태적 에너지세를 개정하여 시행하였다. 새로운 개정안에
따르면 제조업 부문과 농업 및 삼림 부문이 제공받던 감세 부문을
이전의 80%에서 40%로 낮추고 세금의 최고상한액을 초과세금의
100%에서 95%로 낮추었다. 따라서 종합적으로 판단하면 독일정부
는 생태적 에너지세 부과가 경제 및 산업적 측면 중 특히 경제성장
에 커다란 기여를 하지 못하는 것을 인식하고 있음에도 불구하고 이
를 정책적으로 일관성 있게 추진하였다. 그 이유는 지구의 기후변화
에 능동적으로 대응하여 이 분야에서 세계적으로 선도적인 역할을
하겠다는 강력한 의지를 보유하고 있기 때문이다.

4.2.2. 탄소세 도입으로 인한 산업계 충격

생태적 에너지세 도입으로 직접적인 영향을 타 산업보다도 실질
적으로 많이 받게 될 에너지 및 자본집약적인 산업 부문이 우려하였
던 점은 타 산업 부문과 비교할 때 조세중립원칙에 의한 세제개혁
(Revenue Neutral Tax Reform)이 적용된다고 하더라도 사회보장비용
을 삭감한 부분으로 인한 실질적인 수혜가 상대적으로 적다고 판단

한 것이었다. 동시에 이로 인한 영향으로 국가경제 전체로 판단할 때 타 산업 부문에 불균형적인 경제적 부담이 발생할 것으로 주장하였다.

이들의 주장에 의하면 생태적 에너지세가 일률적으로 적용될 때 사회보장비용을 삭감하여 이에 해당하는 금액을 지원받는다고 하면 대부분의 산업 부문에 미치는 총비용은 최소한의 범위에서 영향을 받지만 독일의 주요 산업 부문이며 에너지 및 자본집약적인 산업인 철강, 중화학, 비철금속산업 부문에 미치는 총 영향은 매우 크다고 주장하였다([표 15] 참조).

결과적으로 이러한 에너지 및 자본집약적인 산업 부문의 생산단가는 상승하게 되며 글로벌 경쟁력은 상대적으로 저하되게 된다. 이러한 현상이 발생하게 되면 국가경제 전체적으로 물가상승의 문제가 발생하게 되며 에너지 집약산업 부문에서 창출된 이산화탄소의 감축 부문이 타 산업에서 증가하는 문제가 발생할 수 있다고 주장하였다(Kohlhaas, 2000).

에너지 및 자본집약산업 부문 기업인의 조직적인 반발에도 불구하고 사회민주당과 녹색당 연합은 재무부(Ministry of Finance), 독일경제연구소(Deutsche Institut für Wirtschaft: DIW) 등에 의뢰하여 생태적 에너지세 도입으로 인한 경제적 효과에 대하여 1999년부터 2010년까지 긍정적인 정부의 정책방향을 제시하였다.

독일경제연구소의 생태적 에너지세가 독일경제에 미치는 영향에 대한 연구는 경제성장 부문, 노동시장, 에너지 소비 및 이산화탄소 배출 삭감, 소득분배효과 등 네 가지 부문에 초점을 맞추고 있다. 연구결과는 전반적으로 생태적 에너지세 도입으로 인한 긍정적인 효과를 나타낼 것으로 결론을 맺고 있다(Bach et al., 2001).

[표 15] 생태적 에너지세 도입으로 인한 각 제조업 부문별 가격효과(%, 2000)

Manufacturing branches	Energy Tax 2.00 DM/GJ	Compensation (revenue neutral)	Net Effect
Iron and steel	5.1	-0.7	4.4
Chemical products, nuclear and fissile materials	2.1	-0.5	1.6
Non-ferrous metals, non-ferrous semi-finished products	1.7	-0.5	1.2
Quarrying	1.9	-0.7	1.2
Agricultural products	1.4	-0.7	0.6
Cold rolling mills, etc.	1.4	-0.8	0.6
Foodstuffs (excluding beverages)	1.0	-0.6	0.5
Textiles	1.0	-0.6	0.4
Other transport services	1.0	-0.6	0.4
Plastic products	0.9	-0.6	0.3
Market-related services in the catering industry and hotels	0.8	-0.5	0.3
Iron, sheet metal and metal products	0.9	-0.7	0.2
Retail services	0.7	-0.6	0.1
Printing and copying services	0.7	-0.6	0.0
Building and housing services	0.2	-0.2	0.0
Road vehicles	0.6	-0.6	0.0
Wooden goods	0.7	-0.7	0.0
Other market-related services	0.3	-0.3	0.0
Services provided by science, culture and publishing	0.4	-0.5	0.0
Building construction and civil engineering	0.8	-0.8	-0.1
Market-related services provided by the health and veterinary system	0.3	-0.4	-0.1
Development services	0.5	-0.6	-0.1
Electrotechnical products	0.5	-0.7	-0.2
Engineering products	0.6	-0.8	-0.2
Wholesale services and similar, recycling	0.4	-0.6	-0.3
Insurance services	0.3	-0.6	-0.3
Social insurance services	0.5	-0.8	-0.3
Service provided by private organizations, domestic services	0.4	-1.1	-0.7
Postal services and telecommunications	0.2	-0.9	-0.7
Government services	0.5	-1.2	-0.7

출처: Federal Statistical Office; DIW Input/Output Analysis, 2000

그러나 세부적인 분야별로 분석해 보면 현실적으로 생태적 에너지세 도입으로 인하여 경제성장은 2005년까지 연평균 약 1% 이하의 낮은 성장률을 나타내다가 2006년부터 2008년 중후반 글로벌 경제위기 전까지는 약 1.5% 정도의 성장세를 유지하였다. 고용은 상당한 수준으로 증가할 가능성이 높은 것으로 독일경제연구소는 예측하였으나 실제적으로는 2000년 8%의 실업률이 2005년에는 10%까지 증가하다가 2008년 중후반 7.5%까지 하락하였으며 2011년 유럽연합 재정위기 이후에는 유럽연합 내 가장 낮은 실업률 중 하나인 5% 내외를 유지하고 있다.

에너지 소비량 및 이산화탄소 배출은 최소 수치로 약 2% 내지 3%가 감소할 것으로 예측하였으나 실질적으로는 이산화탄소 배출 감소는 2008년 말에 1990년 대비 약 20% 이상이 감소하여 교토의정서가 제시한 목표치에 거의 근접하는 결과를 나타내고 있다. 그러나 소득분배효과 부문에서는 명확한 결론을 도출하지 못하고 있는 한계를 보이고 있다(<그림 43, 44, 45>).

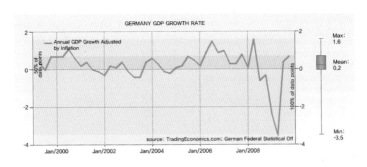

출처: German Federal Statistical Office, 2010

〈그림 43〉 독일 경제성장 추이(2000~2009)

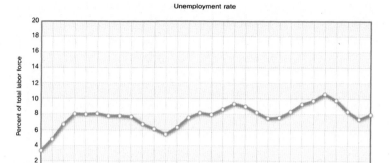

출처: IMF, World Economic Outlook 2009

〈그림 44〉 독일 실업률 추이(1980~2009)

EMISSION TRENDS

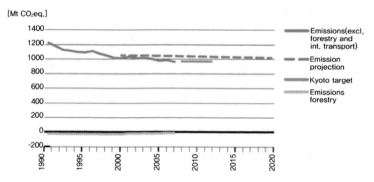

출처: Germany Climate Scorecard 2009

〈그림 45〉 독일 온실가스 배출상황

4.2.3. 탄소세 도입 합의를 위한 산업계 대응

  이러한 정부의 움직임에 산업계도 능동적으로 대처하였다. 산업
계는 자발적 선언을 개정하여 발표하였으며 그 이유는 산업계가 배
출하고 있는 이산화탄소 배출 모니터링 보고서에 나타나고 있는 자
발적 감축목표를 달성 혹은 초과달성하고 있다는 데 자극받았기 때
문이다. 따라서 산업계는 2000년 연방정부의 기후보호프로그램에
맞추어서 2005년까지 이산화탄소 배출 28%를 감축하고 2012년까
지 온실가스(Greenhouse Gas: GHG) 배출을 35% 감축할 것을 선언
하였다(BDI, 2000).

  생태적 에너지세 도입 합의를 통하여 산업계도 지구온난화 문제
를 직시하기 시작하였으며 독일정부의 기후변화정책에 능동적으로
대처하면 온실가스 배출감축 기술 부문을 선점하여 글로벌 시장에
서 새로운 경쟁력을 보유할 수 있다고 판단하였다. 또한 생태적 에
너지세 도입 이후 유럽연합 차원에서 추진하려고 계획 중이던 이산
화탄소 배출권 거래시장에서 자국 산업계가 배출감축을 달성한 이
상의 양을 판매하여 이익을 창출할 수 있다는 점도 인식하기 시작하
였다.

  따라서 환경친화적이며 지속성장을 가능하게 하는 청정기술 부문
에서 글로벌 경쟁력을 보유하고 있는 산업계의 적극적인 참여가 경
제성장을 선도할 수 있다는 전략적 판단하에 생태적 에너지세 도입
을 기술혁신창출, 에너지 사용 효율화 증대, 친환경에너지 기술개발
등으로 활용하였다.

4.3. 탄소세 도입에 대한
정부 및 산업계 간 인식의 차이 극복

4.3.1. 탄소세 도입에 대한 정부의 시각

독일정부가 생태적 에너지세를 도입할 당시인 1990년대 후반 이에 대한 정부의 시각은 경제 및 산업적 측면, 사회적 측면, 환경적 측면 등으로 포괄적이며 전반적인 관점에서 접근하고 있으며 그 주요 내용은 다음과 같다.

첫째: 경제 및 산업적 측면

생태적 에너지세가 도입되기 시작한 1990년대 중반 이후 독일경제연구소가 수행한 생태적 에너지세의 독일경제에 미치는 영향에 대한 연구는 독일정부의 시각을 명확하게 대변해 주고 있다. 즉, 독일정부의 주요 관심사는 경제성장 부문, 노동시장, 에너지 소비 및 이산화탄소 배출 삭감, 소득분배효과 등 네 가지 부문에 초점을 맞추고 있다. 생태적 에너지세 도입에 관한 포괄적인 영향분석을 측정하기 위하여 정부의 의뢰로 국책연구기관인 독일경제연구소의 연구결과는 전반적으로 생태적 에너지세 도입으로 인한 긍정적인 효과를 나타낼 것으로 결론을 맺고 있다(Bach et al., 2001).

그러나 세부적인 분야별로 분석해 보면 생태적 에너지세 도입으로 인하여 경제성장은 2005년까지 감소세를 나타내다가 2006년부터는 증가세를 유지하면서 최소한으로 성장이 유지될 전망이며 고용은 상당한 수준으로 증가할 가능성이 높은 것으로 예측하고 있다. 이 분석에 의하면 2010년까지 총 250,000명의 신규고용이 창출될 것으로 예측하고 있다. 에너지 소비량 및 이산화탄소 배출은 최소 수치로 약 2% 내지 3%가 감소할 것으로 예측하고 있다. 그러나 소득분배효과 부문에서는 명확한 결론을 도출하지 못하고 있는 한계를 보이고 있다(<그림 46, 47, 48>).

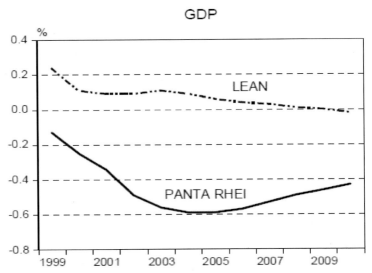

출처: Bach et al., DIW Discussion Paper, 2001
비고: PANTA RHEI는 계량경제학 모의시험으로서 input-output system에 의거한 58개 생산 부문을 기초로 작성된 것이다. 그리고 LEAN은 통계를 기초로 한 독일국가경제의 일반균형모델이다.

〈그림 46〉 생태적 에너지세가 경제성장에 미치는 영향평가(1999~2010)

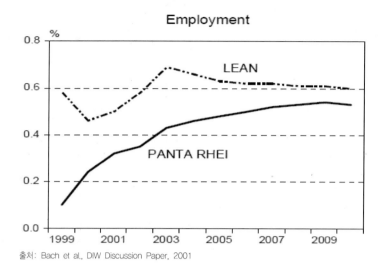

출처: Bach et al., DIW Discussion Paper, 2001

〈그림 47〉 생태적 에너지세가 고용에 미치는 영향평가(1999~2010)

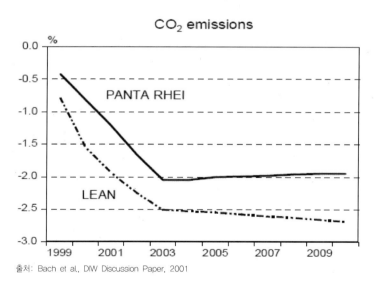

출처: Bach et al., DIW Discussion Paper, 2001

〈그림 48〉 생태적 에너지세가 이산화탄소 배출에 미치는 영향평가(1999~2010)

그럼에도 불구하고 독일정부는 생태적 에너지세 부과가 경제 및 산업적 측면 중 특히 경제성장에 커다란 기여를 하지 못하는 것을 인식하고 있음에도 불구하고 이를 정책적으로 일관성 있게 추진하였다. 그 이유는 이미 설명한 것처럼 지구의 기후변화에 능동적으로 대응하여 기술선진국 중 이 분야에서 세계적으로 선도적인 역할을 하겠다는 강력한 의지와 국가발전전략을 보유하고 있었기 때문이다.

둘째: 사회적 측면

생태적 에너지세 부과에 대하여 일반 독일국민 중 정확한 인식을 한 사람들은 그리 많지 않았다. 즉, 이들은 에너지세 부과로 인하여 에너지 가격의 상승 혹은 자신들의 직장에서 비용감소 등에서는 이해가 부족한 상태였다. 이러한 이유로 인하여 2004년 환경청 및 환경부가 국민을 대상으로 독일의 환경인식이라는 주제로 설문조사한 결과는 매우 상충적이었다(www.umweltbundesamt.org).

설문조사에 참여한 80%의 국민은 오염물질 배출을 덜하고 환경보호에 특별히 기여를 하는 국민 혹은 단체는 생태적 에너지세를 오염물질을 더 많이 배출하고 환경보호에 기여하지 않는 사람 혹은 단체보다는 적게 부담하여야 한다는 측면에 전적으로 혹은 거의 찬성하였다. 그러나 동시에 다른 한편으로는 설문조사에 참여한 25%만이 생태적 에너지세 부과로 인한 부담이 자신들의 직장에서 에너지 소비 감소로 이어지고 이러한 방법을 통하여 신규고용을 창출한다는 점을 믿으려 하였다.

이처럼 생태적 에너지세 부과로 발생하는 경제적 부담에 대해서

소수만이 정부정책을 신뢰하고 다수의 일반국민은 부정적인 측면으로 생각하는 것은 언론에서 생태적 에너지세 부과에 대한 토론과정에서 경제적 부담적인 측면만이 강조되어 왔기 때문이라고 연합정부는 판단하여 환경청을 통하여 생태적 에너지세 부과로 인하여 발생하는 정확한 효과에 관한 연구 조사를 실행하게 되었다.

일반가정이 생태적 에너지세 부과로 인한 경제적 부담은 전기세, 난방, 기름사용에 대한 가격상승에 의하여 나타난다. 따라서 이러한 가정용 에너지 사용에 있어서 에너지 사용 효율성에 대한 경제적 유인정책이 필요하다. 이러한 정부정책 시행과 함께 일반시민의 에너지 사용 효율성의 변화에 관한 조사 및 분석이 가정용 전기, 난방, 교통 부문에 대하여 2004년 단행되었다.

정부조사에 의하면 일반국민 다수가 가정에서 에너지 사용 절감을 위하여 실생활에서 노력하고 있으며 특히 사용하지 않는 전기기구는 스위치를 완전히 제거하여 약 10%의 예비전력 손상을 절감하고 있는 것으로 나타났다. 설문조사에 응한 시민 중 18%는 생태적 에너지세 부과가 자신들의 에너지 사용 효율화에 매우 강한 동기를 부여했다고 답변하였으며 25%는 강한 동기부여 그리고 35%는 그다지 강한 동기를 부여하지 못했다고 답변하였다. 그리고 나머지 22%는 생태적 에너지세 부과가 자신들의 에너지 사용 절감에 전혀 역할을 하지 못하고 있다고 부정적인 의견을 제시하였다(Knigge and Górlach, 2005).

난방 부문에 있어서는 전기사용 부문보다 생태적 에너지세 부과로 인한 시민들의 반응이 더욱 민감하게 반응하였다. 설문조사에 응한 시민들 중 88%가 집을 비울 시에는 난방을 의식적으로 차단하고 있으며 59%는 사용하지 않는 공간에는 난방온도를 감소시키고 있는 것으로 조사되었다.

교통 부문에서는 설문조사 참여자의 73%가 생태적 에너지세 부과와 함께 휘발유 소비를 줄이기 위하여 운전습관에 변화가 있다고 답변하였으며 20%는 연료소비를 줄이기 위하여 자신의 자동차를 사용하지 않고 대중교통을 이용한다고 답변하였다. 생태적 에너지세 부과가 시민들의 자동차 사용습관에 변화를 준 비율 중 27%는 매우 강한 영향, 26%는 강한 영향, 23%는 영향을 미치었다고 답변하였으며 나머지 21%는 전혀 영향을 미치지 않는다고 답변하였다 (Knigge and Gőrlach, 2005).

위의 조사를 종합적으로 분석해 보면 생태적 에너지세 부과가 일반가정에서 전기사용, 난방, 교통 부문 등의 에너지 사용 효율화에 절대적인 영향을 미치고 있는 것으로 분석되고 있다. 물론 환경보호, 경제적 비용감소 등과 같은 요인들도 동시에 영향을 미치는 것으로 판단할 수 있으나 생태적 에너지세 부과가 특별한 동인이 되고 있는 것은 확실하였다.

셋째: 환경적 측면

독일은 1990년대 이후 환경정책에 관한 이슈를 에너지정책을 근본적으로 변화시켜 환경개선을 추구하는 방식을 채택하였다. 특히 생태적 세제개혁과 원자력의 단계적 폐기, 전력매입법과 재생가능에너지법 등과 같은 법률을 제정하고 정책을 추진하는 과정에서 에너지정책과 기후문제가 상호 시너지 효과를 발생시키고 있다.

독일이 배출하는 지구온난화 주범인 그린하우스가스(Green House Gas: GHG) 배출의 약 90%가 에너지 관련 이산화탄소이다. 이처럼 에너지 사용 부문에서 90%의 이산화탄소 배출이 이루어지고 있기 때문에 이를 감소시키는 것이 정책적으로 매우 시급한 사항이었다. 따라서 이를 위하여 1990년대 초반의 실행 가능성 연구를 통하여 2005년까지 1987년 대비 30.5%의 이산화탄소 감축이 가능한 것으로 파악하였다.

이후 1990년 6월 각료회의에서 2005년까지 1987년 대비 25%의 이산화탄소를 삭감할 것으로 결정하였다. 1995년 베를린에서 개최된 제1회 기후변화당사국총회에서 독일은 세계적 수준의 기후정책에 주도적인 역할을 수행하였다. 이를 뒷받침하기 위하여 이산화탄소 배출감축 기준연도를 1987년에서 1990년으로 변경하여 이산화탄소 배출감축 목표를 강화하고 이를 국제무대에서 공식적으로 선언하였다(윤순진, 2007; Knigge and Gőrlach, 2006)

독일은 기후변화협약국가 중 부속서 제I국가 중 1990년 기준 온실가스(GHG) 배출규모가 네 번째로 규모가 큰 국가이었다. 1990년 그린하우스가스 배출량이 12억 2천6백만 톤에서 10년 후 2000년에는 10억 2천2백만 톤으로 감소하였으나 2004년에는 10억 2천5백만 톤으로 약간 증가하였다. 이 중 이산화탄소 배출량은 10억 1천4백만 톤으로 부속서 제I국가 총 배출량의 약 7.4%를 차지하였다. 이후 2008년까지 1990년 대비 이산화탄소 배출감소량은 약 20%에 이르러 교토의정서가 제시하고 있는 목표 감축량에 근접하는 성과를 보이고 있다.[36]

온실가스 배출감소를 위한 환경정책을 수행하는 1970년대 및 1980

년대의 강제 및 명령 규제(Command and Control-based Regulation)에서 1990년대 및 2000년대의 환경세 및 배출권거래제와 같은 경제적 유인규제(Incentive-based Regulation)로 전환하게 된 변화의 이념적 기초는 기후변화에 대해서 생태적 근대화(Ecological Modernization)를 추구하고 있는 것이다.

생태적 근대화가 추구하는 환경문제는 자본주의 정치경제를 환경적으로 건전한 수준으로 재구성하여 자본주의 정치경제가 생성하는 환경문제를 해결할 수 있으며 이는 반 근대화와 같은 과거로의 회기가 아니라 자본주의적 정치, 경제, 사회, 문화를 환경을 중심으로 한층 더 근대화함으로써 지속적인 발전을 추구할 수 있다고 생각하였다(Weale, 1996).

따라서 경제성장과 환경보호가 동시에 양립할 수 있기 위해서는 경제주체 중 중요한 역할을 수행하는 기업이 환경 보전적인 산업 활동을 수행하게 되면 결국은 경제적 이익뿐만이 아니라 환경적인 이익도 획득할 수 있다는 사실을 인식하여야 한다(Dryzek, 2005).

4.3.2. 탄소세 도입 정부전략

1999년 생태적 에너지세 개혁(Ecological Tax Reform: ETR)이 실행되기 이전까지는 조직적이며 제도적인 에너지 및 환경세는 독일에 존재하지 않았다. 당시의 환경정책은 대부분이 강제명령 및 제한

---

36) 이산화탄소 배출량 감소는 그린하우스가스 배출량 감소보다 더욱 어렵다. 그 이유는 에너지 소비 절약, 에너지 효율향상, 재생에너지 확대 등을 통하여 화석연료 소비가 줄어들어야 하기 때문이다.

(Command and Control Measures), 행정벌금(Administered Prices), 보조금 지급, 자율적 협상(Negotiation of Voluntary Agreements) 등으로 이루어져 있었다.

물론 당시에도 환경적으로 중요한 영향을 미치는 석유세, 자동차세, 중장비차량세, 폐수세, 재산세 등은 존재하였다. 이 외에도 환경정책을 수행하는 과정에서 원칙적으로 환경세와는 관련이 없었지만 환경보호 대상을 지정하면서 생성된 환경 관련 세금은 지속적으로 증가하였다.

생태적 에너지세 개혁에 관한 인식은 이미 1980년대 초에 이미 학문적 관심의 대상이었다. 이처럼 새로운 인식의 대상인 생태적 에너지세 개혁은 그 핵심이 실업문제와 환경파괴를 동시에 해결하기 위한 방법론에서 시작되었다. 따라서 환경과 관련된 세수의 사용은 신규고용창출에 활용되도록 규정하고 있다(Bingswanger et al., 1983).

이후 1990년대 초부터는 생태적 에너지세 개혁이 정치적으로 중요한 이슈로 대두되기 시작하였으며 핵심정치지도자가 이를 법률로 제정하기 위하여 노력하기 시작하였다. 그러나 이를 현실적으로 실현하기 위해서는 매우 강력하고 장시간 정치적 토론을 수반하게 되었다. 이 과정에서 매스미디어, 각 이해관계자 그룹이 적극적으로 참여하여 자신이 속한 그룹의 이해관계를 대변하는 과정을 자연스럽게 거치게 되었다. 이는 차후 생태적 에너지세 개혁을 도입하는 데 상이한 이해관계자 그룹 간 의견조정 및 합의를 이끌어 내는 데 매우 중요한 역할을 수행하게 되었다(Reiche & Krebs, 1999).

특히 생태적 에너지세 개혁을 추진하는 과정에서 모든 정치적 이해관계자의 참여가 매우 활발하였으며 각 정당, 경제인연합회

(Industrigesellschaft), 주요 대기업, 노동조합, 환경 관련 비정부기구(NGOs) 등이 적극적으로 참여하였다. 이 외에도 국책연구기관 등이 참여하여 추진 정책을 권장하고 생태적 에너지세 도입으로 인한 경제 및 산업, 사회, 환경적 측면에서 발생할 수 있는 다양한 측면의 효과 등을 발표하였다.

1994년 생태적 에너지세 개혁에 관한 다양한 계획 등이 논의되었으나 지나치게 복잡하게 구성되어 있어서 정부의 정책결정자들에게는 그다지 많은 호응을 얻지는 못하였다. 한 예로 국책연구기관인 UPI의 연구보고서는 생태적 에너지세 개혁과 관련하여 12개의 상이한 방식의 세금을 34개의 과정과 제품에 부과하는 방식을 발표하여 지나치게 복잡한 구조로 이루어져 있다는 비판을 받게 되었다(Beuermann & Santarius, 2006).

생태적 에너지세 개혁이 정치계, 산업계, 정부가 적극적으로 관심을 갖기 시작한 것은 국책연구기관인 독일경제연구소(Deutsche Institut für Wirtschaft)가 발표한 보고서에 생태적 에너지세 개혁을 통하여 경제성장 및 인플레이션에는 그다지 커다란 영향을 미치지는 못하지만 10년간 약 600,000명의 신규 고용이 창출될 수 있다는 노동시장의 긍정적인 측면이 부각되기 시작한 이후였다(DIW, 1995).

독일경제연구서 보고서가 발표된 이후 각 정당은 자신의 정치철학 및 경제정책 방향에 근거하여 생태적 에너지세 개혁을 추진하는 시나리오를 설계하기 시작하였다. 그러나 불행하게도 생태적 에너지세 도입은 산업계의 강력한 로비, 정당 간 정책방향의 갈등, 정부 내 연립정당 간 이해관계 충돌 등으로 인하여 불행하게도 무산되는 결과를 나타내고 있었다.

특히 1995년 말에는 산업계를 대표하는 주요 기업대표들과 당시 기독교민주당의 콜(Kohl) 수상과의 비밀회동에서 생태적 에너지세 개혁을 정부가 시도하려는 그 어떠한 협의도 유럽연합 내에서 독일 산업의 국제경쟁력이 확실하게 보장될 때까지 할 수 없도록 결정되었다(Schlegelmilch, 2000).

이러한 보수집권당의 정책방향 변화는 1998년 사회민주당과 녹색당의 연합정권 탄생과 함께 변화하기 시작하였다. 사민당과 녹색당의 연합정권은 생태적 에너지세 개혁을 1999년 강력하게 추진하기 시작하였으며 이 제도를 도입하는 데 가장 중요한 이슈로 세제비율, 세제대상, 산업별 제외대상, 세수활용 등에 초점을 맞추었으며 이를 기초로 생태적 에너지세를 디자인하였다.

생태적 에너지세 개혁은 2002년 재선에 성공한 사민당 및 녹색당 연합정권이 더욱 강력하게 추진할 수 있는 원동력을 제공하였으며 2003년까지 다섯 번에 걸쳐서 개정 및 보완되는 과정을 거치게 되었다. 생태적 에너지세 개혁의 추진은 두 개의 법령을 통하여 5년간 다섯 번의 에너지세 인상을 승인하게 되었다. 그 첫 단계로 1999년 4월 1일 생태적 에너지세 도입법(Law on the Introduction of the ETR)이 탄생하였다. 이 법의 도입으로 난방용 기름 가격이 톤당 17.89센트로 결정되었으며 이는 기존의 가격보다는 약 2.56센트 증가하였으나 전력생산용 중유(Heavy Oil) 가격은 기존의 가격보다 10.23센트 감소하는 효과를 나타내었다(Beuermann & Santarius, 2006).

이후 2000년 1월 1일 두 번째 법령인 생태적 에너지세 지속법 (Law on the Continuation of the ETR)이 제정되어 2000년부터 2003년까지 네 단계에 걸친 에너지 소비와 관련된 가격조정이 단행되었다. 구체적으로 이 법령의 시행으로 전력가격은 매년 0.26센트 그리고 수송 및 교통과 관련된 연료가격은 매년 3센트 증가하게 되었다.

위의 두 개의 법령은 2003년 이후에도 지속적으로 효력을 발휘하게 되었으며 중앙정부는 2003년 이후에는 생태적 에너지세를 인상할 계획은 갖고 있지 않다. 그러나 천연가스 소비세 및 특정산업 부문의 에너지 소비세 감축은 2004년부터 지속적으로 진행하였다.

즉, 정부는 생태적 에너지세개혁을 통하여 산업계의 반발을 무마하고 경제적 손실을 최소화시키기 위하여 다양한 형태의 세금감면 정책을 추진하고 있다. 제조업, 농업, 수산업, 삼림업, 장애인 고용제조업 등의 사업 부문에는 단일 에너지원 사용 중 최소 50,000Kw/h 사용까지는 80%까지 세금을 감면해 주고 있다. 단 이 경우 에너지원 사용종류는 최대 두 종류까지 적용되고 있다. 따라서 결과적으로 세금감면을 적용하게 되면 전력사용에 대한 세금증가는 1999년 킬로와트당 0.2센트에서 2003년 0.41센트로 증가한 수준을 나타내고 있다. 이 외에도 제조업의 경우 생태적 에너지세 적용으로 발생한 부담이 퇴직연금에 세금감면을 받은 비율의 120%가 상회할 때는 전액 보상을 신청할 수 있는 제도를 운영 중에 있다. 이 제도는 제조업 중 특히 에너지 과소비 산업 부문에 에너지 소비 부담을 감소시키는 데 매우 중요한 역할을 하고 있는 것으로 평가되었다 (Beuermann & Santarius, 2006).

2002년 사회민주당 및 녹색당 연합정권이 총선에서 재차 승리한 이후 정부는 2003년 이후 연료 및 전기 부문에서 생태적 에너지세를 인상하지 않기로 결정하였다. 동시에 정부는 천연가스를 Kw/h당 0.55센트, 유체가스는 톤당 38.34유로에서 60.60유로, 난방용 중유는 톤당 17.89유로에서 25유로로 인상하였다. 이 외에도 정부는 산업계의 세금감면 비율을 80%에서 40%로 감소시킬 것을 결정하였다. 또한 제조업 부문에서 생태적 에너지세 부담으로 발생되는 부분이 퇴직연금에 적용되는 세금감면 부문의 상회되는 비율 중 이전에는 100% 지급하던 비율을 95% 지급으로 하향조치 하였다.

이로써 생태적 에너지세로 인하여 발생되는 세수증가는 2003년 약 190억 유로에 이르렀으며 이 중 재생에너지 개발에 재투자되는 금액은 약 1억 9,000만 유로에 달하였다. 나머지 금액은 일반회계자금으로 유입되었다(BMU, 2003)([표 16] 참조).

[표 16] 생태적 에너지세 도입으로 인한 국가세수변화

(10억 유로, 1999~2003)

연도	세수변화	재생에너지자원 개발 투자
1999	4.3	0.102
2000	8.8	0.102
2001	11.8	0.153
2002	14.6	0.190
2003	18.8	0.190

출처: BMU, 2003; Beuermann & Santarius, 2006

이미 설명한 바처럼 생태적 에너지세는 기본적으로 국가 전체 세수에 영향을 미치지 않는 조세중립원칙(Revenue Neutral Principle)을 기초로 계획됐으나 현실적으로는 세수증대효과를 나타내고 있다. 따라서 세수증대로 인한 재원은 원칙적으로 재생에너지자원 개발 부문에 투자하는 것을 원칙으로 하고 있다. 또한 재생에너지자원 부문에 투자되지 못하는 잉여재원은 피고용인 및 고용인이 퇴직연금

에 동등하게 분담하는 세금을 점진적으로 절감하는 데 활용되었다 (BMU, 2003; Beuermann & Santarius, 2006).

생태적 에너지세 도입이 시작된 1999년 이후 세수증가로 인한 재생에너지자원 개발 부문에 투자된 자본은 1999년 1억 200만 유로(약 1,880억 원)에서 2006년 2억 3,000만 유로(약 3,450억 원)로 지속적으로 증가하는 추세를 보였다([표 17] 참조).

[표 17] 재생에너지자원 개발투자 추이(백만 유로, 1999~2006)

연도	재생에너지자원 개발 투자액	증가율(%)
1999	1억 200만	
2000	1억 200만	0.0
2001	1억 5,300만	50.0
2002	1억 9,000만	24.2
2003	1억 9,000만	0.0
2004	2억	5.3
2005	2억 2,000만	10.0
2006	2억 3,000만	4.5

출처: BMU, 2003; Beuermann & Santarius, 2006

생태적 에너지세 도입을 위한 당시 독일정부의 주요 정책 목표는 두 가지로 설명할 수 있다. 첫째는 생태적 에너지세 개혁을 통하여 온실가스 배출을 감축하여 지구온난화현상에 적극적으로 대처하고 이를 위하여 재생에너지 부문의 기술개발 및 수요를 확산시키는 것이다. 둘째는 생태적 에너지세 도입이 조세중립원칙에 의거하여 운영되기 때문에 고용인 및 피고용인의 퇴직연금에 대한 지불부담을 동등하게 감면하여 운영되는 제도로서 궁극적으로 기업을 운영하는 경영인에게는 노동임금의 감축효과를 보게 한다. 이로써 정부는 신규고용을 더욱 창출할 수 있는 경제적 환경을 구축하여 경제성장을 창출할 수 있을 것을 판단하였다.

위의 두 가지 목표가 생태적 에너지개혁을 추진하게 된 가장 중요한 원인이며 당시 독일에서 가장 중요한 정치적 이슈로 자리 잡게 되었다. 물론 환경정책이 독일정부의 정책 중 정책 중요도가 매우 높은 것은 사실이나 환경정책 추진은 항상 경제정책의 방향성과 매우 밀접한 관계를 갖고 있었기 때문에 경제적 상황을 무시하고 독자적으로 강력하게 추진되기는 한계를 갖고 있었다.

이러한 상황에서 장기실업문제가 국가정책의 주요 이슈로 대두됨에 따라서 생태적 에너지개혁이 재생에너지산업 부문에서 신규고용을 창출할 수 있는 가능성이 연구되면서 정책실현에 탄력을 받게 되었다. 이것이 가능하게 된 가장 커다란 이유는 노동 관련 세금은 지난 30여 년간 약 66%가 증가한 반면에 환경 관련 세금은 약 10% 증가하여 독일국민이 갖고 있는 세금 관련 불만족을 해결하고 국민적 공감대를 형성할 수 있는 계기를 마련할 수 있었기 때문이다 (Institute for European Environment Policy, 2005)(<그림 49> 참조).

따라서 정부는 생태적 에너지세 개혁을 조세중립원칙과 이중배당원칙(Double Dividend Principle)을 기초로 추진하는 전략을 수행하였다. 이는 기존의 강제명령 및 제한(Command and Control Measures), 행정벌금(Administered Prices) 등의 강제적 방식에서, 보조금 지급, 자율적 협상(Negotiation of Voluntary Agreements) 등 경제적 유인방식으로 그 전략이 수정되어 운영되고 있었다.

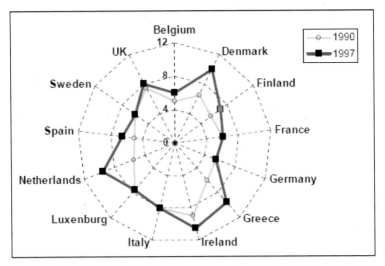

출처: Eurostat Statisitics, 2000

〈그림 49〉 유럽연합 주요 국가 환경 관련 세금 증감비율(1990~1997)

4.3.3. 탄소세 도입에 대한 산업계 시각

생태적 에너지세 도입에 대한 산업계의 기본적인 시각은 최초에
는 매우 부정적인 것이 현실이었다. 그 가장 커다란 이유는 타 국
가보다 과중한 세금으로 인하여 기업의 글로벌 경쟁력이 저하될 수
있다는 우려가 매우 높았기 때문이었다. 따라서 독일산업연합회
(Deutscher Industriverband: DI)는 생태적 에너지세 도입을 현실적으
로 가능한 지연시키려고 노력하였다.

그러나 놀라운 점은 이처럼 생태적 에너지세 도입을 최대한 늦추
려고 하던 산업계가 보유하고 있는 환경에 관한 인식수준은 매우 높
다는 점이다. 그럼에도 불구하고 산업계는 정부가 추진하려는 생태

적 에너지세 도입을 전적으로 공감은 하면서도 이를 현실적으로 지지하지 않은 이유는 기업을 경영하는 경영자의 입장에서 새로운 세제도입으로 인한 제품 및 서비스 생산가격에 부정적인 영향을 미칠 것에 대한 두려움 때문이었다.

이러한 산업계의 전반적인 현실상황 인식에도 불구하고 섬유업계는 자발적으로 환경정책에 동참하려는 의지를 나타내 사업수행에 있어서 환경 및 사회적 수준을 향상시키려는 움직임도 있었으나 대부분의 산업 부문에서는 사업의 지속성에 부정적인 영향을 미칠 수 있다는 판단 때문에 생태적 에너지세개혁을 적극적으로 수용하지 않으려 하였다고 할 수 있다.

산업계는 부문별로는 생태적 에너지세 도입에 대한 접근방법은 매우 상이하였으나 이 제도의 도입에 대한 모든 정보를 입수하여 정책의 방향과 기업에 직간접으로 발생할 수 있는 실익과 손해를 면밀하게 파악하고 있었다. 일반적으로 에너지 소비 효율성이 높고 의존도가 낮은 산업 부문은 생태적 에너지세 도입이 기본적으로 환경보호를 위하여 바람직한 정책방향이라고 판단하고 있는 반면에 에너지 소비 효율성이 낮고 의존도가 매우 높은 산업 부문일수록 이 제도의 도입에 매우 부정적인 시각을 갖고 있었다(Beuermann & Santarius, 2006).

실례로 생태적 에너지세 도입에 대한 긍정적 시각을 견지하고 있는 저에너지산업 부문은 환경정책에서 적용하는 경제적 접근방법을 바람직한 방향이라고 적극적으로 지지를 표시하고 있었다. 그러나 자발적 동의(Voluntary Agreement) 부분은 환경영향에 부정적일 뿐만이 아니라 그 효력이 그다지 크지 않을 것이라는 부정적인 시각을 공개적으로 나타내고 있었다. 그러나 자발적 동의 부문도 산업 부문별로 시각 차이를 매우 뚜렷하게 나타내고 있었다. 에너지 소비가 매우 높은 산업 부문 중 교통 및 운송산업의 경우 생태적 에너지세 도입 자체를 반대하지는 않지만 이 제도가 도입될 경우 가장 관심을 갖고 있는 부분은 이 산업 부문이 얼마나 많은 경제적 보조금을 확보할 수 있느냐는 부문이었다. 그러나 에너지 소비가 매우 높은 산업 부문인 화학산업은 생태적 에너지세가 기업의 경영활동에 있어서 의사결정의 자율권을 최대한 보장해 준다는 측면에서 자발적 동의(Voluntary Agreement) 부분을 환영하는 입장이었다.

산업계가 보유하고 있는 생태적 에너지세 도입에 대한 일반적인 견해는 독일 국내 차원의 환경정책이 아닌 전 유럽연합 차원의 환경정책으로 도입하여야 실제적인 효과를 극대화시킬 수 있다는 입장을 견지하고 있었다. 그럼에도 불구하고 에너지 소비와 그 의존도가 낮은 환경친화적 산업 부문은 독일 단독이라도 생태적 에너지 도입을 추진하여 이 부문에 선도적인 역할을 수행하여야 한다는 시각을 동시에 보유하고 있었다.

4.3.4. 탄소세 도입합의에 대한 산업계 전략

생태적 에너지세 개혁을 통하여 탄소세 적용을 합의한 것에 대하여 산업계의 전략은 산업별로 매우 다양하게 나타나지만 일반적인 사항은 기업의 이익을 극대화시키고 환경보호에도 적극적으로 동참하여 지구온난화에 적극적으로 대처한다는 긍정적인 이미지를 확산시키는 것이었다. 우선 공통적인 전략 중 실질적인 노동임금 감소효과를 통하여 신규고용을 창출한다는 정부정책의 목표는 생태적 에너지세를 납세하고 있는 산업계에 직접적인 영향을 크게 미치지 못하여 사업전략에도 차질을 발생하였다. 이 외에도 섬유산업, 교통 및 운송산업, 자동차산업 등은 생태적 에너지세 개혁의 추진원칙 중 하나인 조세중립원칙으로 인하여 퇴직연금을 위한 사회보장세 삭감 부분을 생태적 에너지세로 활용하는 것에 대한 부정적인 견해를 보이고 있었다.

또한 이러한 공통적인 이해관계에도 불구하고 산업별 접근방식과 견해 차이는 명백하게 존재하고 있다. 즉, 섬유산업 및 운송산업은 생태적 에너지 세수를 환경 관련 부문에 재투자를 선호하고 있는 반면에 자동차산업은 세수를 소비자의 소비패턴을 변화시킬 수 있도록 재정적 선택권을 부여할 수 있는 방법으로 활용되기를 주장하였다. 즉, 자동차산업은 소비자의 소비패턴을 변화시키고 환경보호에도 기여하기 위하여 개인소득기준 환경보너스시스템(A Per Capita Environmental Bonus System)을 채택할 것을 주장하였다. 이는 소득 대비 환경보호에 적극적으로 참여하는 소비자에게 보너스를 제공하는 제도로서 소비패턴을 변화시킬 수 있는 제도로 인식할 수 있다 (Ekins et al., 2009).

산업계가 생태적 에너지세 도입에 대한 전략으로서 이 제도도입에 적극적으로 참여하여 환경보호에 산업계가 중요한 역할을 수행하고 있다는 인식을 사회에 알리기 위하여 정부정책 참여에 관한 정보를 적극적으로 제공하였다. 특히 이를 위하여 섬유산업 및 금융산업 부문은 생태적 에너지 세수 중 더욱 많은 부분이 환경보호에 투자되어야 한다고 주장하였다. 또한 이 두 산업 부문은 생산품과 동일하게 혁신적인 마케팅 전략을 추진하여 생태적 에너지세 개혁에 적극적으로 동참하고 있는 것을 홍보하였다(Beuermann & Santarius, 2006).

4.4. 탄소세 도입결과

전반적 환경세 관련 개혁이라고 할 수 있는 생태적 에너지세 개혁이 1999년 이후 5차례 시행되었다. 이 개혁은 수송연료에 대한 세금을 점진적으로 증가하고 천연가스, 난방을 위한 연료 및 중유 그리고 가정용 전력소비에 새로운 에너지세로 확대하면서 실시되었다. 생태적 에너지세 개혁은 약 85%가 고용인과 고용주 간 임금에 대한 소득세를 감소하면서 진행시킨 세제 중립적 정책이었다. 나머지 15%는 약 13%가 정부예산 통합을 통하여 재정이 지원되었고 2%는 재생에너지 배치를 통하여 배정되었다.

생태적 에너지세는 기업 및 가정에 명백한 공공 부문의 불만족 대상이었다. 따라서 생태적 에너지세를 실시할 때 실질적인 세금비율이 감소할 수 있도록 허용하였다. 이 세제개혁은 역진적으로 진행되었으며 정부가 발표한 긍정적인 예측 및 자료에도 불구하고 부분별 경쟁력 강화에는 커다란 도움이 되지 않았다는 보고서도 상존하고 있다. 그 가장 커다란 이유로는 총 세제 이익의 재순환에 관하여 일반국민 및 기업이 충분히 이해를 하는 데 한계를 갖고 있다고 공공조사는 지적하고 있다(Kiegge Gorlach, 2005; Salmons & Miltner, 2009; Ludewig et al., 2010; Heine et al., 2012).

생태적 에너지세 개혁으로 인하여 수송연료 이외의 에너지 제품에 대한 전반적인 세금비용이 제조업 및 전력생산 부문에 제공되었다. 이는 제조업 및 전력산업 부문의 글로벌 경쟁력이 저하되지 않도록 정책적으로 보호하기 위한 것이었다. 생태적 에너지세 시행 초기에는 세금비용이 전체의 약 80%를 차지하였으나 이후에는 40%대로 감소하였다. 특히 제조업의 경우 임금에 대한 소득세 인하의 효과보다 생태적 에너지세의 부담이 더 큰 경우에는 제한조건을 충족시키면 직접 세금을 환불해 주도록 하였다. 그 결과 몇몇 경우에서는 감소한 효율적 세율이 최저수준인 제로에 도달한 경우도 발생하였다. 그럼에도 불구하고 생태적 에너지세 수익은 효율적으로 운영되어 왔으며 특히 노동 관련 세금(Labor Taxes) 감소를 보전하는데 제정지원을 수행하였다(Heine et al., 2012).

Part 5

독일 이산화탄소
배출권시장 거래제도

5.1. 이산화탄소 배출권시장 거래제도 도입배경

5.1.1. 배경 및 개념

이산화탄소 배출권 거래제도(Cap and Trade)는 미국에서 최초로 시행되었으며 그 기원은 1983년에서 1987년 사이에 거래 가능한 배출권정책이 도입되어 휘발유 첨가제로 사용된 납(Pb) 함량의 감축 및 사용중지에 기여하였다.[37] 이러한 정책적 효과를 기초로 산성비 대응을 위한 아황산가스(SO_2) 배출권 거래제도가 전국적으로 도입되어 성공한 이후 배출권 거래제도가 환경 및 에너지정책의 주요 수단으로 활용되고 있다.

이후 배출권 거래제도는 글로벌 기후변화에 대응하는 정책으로 인식되어 교토의정서에서 시장유연성 체제의 하나로 채택된 이후 유럽연합(EU) 차원에서 2005년부터 공식적으로 실시되고 있다. 즉, 다수의 국가가 연합체 차원에서 배출권 거래제도를 실시하고 있는 사례는 유럽연합이 최초이다. 배출권 거래제도는 1990년대 초부터 일부지역 혹은 국가단위로 시행하고 있는 제도이다. 이 중 유럽의 경우 31개 국가가 참여하여 세계에서 가장 큰 규모로 운영되고 있으며 미국의 캘리포니아 주, 중국 베이징, 톈진 등 7개 지역, 뉴질랜드, 카자흐스탄 등과 같은 국가에서 실시하고 있다[38](은종환, 2015).

이산화탄소 배출권 거래제도의 개념은 각 국가 혹은 지역연합체

---

37) 유럽연합(EU)에서는 공식적으로 배출권 거래제도라는 용어를 미국에서 사용하는 Cap and Trade보다는 Emission Trading System(ETS)이라는 용어를 채택하고 있다.

38) 우리나라는 2010년부터 시행된 저탄소녹색성장기본법에 의거하여 준비과정을 거친 후 2015년 1월 1일부터 시행하고 있다.

내 기업이 생산 활동을 통하여 발생되는 이산화탄소 총 배출량을 설정하여 이를 시장에서 상품처럼 거래하는 것을 의미한다. 즉, 이산화탄소 배출권 거래제도(Emission Trading System: ETS)는 규제대상에 오염물질에 대한 감축기준을 부여한 후 그 기준에 따라 발생한 배출의 권리 혹은 의무를 정해진 거래시장을 통해 판매 혹은 구입하도록 하는 제도이다.

이산화탄소 배출권 거래제도는 일반적으로 배출권의 배분 기준 및 방식에 따라서 총량제한 거래제도(Cap and Trade)와 감축 크레디트제도(Baseline and Credit)로 구분된다. 전자는 시장참여자가 정해진 배출상한선에 해당하는 배출권을 할당받고 이를 시장에서 자유롭게 거래할 수 있으며 배출량이 상한선보다 낮게 유지하여 잉여분을 시장에 매각할 수 있으며 상한선보다 배출량이 많은 경우에는 이를 시장에서 구매하도록 하는 제도이다.

후자인 감축 크레디트제도는 시장참여자가 달성한 온실가스 감축량을 각 국가의 공인기관으로부터 인증을 받고 이에 대한 배출권의 일종인 크레디트를 발급받아 거래하도록 하는 제도이다. 이 제도는 이산화탄소 배출감축량을 계산하기 위하여 기준배출량(Baseline)을 설정한 후 일정기간 동안 실제배출량과 기준배출량을 비교하여 실제배출량이 기준배출량보다 적을 경우에는 이에 상응하는 크레디트를 제공하여 시장에서 이를 거래할 수 있도록 하고 있다.

두 제도의 가장 커다란 차이점은 감축 크레디트제도는 배출상한 혹은 배출권에 대한 사전배분에 대한 단계가 존재하지 않는다. 따라서 총량제한 거래제도에서 나타나는 배출량의 부족분이 존재하지 않아서 감축 크레디트제도는 수력발전소 건설 등과 같은 대규모 프로젝트 단위로 크레디트가 인정된다(서정민 외, 2010).

배출권 거래제도는 환경오염이라는 경제의 부정적 외부효과를 제도적으로 내부화시켜 경제의 효율성을 달성하는 것이다. 즉, 환경오염이라는 외부성 문제를 정부 또는 국제기구 등 관리자가 합법적인 절차를 통하여 소유권을 설정하고 당사자들이 자유롭게 시장에서 거래를 한다면 자원배분의 효율화를 달성할 수 있다는 코즈(Coase)의 정리에 그 이론적 기반을 두고 있다.

또한 환경오염이라는 부정적 외부성의 내부화라는 접근방식은 피구적 접근방식(Pigouvian Approach)인 탄소세와 동일하지만 배출권 거래제도는 그 운영방식에서 탄소세와 매우 상이하다. 즉, 탄소세는 오염원에 대한 가격설정 후 이를 징수하는 강제명령 및 규제방식(Control and Commend)이나 배출권 거래제도는 외부성의 내부화 과정에서 새롭게 형성된 재화인 배출권(Pollution Permit)을 배출권시장(Permit Market)에서 자유롭게 거래할 수 있는 시장경제원칙을 통하여 경제의 효율성을 달성하는 것으로 서로 차이점을 분명하게 나타내고 있다. 따라서 배출권 거래제도는 정부의 직접적인 규제를 가급적 제한하고 시장참여 주체인 민간의 자발적 참여를 통하여 환경문제를 해결하려는 제도적인 노력이라고 할 수 있다(Dales, 1968; 서정민 외 2010).

5.1.2. 이산화탄소 배출권 거래제도 현황

글로벌 차원에서 이산화탄소 배출권 거래제도가 관심의 대상이 되기 시작한 것은 1997년 교토의정서에서 신축성 메커니즘(Flexible

Mechanism)의 하나로 논의되면서부터이다.[39] 국제탄소시장 또는 국제적 수준에서의 배출권 거래제도는 선진국들에 설정된 이산화탄소 국가감축목표인 총량제한 제도상의 배출상환, 개발도상국 혹은 의무감축국 간 감축노력에 대한 인증인 청정개발체제(Clean Development Mechanism: CDM)와 공동이행(Joint Implementation: JI)은 감축 크레디트제도와 교토 메커니즘의 구성요소 중 하나인 국제배출권 거래제도로 연결되어 있다([표 18] 참조).

[표 18] 교토 메커니즘의 주요 내용

제도	주요 내용	거래대상	거래기준	거래당사자
ETS	국가별로 부과된 배출할당량의 매매를 허용함.	배출권 (allowance)	할당량 (quota)	다자/양자 간
JI	선진국이 다른 선진국에 투자하여 감축한 온실가스의 일정량을 자국의 실적으로 인정함.	크레디트 (credit)	프로젝트	다자/양자/단독
CDM	선진국이 개발도상국에 투자하여 감축한 온실가스의 일정량을 자국의 실적으로 인정함.	크레디트 (credit)	프로젝트	양자 간

출처: 이길남 & 윤영한, 2008

따라서 의무감축국인 선진국은 국제탄소 배출권의 수요자 및 공급자이며 개발도상국은 이산화탄소 배출 공급자의 역할을 수행하고 있다. 일반적으로 배출권의 거래주체는 국가이나 기업 및 배출권 브로커가 될 수도 있다. 그러나 일차적으로 국제연합(UN) 기후협약의

---

39) 신축성 메커니즘은 이산화탄소 배출감축 의무가 있는 선진국들의 감축부담을 경감하기 위하여 마련된 제도로서 청정개발체제(Clean Development Mechanism: CDM), 공동이행(Joint Implementation: JI), 이산화탄소 배출권 거래제도(Emission Trading: ET) 등 셋으로 구성되어 있다.

국제배출권 최종 수요자는 국가가 되는 것으로 규정하고 있다.

또한 국제탄소 배출권시장은 한 탄소 배출권시장에서 다른 탄소 배출권시장에서 인정받는 연계제도(Linkage System)를 운영하고 있다. 즉, 탄소 배출권시장에서 배출권의 인정이란 감축목표를 가진 주체가 목표이행의 한 수단으로 배출권 제출이 허용될 때 연계된 탄소 배출권시장에서 생성된 배출권의 제출도 허용된다는 것이다. 따라서 유럽연합(EU) 탄소 배출권 거래제도(EU ETS)는 현재 존재하는 국제적 연계의 대표적인 사례라고 할 수 있다(서정민 외, 2010).

유럽연합(EU) 배출권 거래제도는 2005~2007년 3년간의 시험기간, 2008~2012년 4년간의 시행기간으로 이루어지고 있으며 2013년 이후부터는 지속적으로 시행하는 것으로 유럽연합(EU) 차원에서 합의를 본 사항이다(European Environmental Agency: EEA, 2008).

이산화탄소 배출권 가격은 2005년 이산화탄소 1톤당 7유로로 시작하여 30유로까지 상승하였으나 2006년 및 2007년에 이산화탄소 배출량 발표 이후 급격하게 하락하여 2007년 봄부터는 1유로 이하로 하락하여 거래되었다.

이후 2008년부터는 거래가격이 다시 상승하였으나 글로벌 경제위기 및 2009년 12월 제16차 글로벌기후협약이 합의에 이르지 못하는 관계로 인하여 배출권 가격은 재차 하향세를 나타내고 있다. 2009년 이후 최저가격을 기록한 것은 2013년 4월 2유로 81센트이었으나 동년 10월에는 4유로 61센트로 상승하였다. 유럽연합은 이산화탄소 배출권 가격이 2030년에는 최저 32유로에서 최고 63유로에 이를 것으로 예측하고 있다(EC, 2011; Burtraw et al., 2013).

5.1.3. 국제탄소 배출권시장 연계제도의 장단점

연계제도의 장단점은 경제적, 정치적, 환경적 측면으로 분석할 수 있다. 우선 경제적 측면의 장점으로는 이산화탄소 배출저감비용을 감소시킬 수 있다는 점이다. 즉, 배출권 거래제도 시스템 내에서 저감노력을 저감비용이 적은 배출원으로 이동시켜 시스템 전체의 배출저감비용이 최소화되는 방식이다. 따라서 감축비용 최소화가 최우선 목적일 경우에 어떠한 국가도 배출권 거래제도를 연계하였을 때 이전보다 상황이 더 나빠지지 않는 장점을 보유하고 있다(Anger, 2008).

이 외의 경제적 편익은 정적인 효율성 면보다는 연계는 유동성을 증대시키고 가격변동성을 감소시키고 시장지배력의 감소로 이어진다. 특히 연계된 시스템 중 하나 혹은 양쪽 모두 규모가 작을 경우에는 연계된 상대시스템의 가격변동성에 노출되는 부문도 있지만 경제적 편익이 더욱 크다는 장점을 보유하게 된다. 이 외에도 상호 합의된 이산화탄소 배출감축 계획은 제도적인 구속력을 확보하게 되어 기후정책의 동적 효율성을 확보할 수 있는 장점을 갖게 된다.

이에 반하여 연계제도는 분배적인 측면에서는 단점으로 작용할 수 있다. 즉, 시스템 간 배출권의 상호 허용은 한 국가의 배출권 가격은 상승시키는 동시에 타 국가의 배출권 가격은 감소시키는 기능을 하게 된다. 이 경우 시스템 전체의 비용절감은 가능하지만 연계를 통한 승자와 패자가 발생하게 된다. 실제로 연계 전 배출권의 균형가격이 상이한 두 시스템에 연계되면 낮은 가격을 갖고 있던 시스템은 이전보다 높아진 균형가격에 그리고 높았던 가격을 갖고 있던 시스템은 이전보다 낮아진 균형가격에 직면하게 된다.

따라서 배출권 가격의 변화는 에너지 가격 및 다른 배출 집약적 상품의 가격에도 영향을 미친다. 이 경우 연계는 배출권 거래제도에 포함되지 않는 기업 및 가정에도 심각한 영향을 미치게 된다. 따라서 배출 집약적 상품을 생산하거나 배출 집약적 요소를 투입하여야 하는 기업의 생산비용에 영향을 미치게 되어 연계는 궁극적으로 기업경쟁력에 직접적인 영향을 미치게 되어 시스템의 수혜자와 피해자를 발생하게 된다.

이 외에도 연계로 인한 시스템 간 배출권 거래가 국가 간 자본의 이동을 발생시킨다는 점이다. 이러한 국가 간 자본의 이동은 자발적인 거래에 의하여 거래 당사자에게 이익을 창출할 수 있지만 동시에 네덜란드병(Dutch Disease)을 발생시킬 수도 있다. 이 병은 일반적으로 천연자원 수출국에 나타나는 현상이지만 배출권이 인위적인 천연자원의 성격을 갖고 있기 때문에 배출권 순 수출국에는 막대한 외화가 유입되어 급격한 임금상승과 소비급증에 따른 화폐가치 상승효과를 초래하게 된다. 이는 결과적으로 국내 제조업의 글로벌 경쟁력을 약화시키는 결과를 초래할 수 있다.

두 번째로 정치적 측면의 장점은 탄소시장이 국제적으로 연계되면 연계파트너 상호 간의 압력으로 한 국가의 정부가 자의적으로 정책을 수행하는 유혹을 상대적으로 적게 받게 된다는 것이다. 이로써 국제간 연계는 시장 간 가격신호를 신뢰할 수 있으며 이를 바탕으로 동적 효율성을 증대시킬 수 있다. 또한 연계가 주요 교역경쟁국과 이루어질 경우에는 환경비용부담에 관한 불일치를 해소할 수 있는 계기로 작용하여 가격경쟁력 약화라는 산업계와 노동계의 주장을 무마시키는 역할도 하게 된다. 이 외에도 국제정치적인 측면에는 연계가 긴밀한 국제적 협력에 대한 의지와 공약에 대한 신호기능을 담당할 수 있다는 점이다.

동시에 단점으로 지적될 수 있는 점은 연계가 국내 배출권 거래제도의 설계와 영향에 대한 국가의 통제력을 감소시킬 수 있다. 그 이유는 일단 국가 간 시스템이 연계된 후에는 배출권 가격과 배출량의 결과는 연계 상대국의 발전에 많은 영향을 미치기 때문이다.

마지막으로 환경적인 측면에서의 장점은 연계 국가가 동일한 배출목표를 달성하는 데 더 이상의 비용을 증가시키지 않고 유엔기후변화협약(United Nations Framework Convention on Climate Change: UNFCC)의 기본원칙이 공통되지만 차별화된 책임에 부합할 수 있는 기회를 제공하는 것이다. 이 원칙을 적용하면 연계 전에 상호 간 배출량 감축목표에 대한 합의로 책임의 차별화를 적용한 후 두 시스템이 연계되면 두 국가는 배출총량을 공통으로 감축할 수 있다. 이처럼 책임의 차별화에 대한 합의 후에 책임의 공통화 과정에서 비용효과를 장기적으로 추진할 수 있다.

그러나 단점으로 지적되는 것은 연계가 전 지구적 탄소 배출량을 감소시킬 수 있는 개연성을 보유하고 있음에도 불구하고 연계에 대한 잠재적 우려 중 하나가 역설적이지만 전 지구적 탄소 배출량을 증대시킬 수도 있다는 것이다. 그 이유는 총량제한제도가 크레디트제도와 연계될 때 발생할 수 있다. 즉, 크레디트제도 일반원칙 중 하나인 추가성(Additionality)이라는 원칙이 있는데 이는 감축사업에서 얻어지는 온실가스 저감양은 사업이 시행되지 않을 때와 비교하여 추가적이어야 한다는 교토의정서의 원칙이다.

이 원칙은 감축사업에 크레디트를 부여하여 감축사업을 활성화시키는 역할을 수행한다. 그러나 감축사업이 얼마나 추가적으로 감축하였는지에 대한 조사는 배출량과 감축의 기준이 되는 베이스라인(Baseline)의 설정이 필요하다. 문제는 배출량의 측정은 상대적으로 용이하나 베이스라인 설정은 매우 어려워 자의성이 개입될 가능성이 매우 높다는 점이다. 이처럼 베이스라인 설정에 자의성이 높을 경우에는 감축크레디트 시스템과 연계된 총량제한 시스템하의 감축의무 기업이 자체적인 감축노력 대신에 크레디트 구입으로 감축의무를 대신하면 전체 배출량은 연계 이전보다 높아지게 된다(Flachsland et al., 2009).

5.2. 배출권시장 거래제도 도입규모 및 역할

5.2.1. 글로벌 이산화탄소 배출권 거래현황

글로벌 이산화탄소 배출권 거래시장은 현재 급성장하고 있다. 우선 물량기준으로 2005년 7억 1,000만 톤에서 2009년 87억 톤으로 5년간 1,225% 증가하였다. 또한 금액기준으로는 약 109억 달러에서 1,437억 달러로 약 1,313% 증가하였다. 이는 2009년 배출권 할당 거래시장의 규모는 전체 이산화탄소 배출권 거래시장의 약 85%에 달하는 7억 3,600만 톤에 이르며 금액기준으로는 1,228억 달러로 전체 금액의 약 86%에 이른다. 이로써 배출권 할당 거래시장은 글로벌 이산화탄소 배출권 거래시장에서 최대 시장의 규모를 보유하고 있다. 글로벌 금융위기 이후 글로벌 배출권 거래시장은 위축이 되어 2011년 이후 시장규모가 60%, 2013년에는 38% 감소되었으나 2015년 이후에는 증가할 것으로 예측하고 있다(http://www.redd-monitor.org/2014/01/09/global-carbon-markets-have-shrunk-in-value-by-60-since-2011/).

글로벌 이산화탄소 배출권 거래시장에서 두 번째로 규모가 큰 시장은 2차 청정개발체제(CDM)시장으로 같은 기간 거래량은 10억 5,500만 톤에 이르며 이는 전체 시장의 약 12%에 달하였으며 금액 기준으로는 175억 달러로 전체 금액의 12.2%에 이르렀다.

글로벌 이산화탄소 배출권 거래시장에서 최대 규모를 차지하는 배출권 할당 거래시장에서 유럽연합 배출권거래시장(EU ETS)이 2009년 전체 거래량의 약 86%에 이르는 63억 2,600만 톤에 달하며 거래금액은 전체 금액의 약 97%에 이르는 1,185억 달러에 이르고 있다. 따라서 유럽연합 이외 지역의 배출권 할당 거래시장의 거래규모는 매우 적은 규모라고 할 수 있다([표 19] 참조).

탄소 배출권에 대한 수요는 2008년 9월에 시작된 글로벌 금융위기로 글로벌 경제가 성장세가 위축되면서 급속하게 감소하고 있는 상황이다. 그 이유는 경기침체로 기업의 생산량이 감소함에 따라서 이산화탄소 배출량이 자연스럽게 줄었기 때문이다. 따라서 기업은 무상으로 받은 할당배출권을 판매하여 유동성 확보에 활용하였다. 기업의 생산량은 2010년 약간 증가하는 경향을 보였으나 2011년 하반기부터 시작된 유럽연합 재정위기로 인하여 글로벌 경제위기가 더욱 확산되는 경향을 보이고 있어서 최소한 2012년까지는 이산화탄소 배출권은 잠재적 수요를 초과하는 공급이 지속될 것으로 예측되었다(The World Bank, 2011).

[표 19] 글로벌 이산화탄소 배출권 거래현황

(단위, MtCO₂e, 백만 달러, %)

구분		2005년		2006년		2007년		2008년		2009년	
		거래량	거래금액	거래량	거래금액	거래량	거래금액	거래량	거래금액	거래량	거래금액
배출권 할당 거래 시장		321	7,908	1,104	24,436	2,060	49,065	3,093	100,526	6,326	118,474
		6	59	20	225	25	224	31	183	34	117
		1	3	10	38	23	72	69	309	41	50
		na	na	na	na	na	na	62	198	805	2,179
		na	na	na	na	na	na	23	276	155	2,003
	소계	328	7,971	1,134	24,699	2,108	49,361	3,278	101,492	7,362	122,822
프로젝트 기반 거래 시장	1차 CDM	341	2,417	537	5,804	552	7,433	404	6,511	211	2,678
	2차 CDM	10	221	25	445	240	5451	1072	26277	1055	17543
	JI	11	68	16	141	41	499	25	367	26	354
	자발적 시장	20	187	33	146	43	263	57	419	46	338
	소계	382	2,894	611	6,536	876	13,646	1,558	33,574	1,338	20,913
합계		710	10,864	1,745	31,235	2,984	63,007	4,836	135,066	8,700	143,735

출처: The World Bank, 2007~2010

비고: * 지역온실가스협약(Regional Greenhouse Gas Initiative: RGGI)은 2009년 1월 1일 시작된 미국의 지역배출권 거래제도이다.

5.2.2. 독일 이산화탄소 배출권 거래규모 및 배출권 제도의 역할

독일경제가 2008년에서 2012년 사이 연간 이산화탄소 배출권을 시장에서 판매할 수 있는 규모는 4,000만 톤이다. 이는 유럽연합 배출권 거래지침이 규정한 연간 이산화탄소 배출량 중 할당량의 10%에 해당하는 규모이며 유럽연합 내 약 27%를 차지하는 최대의 배출권 거래량이다. 2009년도 배출권 시장에서 판매한 이산화탄소의 양은 연간 한도 최대량인 4,000만 톤으로 판매금액은 528,487,784유로(약 8,200억 원)에 이르며 톤당 평균판매 금액은 13유로 21센트이다. 거래 내역을 자세히 살펴보면 배출권 판매량의 76%에 해당하는 3천 30만 톤이 선물시장에서 3억 9천5백5십 유로에 거래되었으며 나머지 24%인 970만 톤은 1억 3천3백만 유로에 현물시장에서 거래되었다. 2012년에는 4,810만 톤이 7유로 47센트에 거래되어 359,598,180 유로에 달하였다. 이는 유럽연합 전체 거래량의 26.23%를 차지하는 것이다(BMU, 2010a; www.dehst.de)([표 20]).

[표 20] 배출권 거래제도 제2기 이산화탄소 거래현황(2008~2012)

Year	Type	Dates*	Sold Volume	Average Price**	Revenue
2008	Sale (EUA 2nd TP)		41,005,000	23.16 €	949,510,950 €
2009	Sale (EUA 2nd TP)		41,125,000	13.22 €	543,544,744 €
2010	Auction (EUA 2nd TP)	91	41,142,500	14.36 €	590,946,850 €
2011	Auction (EUA 2nd TP)	89	40,675,500	13.81 €	561,569,835 €
2012	Auction (EUA 2nd TP)	89	48,108,000	7.47 €	359,598,180 €
Total (EUA 2. TP)		269	212,056,000	14.17 €	3,005,170,559 €

출처: www.dehst.de

2012년 배출권 거래시장에 참여하는 독일기업의 수는 1,665개에 달하였으며 이들은 연간 에너지 소비량이 20메가와트(MW) 이상의 에너지 사용 집중도가 매우 높은 대기업이다. 산업 부문별로 보면 철강산업, 중화학산업, 시멘트산업 등이 이에 속하며 2012년부터는 항공산업도 배출권거래 부문에 포함되었다(BMU, 2010b).

배출권 제도적인 측면에서 그 역할을 살펴보면 배출권 거래시장의 투명성을 극대화시키고 시장참여자를 보호하고 배출권 거래시장을 활성화시키고 있는 것으로 독일정부는 판단하고 있다. 이러한 배출권 제도의 역할을 더욱 활성화시키기 위하여 독일 환경부(Bundesministerium für Umwelt, Naturschutz und Reaktorsicherheit: BMU)는 매달 배출권 거래량을 인터넷에 공개하고 있으며 배출권 거래시장 활성화를 통하여 기후변화정책을 효율적으로 시행하는 중요한 정책수단으로 간주하고 있다. 배출권 거래현황을 전담하기 위한 전담기구로는 환경부 산하에 독일 배출권거래청(The German Emissions Trading Agency: DEHSt)이 설립되어 운영되고 있다.

즉, 독일정부는 기후변화정책을 수행하고 지구온난화현상을 억제하기 위하여 배출권 거래제도라는 자유시장에서 거래되는 제도를 창출한 것이다. 이 제도를 정착시키기 위하여 제1차 도입시기인 2005년에서 2007년까지는 이산화탄소 배출허용량을 해당 기업에 무료로 제공하였으며 제2차 도입시기가 시작되는 2008년부터 2012년까지는 유료로 시행되고 있다. 2008년 이후 현재까지 이산화탄소 배출허용량의 약 10%가 매매되고 있는 실정이다.

배출권 거래시장에서 창출된 총수익은 기후변화 보호에 직접 투자된다. 이를 위하여 독일환경부는 기후 주도권(Climate Initiative)을 설정하였으며 이는 독일 내 기후보호 부문과 전 세계적으로 적용되는 기후보호 방법론으로 구성되어 있다. 구체적인 실행을 위하여 독일정부는 기후보호를 위하여 2010년 에너지계획을 설립하여 구체적인 장기 로드맵을 구축하였다. 이 로드맵에 의하면 1990년 기준으로 2020년에는 온실가스 40% 감축, 2030년에는 55% 감축, 2040년에는 70% 감축, 2050년에는 80%에서 95%까지 감축 예정이다.

국가기후주도권(The National Climate Initiative)은 온실가스 감축에 직접적인 영향을 미치며 또한 고효율 에너지기술 부문에 투자뿐만이 아니라 정보, 교육, 네트워크 구축 등에도 크게 기여할 수 있는 것으로 판단하기 때문에 독일 환경산업을 더욱 발전시킬 수 있는 기회로 작용할 가능성이 매우 높다(Federal Ministry for Environment, Nature Conservation and Nuclear Safety, 2011).

배출권 거래제도는 2008년 글로벌 경제위기 및 2011년 유럽연합 재정위기 등을 경험하면서 배출권 거래시장이 크게 위축되었다. 따라서 유럽연합(EU) 차원에서 배출권 거래시장을 활성화시키기 위하여 배출권 거래제도 개혁을 추진하였다. 유럽연합 집행위원회가 추진한 배출권 거래제도 개혁의 핵심사항은 다음과 같은 세 가지로 요약될 수 있다.

첫째: 2013년부터 시작되는 제3기 배출권 거래시장 할당량을 유지하고 단기적 해결책으로 할당량을 제3기 마지막 기간에 배정할 것

둘째: 수요변화 및 시장 안정성 강화를 위한 할당량을 조절할 수 있는 시장 안정화 방안을 제시할 것

셋째: 2030년 유럽연합 기후변화 목표를 달성할 시점에 배출권 거래 목표량을 증가시킬 것

이러한 유럽연합의 배출권 거래제도 개혁에 독일정부는 전적으로 찬성하고 있으며 이 개혁이 2017년부터 시작될 수 있도록 적극적으로 지원하고 있다. 이 외에도 독일정부는 유럽연합위원회가 제안하고 있는 2015~2019년 이산화탄소 배출의 유출(Carbon Leakage) 리스트에서 지정한 목록을 유지할 수 있도록 지원하고 있다(http://www.bmub.bund.de/en/topics/climate-energy/emissions-trading/position-on-reform-of-eu-emissions-trading/).

5.2.3. 이산화탄소 배출권 거래제도가 산업에 미치는 영향

배출권 거래제도를 도입하여 이를 활성화시킨다는 것은 글로벌기후변화 보호를 위한 미래에 대한 투자이다. 즉, 이를 시행하게 되면 산업계가 에너지 효율화를 향상시킬 수 있고 동시에 막대한 에너지 소비비용 감소를 가능하게 할 수 있다. 이 외에도 배출권 거래제도는 기업이 투자범위를 설정할 수 있도록 기회를 제공해 주며 동시에 기업의 글로벌 경쟁력을 강화시키는 데 중요한 역할을 수행할 수 있다. 이로써 결과적으로 기업이 보유하고 있는 고용을 안정시키며 신규고용을 창출할 수 있는 가능성을 증가시킬 수 있다.

특히 무역과 특정 산업 부문은 에너지 소비 효율성을 극대화시킬 수 있는 매우 높은 가능성을 보유하고 있다. 기후 및 환경친화적 제품 부문에 독일기업은 이미 글로벌시장을 선도하고 있다. 독일정부가 운영하는 기후주도권 프로그램은 환경친화적 제품을 생산하는 독일기업을 지원하고 있다. 이를 제도 및 장기적으로 지원 및 육성하기 위하여 독일정부는 6대 글로벌 선도시장을 지정하여 운영하고 있다. 이는 환경친화적 전력생산, 저장, 보급시장, 에너지 효율시장, 원자재 효율시장, 지속 가능 이동시장, 폐기물관리 및 재활용시장, 지속 가능 물 관리시장 등으로 구성되어 있다. 이러한 글로벌 선도 시장을 육성하여 배출권 거래제도가 실시되어도 산업계는 2020년 경제활동에 전혀 지장이 없는 범위 내에서 에너지 소비를 20%에서 40%까지 감소시킬 수 있을 것으로 예상하고 있다(Federal Ministry for the Environment, Nature Conservation, Building and Nuclear Safety, 2014b).

배출권 거래제도 최초로 시작된 제1기(2005~2007) 중 독일정부는 매년 약 4억 9,900만 톤의 이산화탄소를 1,849개 설치시설에 무료로 허용하였다. 이후 제2기 기간인 2008년부터 20112년까지 정부의 이산화탄소 허용량은 약 10%가 감소한 약 4억 5,200만 톤을 1,665개 설치시설에 적용하고 있다. 이처럼 이산화탄소 배출허용량 및 설치시설의 수를 감소시키면서 기업이 배출권 거래시장에서 이산화탄소 배출량에 관한 허용용량을 시장에서 거래할 수 있도록 유도하고 있다(Umwelt Bundesamt, 2010).

배출권 거래제도 기간마다 공정거래를 위하여 이산화탄소 허용 공정거래법이 제정되고 있다. 현재의 이산화탄소 허용 공정거래법은 2012 허용 공정거래법(The 2012 Allocation Act: ZuG 2012)으로 이산화탄소 총 허용량 배정은 설치시설 인증 및 에너지 생산시설의 위치 등을 종합하여 에너지 효율성을 기초로 배정하는 방식이다. 그리고 제3기가 시작되는 2013년부터는 온실가스 배출량거래제정법 (Greenhouse Gas Emission Allowance Trading Act: TEHG)이 적용되고 있다.

산업설비 및 에너지 생산설비시설 중 연간 이산화탄소 배출량이 25,000톤 미만인 경우에는 지난 과거에 배출한 이산화탄소 배출량 합계의 평균치를 허용해 주고 있다. 동시에 산업설비시설에는 의무적으로 1.25%의 이산화탄소 배출량 감축을 적용하여 기존의 이산화탄소 배출량의 98.75%를 허용하여 산업계의 글로벌 경쟁력이 약화되지 않도록 배려하고 있다.

이와 비교할 때 대규모 에너지 설비시설은 지난 전력 및 난방공급 시 발생하는 이산화탄소 배출량을 기초로 이산화탄소 허용량을 적용하고 있다. 동시에 에너지전환에 사용되는 석유사용량을 계산하여 이산화탄소 허용량을 결정하고 있다. 즉, 석유사용 효율성이 높을수록 이산화탄소 허용량을 적게 산정하는 방식을 적용하고 있다. 따라서 갈탄을 사용하는 발전소는 기존의 50%, 석탄발전소는 82%, 천연가스 발전소는 92%의 이산화탄소 허용량을 인정받고 있다. 이로써 발전 부문의 이산화탄소 배출량 허용 부문이 전체적으로 약 4천만 톤 감소되는 결과를 내고 있으며 이는 전체 배출 허용량의 약 9%에 달한다. 이 외에도 소규모 이산화탄소 배출 기업은 이산화탄소 배출허용 기준에 전혀 적용대상이 아니다(Umwelt Bundesamt, 2010)(<그림 50> 참조).

이산화탄소 배출권거래시장이 도입된 2005년 이후 이산화탄소 배출허용 용량이 기업에 부담으로 작용하여 거래시장에서 매매정지가 발생한 건수는 해마다 감소하는 상황이다. 즉, 2005년에는 거래시장에서 매매정지의 수가 180건에 달하였으나 해마다 감소하여 2006년 58건, 2007년 32건, 2008년에는 21건에 달하였다. 이 외에도 2008년에는 배출권 거래행위의 공정성을 확립하기 위하여 규정을 위반하는 기업에는 이산화탄소 배출허용량 중 톤당 100유로의 벌금을 물리도록 결정하였다. 따라서 이산화탄소 배출권 거래시장 도입으로 기업에 경제적인 부담으로 미치는 부정적 파급효과는 상대적으로 미약한 것으로 판단된다.

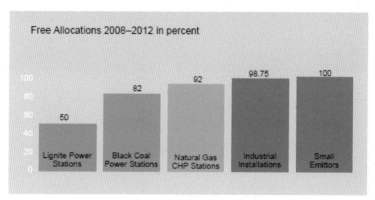

출처: Umwelt Bundesamt, 2010

〈그림 50〉 각 부문별 이산화탄소 배출 허용비율(2008~2012)

5.2.4. 이산화탄소 배출권 거래제도가 사회에 미치는 영향

이산화탄소 배출권 거래제도의 시행이 사회에 미치는 영향은 상대적으로 미미한 편이다. 그 이유는 배출권거래시장에 참여하는 주체가 소규모 이산화탄소 배출기업 및 일반소비자는 제외된 상태이며 대규모 이산화탄소 배출 기업이 거래비용을 일반소비자에게 전가한다는 구체적인 현상들이 실제로 발생하고 있지 않기 때문이다.

특히 이산화탄소 배출권 거래제도가 시작된 제1기인 2005년부터

2007년까지는 1999년 생태적 에너지 및 환경세가 도입될 당시의 상황과 비교할 때 일반 국민들에게는 광범위하게 홍보되지 않은 상태여시 국가적 차원에시 국민의 관심을 끌기에는 현실적으로 한계가 있었다. 국민 입장에서도 생태적 에너지 및 환경세가 도입될 때는 전기료, 가솔린 가격 인상, 소득세 감소효과 등으로 인하여 생활에 직접적인 영향으로 인하여 관심을 갖게 되는 계기가 존재하였으나 이산화탄소 배출권 거래제도의 도입으로 실생활에 직접적인 영향을 느끼지 못하는 현상은 매우 당연한 것으로 받아들였다.

이는 제2기 배출권 거래제도(2008~2012)에도 동일한 현상으로 나타나고 있다. 한 가지 변화라고 할 수 있는 점은 유럽연합 차원에서 2012년부터 유럽연합 영공 내 착륙 및 이륙하는 모든 국적항공기에 이산화탄소 배출허용량을 적용하여 경제적 비용을 적용하기로 결정하여 항공요금의 인상효과가 발생할 가능성이 높아지게 되었다.[40] 그 이유는 항공 부문의 이산화탄소 배출량이 지속적으로 증가하고 있으며 2010년 기준으로 2020년까지 이산화탄소 배출량이 두 배로 증가할 것으로 예상하고 있기 때문이다. 이 규정에 적용되는 대상 독일 기업은 약 350개이며 이로 인한 독일 일반소비자가 반응하고 있는 실정이다(Frankfurter Allgemeine Zeitung, 2011)(<그림 51> 참조).

그러나 제3기 배출권 거래제도가 시작하는 2013년부터는 28개 유럽연합 회원국이 각기 제정하고 수행하여 온 이산화탄소 배출감축

---

40) 유럽연합 내 착륙 및 이륙하는 모든 국적항공기에 이산화탄소 배출허용량을 적용하여 탄소세를 2012년부터 적용하려고 하였으나 미국 및 중국항공사의 거부로 실시를 못 하고 있는 것이 현실이다.

활동이 유럽연합 공동 규정으로 운영되고 있다. 독일정부는 제3기 온실가스 배출량거래제정법(Greenhouse Gas Emission Trading Act)을 2011년 6월 승인하였다. 이 법령에 의하면 모든 적용설비시설에서 기존의 이산화탄소 배출허용량보다 매년 1.74%의 이산화탄소 배출량을 감축하여야 한다. 따라서 산업계뿐만이 아니라 사회적 파급효과는 증가할 가능성이 높아졌다(BMU, 2011).

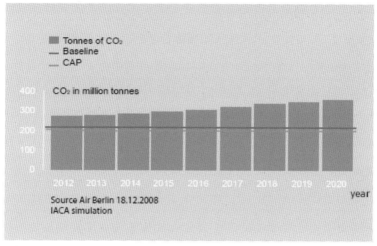

출처: Umwelt Bundesamt, 2010

〈그림 51〉 항공 부문 이산화탄소 배출증가량 억제목표(2012~2020)

5.2.5. 이산화탄소 배출권 거래제도가 환경에 미치는 영향

교토의정서가 2005년 2월 16일 국제적으로 효력을 갖기 시작한 이후 19개 국가가 2011년 이 협정을 조인하였다. 2013년부터 발효된 제2기 교토의정서 준수국가는 37개 국가로 증가되었다. 그러나 주요 이산화탄소 배출국가인 미국, 중국, 인도 등의 비준 및 준수 여부는 불확실하다. 그럼에도 불구하고, 교토의정서는 국제적으로 법적 구속력을 갖고 있는 최초의 국제협정의 위치를 보유하고 있다. 이 협정 이후 지구온난화현상을 극복하기 위하여 에너지 생산 및 산업 활동이 이산화탄소 배출 허용량을 감소시키기 위해서는 지속적인 기술혁신과 기업가 정신이 요구되고 있으나 현실적으로 해결하여야 할 일들이 매우 많은 것이 사실이다(Economic Times, 2012).

이를 위하여 다양한 방법들이 시도되고 있으며 이 중 가장 효율적인 방법 중 하나가 이산화탄소 배출권 거래시장의 도입이다. 그 이유는 배출권 거래시장은 생태적 그리고 경제적 측면에서 물질적인 보상 제도를 활용하여 실질적인 해결을 가능하게 할 수 있기 때문이다. 즉, 제도적으로 온실가스를 감축시킬 수 있으며 물질적 보상 제도를 통하여 환경친화적 기술개발을 지속적으로 강조할 수 있기 때문이다.

유럽연합에서는 2005년 1월부터 각 회원국 기업이 이산화탄소 배출권 거래제도에 의무적으로 적용받고 있다. 유럽연합 회원국 이외에도 노르웨이, 아이슬란드, 리히텐슈타인 등도 이 제도를 적용하고 있으며 이산화탄소 배출권 거래제도가 유럽 내 총 이산화탄소 감축량의 약 50%를 확보하고 있다.

특히 독일의 경우 제2기(2008~2012) 배출권 거래제도 시행기간 중 제1기와 비교할 때 이산화탄소 배출감축량을 10%로 설정하여 실질적인 이산화탄소 배출감축을 이루었으며 2020년 목표를 2005년 대비 21%로 설정할 수 있는 성과를 이루었다. 이 성과는 유럽연합 회원국가 내 가장 많은 이산화탄소 배출감축을 이루어 낸 것이며 배출권 거래제도를 활성화시켜서 기후변화보호에 이바지할 수 있는 가능성을 높여 주고 있다. 독일의 배출권 거래시장을 통하여 감축된 이산화탄소의 양은 전체 감축량의 약 50%에 이르는 가장 중요한 부문이다(Umwelt Bundesamt, 2010).

5.3. 배출권시장 거래제도 활성화 방안

5.3.1. 이산화탄소 배출권 거래제도 당위성

지구온난화현상으로 인한 기후변화는 지난 150여 년간 전 지구적인 산업화의 결과로 과다한 온실가스를 배출하고 특히 이산화탄소 과다배출로 발생하는 것으로 학계는 설명하고 있다. 따라서 현재의 속도로 지구온난화가 지속되면 2100년에는 지구의 평균온도가 섭씨 약 4도 정도 증가하여 생태계의 파괴는 물론이고 우리 인류의 생존에 커다란 위협으로 간주되고 있다(Stern, 2006).

이처럼 지구온난화현상을 발생시키는 직접적인 원인은 개발도상 국보다는 산업화가 일찍 시작된 기술선진국에서 시작된 측면이 크기 때문에 선진국에서 이산화탄소 배출감축 노력을 실천하여야 한다는 주장이 지배적이다. 이처럼 이산화탄소 배출감축을 효과적으로 실행할 수 있는 방법 중의 하나가 이산화탄소 배출권 거래시장을 운영하여 경제적 인센티브를 기초로 하는 시장원리를 통하여 배출규모를 감축하는 것이 가장 바람직한 방법으로 간주되고 있다.

이산화탄소 배출권 거래시장을 국가 차원에서 최초로 실시한 지역은 유럽연합으로 2005년 1월 1일부터 유럽연합 배출권 거래제도 (European Trading Scheme: ETS)를 실시하여 제1기(2005~2007), 제 2기(2008~2012)를 수행하였으며 현재 제3기(2013~2020)를 입안하 여 수행하고 있는 상태이다.

제2기 유럽연합 배출권 거래제도를 시행하면서 이 제도가 유럽연 합 및 독일 내에서 이산화탄소 배출감축의 약 50%를 담당할 정도로 효율성이 입증되었다. 이처럼 배출권 거래제도가 효율성을 보이고 있는 이유는 제1기 때는 전 기간 이산화탄소 배출감축 설비시설에 100% 무상으로 적용하고 제2기에는 차등적 적용 등을 통하여 기업 의 부담을 최소화하면서 이산화탄소 배출감축을 유도하였기 때문인 것으로 분석되고 있다. 따라서 지구온난화현상으로 인한 기후변화에 효율적이며 능동적으로 대처하기 위해서는 배출권 거래제도를 더욱 활성화하여야 한다는 당위성이 존재하고 있다.

5.3.2. 이산화탄소 배출권 거래제도 확립을 위한 법률구조

이산화탄소 배출권 거래제도는 유럽연합 배출권 거래제도 계획 (European Directive on the European Emission Trading System: 2003/ 87/EC)에 근거하여 각 회원국은 자국의 배출권 할당계획을 수립하 도록 되어 있다. 이를 기초로 하여 2008~2012년도 배출권 거래제 도 시행기간을 위하여 독일의회(Bundestag)는 배출권 할당에 관한 법률(Zuteilungsgesetz-ZuG 2012)을 2007년 6월 22일 제정하였다. 독일은 2005년 시작된 유럽연합 배출권 거래제도 최초 15개 창립 추진국가 중 하나이며 창립추진국가가 합의한 고통분담원칙(Burden

Sharing Agreement)을 성실하게 수행하여 2012년에 1990년 기준 이산화탄소 배출량을 8% 감축시켰다. 2009년 유럽연합은 제3기 배출권 거래제도(2013~2020) 시행을 위한 이산화탄소 감축목표량을 설정하였다. 이 감축목표량에서 독일은 2005~2020년간 이산화탄소 배출을 14% 감축하도록 규정하고 있다[41](BMU, 2007; EC, 2009; http://www.dehst.de/EN/Emissions-Trading/Legislation/legislation_node.html).

배출권할당법 제정으로 이산화탄소 감축을 위한 목표치를 현실화시키고 이를 통한 배출권 거래를 활성화하여 시장참여자에게 경제적 이익 및 자발적 참여를 유도할 수 있는 인센티브를 제공할 수 있는 계기가 되었다. 배출권할당법을 근거로 독일정부는 4년간의 시행기간 동안 배출권 거래량의 획기적인 감소 목표를 위한 야심찬 목표치를 설정하였다. 즉, 2012년까지 2007년 기준으로 배출권할당량의 8%를 감축할 것의 목표를 성정하여 이를 성공적으로 달성하였다. 이는 제1차 배출권 거래제도 시험기간인 2005~2007년간의 목표치보다 11%가 더욱 감축된 양이다.

이 외에도 배출권할당법은 국가산업의 글로벌 경쟁력 저하를 제도적으로 방지하기 위해서 전력산업보다는 일반 제조업의 경제적 부담을 최소화시키는 데 중점을 두고 있다. 즉, 실례로 제조업은 2008년에서 2012년까지 배출하는 이산화탄소 5천7백만 톤 중에서 150만 톤만을 감축시키기로 정책적으로 배려하였으며 연간 25,000톤 이하의 이산화탄소를 배출하는 소규모 사업자에게는 배출권 할

---

41) 유럽연합이 제시한 제3기 배출권 거래제도 감축목표량은 노력분담결정(Efforts Sharing Decision)으로 불리고 있으며 고유번호는 Decision No. 406/2009/EC이다.

당을 제외시키는 조치를 취하였다.

배출권 할당에 관한 법률은 시행기간별로 새로운 법률을 제정하여 운영하고 있다. 따라서 배출권 거래시장 시행 제2기에는 2012년 배출권할당법(The 2012 Allocation Act: ZuG 2012)을 그리고 제3기가 시작되는 2013년부터는 온실가스 배출량거래제정법(Greenhouse Gas Emission Allowance Trading Act: TEHG)이 2011년 6월 제정되어 적용되고 있다. 이 외에도 독일 내에서 시행되는 기본프로젝트 접근법(German Act for Project based Mechanism)이 법률적 주요 근간이다.

이 외에도 국가배출량 할당계획(National Allocation Plan: NAP)과 할당규제법(the Allocation Regulation)이 있으며 이는 기업에 할당된 이산화탄소 배출허용량이 독일 내 배출권거래 및 기타 할당규제 부문에 적용되고 있다. 국가배출량 할당계획은 유럽연합 회원국에 개별적으로 적용되는 거시경제계획이며 회원국 차원에서 배출권할당 분담을 규정하고 있기 때문에 유럽연합의 승인이 필수적이다. 할당규제법 및 배출권할당법(the Allocation Act)은 유럽연합이 승인한 국가배출량 할당계획을 수행하는 법률이다(http://www.dehst.de/EN/Emissions-Trading/Legislation/legislation_node.html).

제3기 배출권 거래제도는 이전의 제도와 비교할 때 구조적인 변화를 나타내고 있다. 유럽연합은 2009년 배출권 거래제도 실행계획(Directive 2009/29/EC)을 통하여 배출권 거래제도를 개정하였으며 법률에 근거하여 이를 추진하도록 결정하였다. 이 제도의 가장 커다란 변화는 중앙집권화된 배출권 할당이다. 이는 회원국 차원의 배출권 할당계획은 더 이상 의미를 갖지 못하고 유럽연합이 결정한 총량제한 거래제도(Cap and Trade)를 준수하여야 하며 각 회원국은 이

제도하에서 상호 협력하여 자국의 배출권을 확보하여야 한다.

5.3.3. 이산화탄소 배출권 거래제도 활성화를 위한 정책수단

이산화탄소 배출권 거래제도를 활성화시키기 위한 대표적인 정책 수단은 주요 이산화탄소 배출 에너지 및 산업설비시설의 참여를 확대해 나가는 점진적 유인방법이다. 이를 위하여 독일정부는 배출권 거래제도 제1기 동안 참여기업의 이산화탄소 배출량을 측정하여 기존의 배출량을 100% 인정하고 이를 무상으로 할당하는 방식을 통하여 참여주체의 경제적 부담 및 정책시행에 대한 반대를 최소화시켰다.

배출권 거래제도 제2기부터는 이산화탄소 배출할당제를 적용하여 이를 초과하는 참여주체에게는 배출거래시장에서 초과량에 대한 부분을 구매하고 할당량보다 이산화탄소를 적게 배출하는 참여주체는 배출권거래시장에서 이를 매매하여 경제적 이득을 실현할 수 있는 경제적 인센티브제도를 확립시켰다. 이로써 배출감축을 달성한 참여 주체는 경제적 이익을 그리고 배출초과자는 배출초과를 감축하기 위한 신규투자비용과 시간을 배출권 시장에서 매매를 통하여 해결할 수 있는 유연성을 획득할 수 있다. 따라서 인센티브제도를 바탕으로 한 배출권 거래시장 제도는 참여주체 모두에게 경제적 이익 및 제도 활용을 통한 편리성을 확보할 수 있다(<그림 52> 참조).

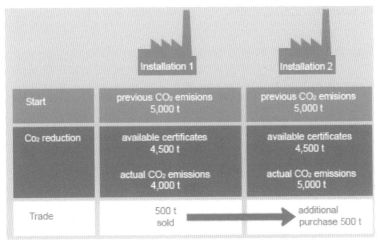

출처: Umwelt Bundesamt, 2010

〈그림 52〉 이산화탄소 배출권 거래시장 참여주체 이익 부문

    2013년부터 시작된 제3기부터는 이산화탄소 배출 할당량이 매년 1.74% 감소하는 경쟁정책이 시행되고 있다. 이는 제2기에서 적용된 경제적 인센티브제도 외에도 배출권 거래시장에 참여하는 모든 참여주체가 이산화탄소 배출감축을 위하여 할당량이 매년 감소하기 때문에 이산화탄소 감축을 위한 신기술 개발 및 적용을 통하여 이를 실현하는 참여주체는 더욱 많은 경제적 이익을 보게 될 것이며 이를 실현하지 못하는 참여주체는 배출권 거래시장에서 부족분을 계속 구매할 수 있는 유연성은 확보하나 시간과 더불어 경제적 부담이 증가하는 것을 의미한다. 따라서 제3기부터는 이산화탄소 배출을 광범위하게 감축할 수 있는 기술혁신 창출 및 신기술개발 부문을 활성화시키려는 정책방향이다(Deutsche Emissionshandelsstelle, 2011).

Part 6

독일 기술혁신
환경친화산업

6.1. 기술혁신 중심 환경친화산업과 지속성장

6.1.1. 배경

1945년 제2차 세계대전 이후 1960년대 말까지 세계경제는 선진국을 중심으로 전후복구 및 경제개발을 통하여 비약적으로 발전하였으며 커다란 양적 성장을 달성하였다. 이러한 선진국의 경제발전으로 인한 신흥개발도상국도 동참하게 되어 1980년 말까지는 커다란 변동 없이 발전을 거듭하게 된다. 동시에 빠른 속도로 산업화 및 경제성장을 하는 과정에서 1960년대부터 선진국 특히 미국, 독일, 일본 등에서 대두되기 시작한 환경문제 등이 중요한 사회문제로 이슈화되었다. 이러한 과정을 겪으면서 1970년대 초부터 세계경제성장에 대한 문제점 등이 학계에서 지적되기 시작하였으며 환경 및 생태계 보호 등에 관한 논의가 국제기구에서 본격적으로 시작되었다 (Meadows et al., 1972).

1972년 로마클럽(the Club of Rome)에서 최초로 경제성장 및 인구증가로 인한 환경파괴가 인류에게 미칠 수 있는 자연재앙에 관한 경고를 한 지 40년이 지나 우리 인류는 21세기에 지구온난화현상으로 인한 글로벌 기후변화를 체험하고 있다. 실제 1910년부터 2010년까지 100년간 인구는 네 배 증가하였으며 총생산은 20배 증가하였다. 특히 최근인 1992년부터 2010년간 약 20년간 총생산은 75% 증가하였으며 일인당 평균소득은 40% 증가하여 글로벌 경제성장을 가속화시켰다. 경제의 세계화 과정은 글로벌무역 확대를 더욱 강화시켜 1990년에는 글로벌 경제 총생산(GDP)의 18%를 차지하였으나 2012

년에는 31%까지 증가하였다(United Nations, 2013; OECD, 2012b; World Bank, 2014; IMF, 2014).

따라서 현재와 같은 경제성장 및 인구증가를 용인하기에는 지구환경이 감내하지 못하는 상황으로 글로벌 기후변화에 적극적으로 대응하기 위해서는 전 지구적 차원에서 협력 체제를 구축하여야 한다. 인류에게 부정적인 환경변화를 초래하지 않고 지속적인 경제성장을 달성하기 위해서는 기술혁신 중심의 환경친화산업을 발전시켜 지구온난화현상의 주요 원인인 이산화탄소 배출량을 감소시켜야 한다.

6.1.2. 환경친화산업과 지속성장

지구온난화현상으로 인한 생태계 파괴의 위험은 모든 국가에게 현실적인 문제로 대두되었다. 따라서 독일지구환경변화자문위원회(The German Advisory Council on Global Change: WBGU)는 자체보고서를 통하여 화석연료 이후 경제 전략을 위한 신속한 방향전환을 촉구하였다. 특히 이 위원회는 이산화탄소를 대량으로 배출하는 화석연료 소비를 중심으로 하는 20세기의 경제체제는 21세기에 지속가능하지 않고 지구의 기후체제안정에 직접적인 위협이 되고 있기 때문에 후세에 물려줄 안정적인 경제체제가 되지 못한다고 주장하고 있다.

따라서 독일지구환경변화자문위원회는 인류의 미래를 위하여 지속가능 사회 구축을 위한 대전환(Great Transformation into a Sustainable Society)이 필수적이라고 방향전환을 촉구하고 있다. 이를 위하여 장기적 차원에서 제도적 틀을 구축하여야 하며 경제발전이 지구 온도

상승 제한수치인 섭씨 2도 이내로 관리되어야 한다고 주장하고 있다. 또한 지속 가능 사회 구축을 위한 대전환은 정치, 사회, 과학, 산업 부문이 긴밀하게 연계되고 상호 협력할 때만이 가능하고 지속적인 경제성장을 위한 생산 활동은 환경친화산업을 육성 및 발전시켜야 가능하다고 강조하고 있다(Wissenschaftlicher Beirat der Bundesregierung Globale Umweltveräanderungen, 2011).

환경친화산업 및 지속성장에 관한 논의는 1987년 유엔환경개발위원회(UNEDP)의 브룬트란트보고서(Brundtland Report)에서 시작되고 있으며 1989년 영국의 피어스보고서(the Pearce Report)에서 환경친화경제 구축에 관하여 구체화되었다. 이후 1990년부터 2008년 글로벌 금융위기가 발생할 때까지는 세계적으로 거의 논의가 되지 않다가 이후 국제기구인 세계은행(World Bank), 유엔환경프로그램(UNEP), 선진국경제협력기구(OECD) 등에서 재논의를 시작하였다. 이 국제기구가 주장하는 공통점은 자연환경과 지하자원에 미치는 부정적인 영향을 최소화하면서 경제성장 및 발전을 위해서는 환경친화산업의 육성 및 발전을 통하여 지속성장을 가능하게 한다는 것이다.

환경친화산업은 지속성장을 가능하게 하는 다섯 가지 핵심요소 중 하나이다.[42] 환경친화산업은 전통산업인 기계산업, 플랜트산업, 자동차산업, 전자산업, 화학산업에 그 근원을 찾을 수 있다. 이러한 5개 핵심 산업이 상호 연계되면서 환경친화적 기술혁신을 창출하면

---

42) 지속성장을 가능하게 하는 다섯 가지 핵심요소는 경제전환, 기술전환, 생태계전환, 피고용인전환, 기관전환 등으로 구성되어 있다. 이러한 다섯 가지 부문이 획기적으로 전환할 때 지속성장이 가능해진다.

서 환경친화산업을 현대화시킬 수 있다. 환경친화적 생산품, 생산 공정 및 서비스는 기후변화에 대응하고 한정된 자원을 효율화시키는 데 필수적인 요소이며 기업 차원에서 환경친화산업을 발전시키는 근간이다. 동시에 환경기술 및 자원 효율화는 기타 산업을 환경친화산업으로 전환시키는 데 중요한 역할을 수행한다.

국제기구가 확립한 지속성장 개념을 기초로 독일정부는 환경부 (the Federal Ministry for Environment, Nature Conservation, Building and Nuclear Safety)가 지속성장을 추진하는 정부주체이다. 독일환경부는 지속 가능 경제체제를 창조적, 환경친화적, 참여적 성장을 달성하는 경제활동으로 규정하고 있다.

창조적 성장을 달성하기 위한 주요 수단은 교육 및 연구개발 활동이 그 핵심이다. 특히 교육과 연구개발 활동을 환경과 관련된 부분에 집중하여 환경기술개발 및 자원 효율화를 활성화시킬 수 있도록 하여야 한다. 환경친화적 성장은 자원 효율화 향상, 지구온난화가스 배출감축, 생태계 다양성 확보, 삶의 질적 수준 향상 등에 관심을 집중하고 있다. 마지막으로 참여적 성장은 가능한 다수의 국민이 지속 가능 경제체제에 적극적으로 동참할 수 있도록 하고 사회 내에 원칙을 수립하는 것이다. 또한 거시경제 차원에서 지속 가능 경제체제의 중요성을 확립하는 데 그 역할을 수행하는 것이다. 따라서 지속 가능 경제체제는 창조경제이며 자연과 환경의 조화 속에서 생태계의 위험을 최소화하면서 경제성장을 달성하는 것이다(Bundesministerium für Umwelt, Naturschutz und Reaktorsicherheit & Bundesverband der Deutschen Industrie e.V., 2012; Federal Ministry for Environment, Nature Conservation, Building and Nuclear Safety, 2014b).

6.1.3. 환경친화적 선두산업

환경친화산업을 육성 및 발전시키기 위해서는 환경기술 및 자원효율화산업의 역할이 매우 중요하다. 즉, 환경기술 및 자원효율화산업이 환경친화적 산업구조 전환에 핵심적인 역할을 수행한다고 할 수 있다. 특히 양대 산업 부문의 연계 및 협력을 통한 제품생산, 생산 공정, 서비스 등이 환경문제를 극복하는 데 매우 중요한 기구로 작용하고 있다. 이 외에도 환경기술 및 에너지 효율화 산업은 기타 산업의 환경친화적 전환을 지원하는 역할도 수행하고 있다. 이미 설명한 것처럼 독일환경기술기업들은 기계산업, 플랜트산업, 자동차산업, 전자산업, 화학산업 등과 같은 5대 전통산업에 그 근원을 찾을 수 있다. 따라서 전통산업 간 상호 연계를 통한 시너지효과 창출을 가능하게 하며 국가 전체의 핵심 산업을 환경친화적 산업으로 대전환시키는 것이 가능하다. 이는 국가경제의 환경친화적 현대화를 이룩하는 데 근간이 되었다.

환경친화산업으로의 대전환 및 국가경제의 환경친화적 현대화를 달성하기 위해서는 환경문제의 상호 연관성 및 복잡성을 해결하기 위한 상호 연계 가능성을 기초로 접근하는 것이 바람직하다. 이를 위해서는 시스템해결(System Solution) 방식이 중요하며 환경친화적 생산품, 생산 공정, 서비스를 지능패션(Intelligent Fashion)에 상호 연계시킬 수 있을 때 창조적 해결방식이 탄생하게 된다. 이는 생태계의 제한적 능력을 감안한다면 현실적인 필요성을 충족시키는 데 핵심적인 역할을 수행할 수 있다(Federal Ministry for Environment, Nature Conservation, Building and Nuclear Safety, 2014b).

환경기술 및 자원효율화산업은 상호 교차산업 부문이며 5대 핵심 산업 부문에 모두 적용되고 있다. 특히 환경기술 및 에너지 효율화 산업이 핵심 산업을 환경친화적 산업으로 전환시키는 데 수행하는 가장 커다란 특성은 생산품, 생산 공정, 서비스가 환경을 보호하고 필요자원의 소비를 최소화시킨다는 것이다. 따라서 환경기술 및 에너지 효율화 산업 부문 중 경제 및 생태계적 도전이 상호 존재하고 있는 핵심 선두시장을 6개 부문으로 선정할 수 있다. 이는 환경친화적 전력생산, 저장 및 배급(Environmentally friendly Power Generation, Storage, Distribution) 에너지 효율성(Energy Efficiency), 재료 효율성(Material Efficiency), 지속 가능 이동성(Sustainable Mobility), 폐기물관리 및 재활용(Waste Management and Recycling), 지속 가능한 수자원 관리(Sustainable Water Management) 등이다.

환경기술 및 자원효율화산업이 국가경제의 환경친화적 전환 핵심 산업으로 선정된 배경은 하나뿐인 지구상에 급속하게 증가하는 인구를 생태계가 손상되지 않는 범위 내에서 지속적으로 경제성장이 가능한 체제를 구축하는 데 핵심적인 역할을 할 수 있는 산업 부문을 어떻게 선정하는 것이 바람직한지에 대한 고민의 결과이다. 이러한 논의는 2007년에 지속적으로 전개되었으며 양대 산업을 기초로 6개 선두산업 부문이 선정되게 되었다(Federal Ministry for the Environment, Nature Conservation and Nuclear Safety, 2007, 2009, 2012).

6대 선두산업은 환경기술 및 자원효율화산업의 핵심적인 부문을 대표하고 있으며 이는 향후 인류생존에 도전으로 다가오는 부문과 밀접한 관련을 갖고 있다. 즉, 선두산업은 급속하게 증가하고 있는 인구로 인하여 발생하는 문제를 해결하고 지구적 차원에서 생태계에 부정적인 영향을 미치지 않는 범위 내에서 지속 가능한 경제성장을 달성할 수 있는데 필수적인 산업 부문이라고 할 수 있다.

6대 선두산업 부문의 선정기준은 인류가 생존에 필요로 하는 가장 기본적인 요소와 이를 통하여 역동적인 경제개발을 달성할 수 있는 부문을 기초로 선정되었다. 인류의 생존에 필요한 기본요소로는 물, 식량, 에너지, 자유로운 이동을 위한 교통, 건강 및 안전 부문이다. 이러한 대 전제하에서 환경기술 및 자원효율화산업 부문 중 6개 선두산업이 선정되게 되었다. 이처럼 6대 선두산업 부문을 선정하여 접근하는 방법의 가장 커다란 장점은 선정된 6대 선두산업 부문이 환경기술과 관련된 전 산업 부문을 포함하고 있으며 상호 연계된 환경보호 생산품, 방법 및 서비스를 가능하게 하기 때문이다. 이 외에도 이러한 접근방법은 환경기술, 자원 효율화, 전통산업 부문을 긴밀하게 연계하는 데 관심의 초점을 맞추고 있다.

6대 선두산업 부문의 선정은 환경기술 및 자원효율화산업 분석을 위한 유용하고 지속적인 틀을 구성하고 있다. 그러나 이 틀은 매우 일반적인 것으로 각 선두산업 부문별로 더욱 상세한 환경기술산업의 경향 및 동향 그리고 산업의 역동성을 분석할 수 있는 세부사항이 필수적이다. 따라서 각 선두산업 부문에서 심층적 분석을 통한 세부 사업 부문을 선정하게 되었다. 세부사업 부문을 선정한 다음에는 세부 기술 부문을 선정하여 해당 기술개발에 전념하고 이를 상업화시키는 과정을 거치게 된다[43](Federal Ministry for the Environment,

---

43) 6대 선두산업 부문 중 세부사업 부문은 <그림 44>에서 모두 설명하고 세부기술 부문은 환경친화적 전력생산, 저장, 보급 부문만을 <그림 45>로 설명하였다. 나머지 5개 선두산업 부문의 세부기술 부문은 부록을 참고할 것.

Nature Conservation and Nuclear Safety, 2014)(<그림 53, 54> 참조).

Lead markets	Market segments	
Environmentally friendly power generation, storage and distribution	• Renewable energy • Ecofriendly use of fossil fuels • Storage technologies	• Efficient grids
Energy efficiency	• Energy-efficient production processes • Energy-efficient buildings • Energy-efficient appliances	• Cross-sector components
Material efficiency	• Material-efficient processes • Cross-application technologies • Renewable resources	• Protection of environmental goods • Climate-adapted infrastructure
Sustainable mobility	• Alternative drive technologies • Renewable fuels • Technologies to increase efficiency	• Transportation infrastructure and traffic management
Waste management and recycling	• Waste collection, transportation and separation • Material recovery • Energy recovery	• Landfill technologies
Sustainable water management	• Water production and treatment • Water system • Wastewater cleaning	• Increasing the efficiency of water usage

출처: Federal Ministry for the Environment, Nature Conservation and Nuclear Safety, 2014

〈그림 53〉 6대 선두산업 및 세부사업 부문

Environmentally friendly power generation, storage and distribution		
Market segments	**Key technology lines**	
Renewable energy	• Photovoltaics • Solar thermal energy • Solar thermal power plants • Wind power (onshore)	• Wind power (offshore) • Geothermal power • Biomass exploitation • Hydropower
Ecofriendly use of fossil fuels	• Gas and steam power plants • Cogeneration units • High-capacity power plants • Carbon capture and storage (CCS)	• Waste heat recovery
Storage technologies	• Mechanical storage of energy • Electrochemical storage of energy • Electronic storage of energy • Thermal storage of energy	• Power to gas
Efficient grids	• Control technologies for grids • Control technologies for plants • Metering and consumption measurement systems	• ICT ("Internet of energy") • Heating and cooling networks

출처: Federal Ministry for the Environment, Nature Conservation and Nuclear Safety, 2014

〈그림 54〉 환경친화적 전력생산, 저장, 보급 부문 세부기술 부문

6.2. 환경친화산업 글로벌 시장

6.2.1. 시장규모 및 전망

환경기술 및 자원효율화산업 부문의 2013년 글로벌 시장규모는 2조 5,360억 유로(약 3,804조 원)에 달하였다. 6대 선두산업 부문 중 글로벌시장 규모가 가장 큰 산업 부문은 에너지 효율화 산업이며 전체 시장의 32.5%에 달하는 8,250억 유로에 이른다. 두 번째로 시장규모가 큰 산업 부문은 지속 가능 수자원관리산업 부문으로 5,050억 유로에 달하였다. 이처럼 에너지 효율화 산업이 환경친화산업 부문에서 가상 커다란 부분을 차지하게 된 가장 큰 이유는 2000년대 중반 이후부터 시작된 에너지 가격 상승으로 인하여 에너지 효율성을 향상시키기 위한 조치로 추측되고 있다. 그 결과 에너지 효율성 향상을 위한 생산품, 생산 공정, 서비스 등에 대한 수요증가가 확대되어 에너지 효율화 산업의 성장이 이루어지게 되었다(<그림 55> 참조).

독일정부의 환경기술 및 자원효율화산업 부문의 시장규모는 향후 지속적으로 성장할 것으로 예측하고 있다. 우선 글로벌 시장규모는 2013년 2조 5,360억 유로에서 2025년 5조 3,850억 유로로 약 212% 성장할 것으로 예상하고 있다. 이 중 2013년에는 에너지 효율화산업이 가장 커다란 시장 규모를 나타내고 있으나 2025년까지 향후 미래시장에서는 지속 가능 이동성(Sustainable Mobility) 산업 부문이 가장 높은 성장을 할 것으로 예상하고 있다. 이처럼 지속 가능 이동성 산업의 높은 성장은 교통 부문에서 이산화탄소 배출을 극소화시킬 수 있는 선택적 엔진기술(Alternative Engine Technology) 부문에서 견인될 것으로 예측하고 있다(Umweltbundesamt/Bundesministerium für Umwelt, Naturschutz, Bau und Reaktorsicherheit, 2014b).

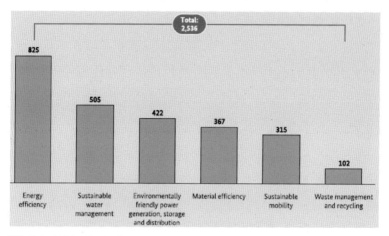

출처: Federal Ministry for the Environment, Nature Conservation and Nuclear Safety, 2014

〈그림 55〉 6대 선두산업 글로벌시장 규모(2013, 십억 유로)

6.2.2. 부문별 성장 가능성

환경기술 및 자원효율화산업 글로벌시장은 2013년부터 2025년까지 연평균 6.5% 성장할 것으로 예상하고 있다. 2013년 글로벌시장에서 8,250유로로 최대 시장비율을 보였던 에너지 효율화 산업은 2025년까지 연평균 4.3% 성장하여 시장규모가 1조 3,650유로로 최대 규모를 유지할 것으로 예측되나 타 선두산업과 비교할 때 연평균 성장률은 가장 낮은 수준이 될 것으로 예상하고 있다. 이와 비교할 때 지속 가능 이동산업은 2013년에는 3,150억 유로로 글로벌시장

규모가 선두산업 중 다섯 번째로 적은 규모이었으나 2025년까지 연평균 9.6% 고속성장을 달성하여 글로벌 시장규모가 9,440억 유로에 이를 것으로 예상하고 있다. 이로써 6대 선두산업 중 네 번째로 큰 시장으로 한 단계 증가할 것으로 예상하고 있다.

환경기술 및 자원효율화산업 글로벌시장에서 2025년까지 평균성장에 미치지 못하는 산업 부문은 지속 가능 수자원 관리산업, 폐기물관리 및 재활용산업, 에너지 효율화 산업이며 이들 산업은 평균성장률인 6.5%보다 낮은 5.7%, 4.4%, 4.3% 증가에 그칠 것으로 예상하고 있다. 이와 반대로 글로벌시장 평균 성장률보다 높게 성장할 수 있는 선두산업은 지속 가능 이동산업, 재료 효율화 산업, 환경친화적 전력생산, 저장, 배급산업 등으로 각 9.6%, 8.1%, 7.4% 증가할 것으로 예상하고 있다(Federal Ministry for the Environment, Nature Conservation and Nuclear Safety, 2014)(<그림 56, 57> 참조).

6대 선두산업은 지구온난화현상으로 인한 기후변화를 완화시키며 특히 지구온난화현상의 주요 원인은 이산화탄소 배출량을 획기적으로 감축시킬 수 있는 환경 및 자원 효율화 기술로 간주되고 있다. 동시에 환경기술 및 자원 효율화 산업의 제품 및 서비스가 기후변화 결과에 적응하는 데 매우 중요한 지원이 되고 있다는 것이다. 따라서 2014년 초 기후변화와 관련된 각 정부 간 공개토론에서 인류와 자연을 위한 기후변화의 결과가 재조명받게 되었다.

이처럼 기후변화의 결과가 재조명받게 된 이유는 인류가 환경친화적 기술을 이용하여 이산화탄소 배출을 감축하고 지구의 온도를 섭씨 2도 이내로 유지하는 목표가 달성된다고 하더라도 기후변화로 인한 특정 과정의 변화는 돌이킬 수 없기 때문이다. 즉, 지구온난화

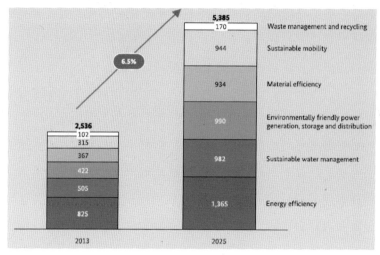

출처: Federal Ministry for the Environment, Nature Conservation and Nuclear Safety, 2014

〈그림 56〉 6대 선두산업 글로벌시장 변화 추이(2013~2025, 십억 유로)

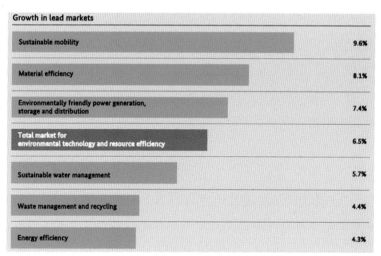

출처: Federal Ministry for the Environment, Nature Conservation and Nuclear Safety, 2014

〈그림 57〉 6대 선두산업 향후 성장예측 추이(2013~2025, %)

현상은 환경, 사업 및 우리 사회 전체에 영향을 미치고 있기 때문에 이에 대한 적응능력이 필수적이다. 따라서 기후정책 부문에 이중 정책(Dual Policy)을 적용할 필요성이 대두되고 있다. 이중 정책의 첫째는 기후변화결과에 적응하는 것이고, 둘째는 이산화탄소 배출량 감축으로 지구온난화 속도를 억제하는 것이다. 즉, 적응(Adaptation)과 감축(Reducing)이 기후정책의 양대 주요 방향이며 이 둘의 목표는 상충되지 않는다. 따라서 적응을 위한 기후정책은 지구온난화현상에 직접적으로 대응하는 것이고 이산화탄소 감축 및 제한을 위한 정책적 도구와는 전혀 다른 개념인 것이다(Federal Ministry for the Environment, Nature Conservation and Nuclear Safety, 2014; Intergovernmental Panel on Climate Change, 2014).

이처럼 기후변화에 대처하는 방법을 적응과 감축 부문으로 나누어서 분석할 때 2013년 글로벌시장에서 차지하는 비중은 지구온난화현상을 야기하는 이산화탄소 배출을 감축하는 데 필요한 환경기술 및 자원 효율화 산업 부문의 생산품 및 서비스가 절대적으로 많은 약 97%를 차지한다. 나머지 3%가 기후변화 결과에 적응하는 데 필요한 산업 부문으로 3%를 차지하고 있다. 기후변화 결과에 적응하는 데 필요한 산업 부문의 구체적인 사례로는 기후적응을 위한 인프라시장 부문, 폭풍, 홍수, 화재예방 등에 필수적인 기술시장, 식수 생산 및 관리, 수자원 배급, 농업용수 효율화 기술 등과 관련된 6대 선두산업 중 지속 가능한 수자원 관리산업과 관련된 사업 부문이다. 이 외에도 폐기물관리 및 재활용산업 부문 중 폐기물 수집 및 수송 등이 적응산업 부문에 해당된다.

기후변화 결과에 적응하는 데 필요한 산업 부문 성장은 2025년이

되면 글로벌시장에서 전체의 11%를 차지하여 2013년과 비교할 때 약
네 배가량 증가할 것으로 예상하고 있다. 이처럼 기후변화 적응 부문
의 시장이 빠르게 성장할 것으로 예상하는 이유는 기후변화의 영향이
시간과 더불어 더욱 빈번하고 명확하게 발생될 수 있다고 판단하기
때문이다. 즉, 지구온난화현상으로 사막화, 수자원 부족, 극한 기후환
경 발생, 자연재해 등이 더욱 자주 발생할 가능성이 높아지고 있다.

따라서 이러한 자연환경 변화에 대응할 수 있는 기후변화 적응기
술 및 산업의 필요성이 증대될 수밖에 없기 때문에 이 부문의 시장
이 빠르게 성장할 수 있다고 판단하고 있다. 특히 6대 선두산업과
관련해서는 지속 가능한 수자원 관리산업 부문 중 수자원 생산 및
관리 부문이 적응전략 부문에서 중요한 시장을 차지하게 되고 기술
부문에서는 농업에 필요한 수자원 생산 효율화 기술 부문이 시장 전
체의 2/3에 달하게 되어 적응기술의 필요성이 증대될 것으로 예측하
고 있다(Federal Ministry for the Environment, Nature Conservation
and Nuclear Safety, 2014)(<그림 58> 참조).

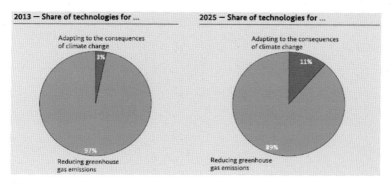

출처: Federal Ministry for the Environment, Nature Conservation and Nuclear Safety, 2014

<그림 58> 기후변화 적응 및 이산화탄소 배출감축산업 시장비율 추이(2013~2025)

Part 7

독일 탄소세 및 배출권시장
거래제도가 주는 시사점

7.1. 독일 탄소세 도입 및 배출권 거래제도의 시사점

7.1.1. 독일 탄소세(생태적 에너지세)

독일은 유럽연합(EU) 내 전체 경제규모의 약 30%를 차지하는 최대 경제국이며 산업구조적인 측면에서 OECD 회원국 중에서도 전체적으로 제조업의 비중이 상대적으로 높은 비율을 차지하고 있다. 이러한 이유로 인하여 생태적 에너지세 도입이 북유럽 국가와 비교할 때 상대적으로 늦은 시점인 1990년대 중반에 도입을 하였다. 생태적 에너지세 도입과정에서 산업에 미치는 영향을 최소화하여 특정산업의 글로벌 경쟁력을 약화시키지 않으려고 정부 및 산업계가 대화를 통하여 합의점에 이르려고 노력한 점이 우리에게 많은 점을 시사하고 있다. 특히 석탄산업과 에너지산업 부문에 있어서 환경정책 및 방향을 주도하는 녹색당의 정치적 양보를 기초로 하여 생태적 에너지세 도입이 산업에 미치는 부정적인 영향력을 최소화시킨 점이 대표적인 예라고 할 수 있다. 즉, 녹색당은 국가의 환경보호 및 보전을 정당정책의 핵심으로 삼고 있음에도 불구하고 에너지 다소비산업인 석탄산업 및 기타 에너지산업 부문의 경쟁력 약화를 최소화시키기 위한 산업정책을 기꺼이 수용하면서 국민적 합의를 도출해 내는 정치력을 발휘하였다.

이 외에도 경제 및 산업적인 측면뿐만이 아니라 사회 및 환경적인 측면에서도 이해 당사자 간의 상이한 의견을 장기적인 차원의 접근방법을 기초로 하여 정책적인 성과를 달성하였다는 점이다. 실례로 생태적 에너지세 도입이 시작된 1999년 이후 2004년까지 5년 동안 낮은 경제성장 및 고용창출이 지속되었으며 이산화탄소 배출량 감축효과도 그다지 크지 못하였다. 그러나 2005년 이후부터는 경제성장, 고용창출, 이산화탄소 배출량 감축효과가 지속적으로 증가하는 결과를 초래하고 있다. 따라서 장기적 차원에서 에너지정책을 지속적으로 추진하면서 일관성을 유지하였기 때문에 긍정적인 정책효과를 나타낼 수 있었다고 할 수 있다.

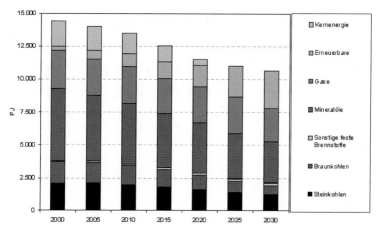

출처: Assessment Research Center, 2009

〈그림 59〉 독일 총 에너지 소비 추이(2000~2030)

독일식 탄소세인 생태적 에너지세의 도입으로 독일은 총 에너지 사용을 감소하면서 경제성장을 달성하는 세계에서 유일한 국가가 되었다. 독일은 생태적 에너지세 도입을 통하여 2030년까지 총 에너지 소비량을 2000년 대비 약 30% 감축할 계획을 시행 중에 있다. 우리나라의 경우 환경오염을 방지하는 환경세는 존재하지만 에너지 소비 절약 및 이산화탄소 배출감축을 위한 에너지세가 정착되어 있지는 않다. 따라서 독일과 유사한 제조업 중심의 산업구조하에서 에너지 소비 효율화 및 이산화탄소 배출감축 노력을 병행하여야 할 필요성이 매우 크다(<그림 59> 참조).

7.1.2. 독일 배출권 거래제도

독일의 배출권 거래제도는 유럽연합(EU) 차원에서 합의한 유럽연합 배출권 거래제도 계획에 의하여 2005년 1월부터 시행하고 있다. 이 계획을 주도하고 있는 환경부(BMU)는 배출권 거래제도 시행 제2기인 2008~2012년 기간 동안에 연간 4천만 톤의 이산화탄소를 시장에서 판매할 계획 및 목표치를 설정하였다. 이후 2013년부터 2020년까지 제3기가 진행 중이다. 제2기에 책정된 4천만 톤 이산화탄소 거래량은 유럽연합 내 최대 판매량이며 더욱 많은 양을 판매할 수 있는 기술적 능력을 보유하고 있으나 이산화탄소 총 배출 할당량의 10% 이내를 판매할 수 있다는 유럽연합의 규정에 의하여 총 판매량을 제한적으로 규정한 것이다.

연간 이산화탄소 총 배출 할당량에서 국가적 차원에서 배출권 거래시장에서 판매허용 최대치를 국가 목표치로 설정하여 2012년 교토의정서에서 합의한 이산화탄소 배출감축량을 달성하려는 장기적 차원의 접근방법과 제조업 중심의 산업구조하에서도 이를 현실화시킬 수 있는 최첨단 청정기술개발 능력을 높이 평가하여야 한다. 특히 일부 산업 부문에서는 환경기술개발 및 글로벌 경쟁력 강화를 기초로 자발적으로 이산화탄소 배출감축량을 사전에 달성한 경우도 있다. 따라서 우리나라의 경우에도 특정산업에서 선두기업들의 자발적 참여를 유도할 수 있는 정책적 지원이 뒤따라야 할 것이다.

2015년 1월부터 시행하고 있는 우리나라 배출권 거래시장이 짧은 준비기간에 추진하고 있는 관계로 기업의 참여가 활성화되어 있지 않고 글로벌 경쟁력 저하로 이루어질 가능성이 매우 높은 것도 사실이다. 따라서 정책 시행 전에 배출권 거래시장 참여기업이 변화된 환경에 적응할 수 있는 시간 및 환경기술개발을 통하여 이산화탄소 배출감축을 지속할 수 있는 정책적 지원이 병행되어야 한다.

7.2. 우리나라 탄소세 및 배출권시장 거래제도 도입

7.2.1. 우리나라 에너지정책

우리나라 에너지정책의 방향은 에너지 의존도가 OECD 국가 중 가장 높은 관계로 에너지 수요와 공급을 안정적으로 유지하는 소극적 방향에서 에너지 의존도를 낮추기 위하여 국외 에너지 공급원을 개발하려는 적극적인 방향으로 선회한 것이 가장 커다란 특징이라 할 수 있다.[44]

에너지정책의 방향을 구체적으로 설명하면 첫째, 탈석유에너지 자립강화를 위하여 GDP 단위당 에너지 소비를 감소시켜 경제활동

---

44) 에너지정책의 방향전환은 이명박 정부(2008~2013)에서 추진한 자원외교정책을 기초로 이루어졌다. 에너지자원이 전무한 우리나라의 경우 에너지안보가 매우 중요한 것이 현실이기 때문에 안정적인 에너지자원 공급을 위하여 글로벌시장에서 에너지자원을 확보한다면 안정적인 에너지 공급이 가능한 것은 이론적으로 맞는 것이다. 그러나 추진과정에서 경제적이며 전략적인 접근 방법보다는 정치적인 접근방법이 개입되었기 때문에 그 결과는 매우 초라한 것이 사실이다.

에 투입된 에너지 사용 효율성을 증가시키는 것이다. 에너지 소비 효율성 강화 추이를 보면 2005년 이후 증가하고 있는 추세를 보이고 있으며 구체적으로 GDP 단위당 에너지 소비는 2005년 0.264TOE (Ton Oil Equivalent)/백만 원에서 2010년 0.252TOE/백만 원으로 감소하여 효율성은 4.6% 증가하였다. 그러나 글로벌 경제위기가 시작된 2008년에서 2010년까지는 에너지 소비 효율성이 감소한 것으로 나타났다(통계청, 2011)(<그림 60> 참조).

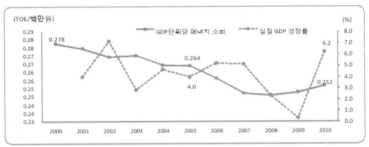

출처: 에너지경제연구원, 에너지경제통계연보, 2011

〈그림 60〉 GDP 단위당 에너지 소비 추이(2000~2010)

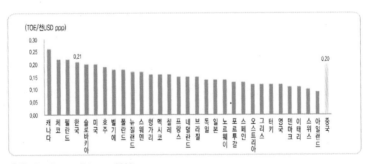

출처: IEA, Energy Balance, 2009
비고: 중국은 OECD 회원국은 아니지만 비교대상으로 활용되었음.

〈그림 61〉 OECD 회원국 GDP 단위당 에너지 소비 비율 순위(2008)

우리나라의 GDP 단위당 에너지 소비 비율은 30개 OECD 회원국 내에서 4위로 상대적으로 매우 높은 편이며 개발도상국인 중국보다도 높은 실정이다. 따라서 에너지자원의 대부분을 수입에 의존하는 우리의 현실을 감안하면 탈석유에너지 자립강화를 위해서는 반드시 에너지 소비 효율성을 향상시켜야 한다(에너지경제연구원, 2011)(<그림 61> 참조).

둘째로는 국외에너지자원개발을 목표로 하는 원유 및 천연가스 자주개발비율을 향상시키는 것이다. 이로써 에너지자원의 장기적이며 안정적인 공급을 유지하여 경제성장에 기여할 수 있으며 동시에 에너지자원의 시장가격 상승으로 인한 경제적인 부의 창출에도 정책적인 관심을 기울일 수 있다. 즉, 원유 및 천연가스 자주개발 비율을 증가시키려는 주된 목적은 에너지 자립강화를 위한 글로벌 자원개발 역량을 확대하는 것이다.

따라서 원유 및 천연가스 자주개발 비율은 2000년 이후 지속적으로 증가하는 추세에 있으며 2000년 1.9%에서 2010년 10.8%로 급속하게 증가하였다. 특히 증가추세는 2008년 이후 이명박 정부의 공기업 글로벌사업 진출이라는 정책적 지원으로 빠른 속도로 증가하였다. 그러나 2013년 박근혜 정부가 새롭게 시작되면서 에너지 관련 공기업의 과도한 부채문제로 인하여 지속적인 자본투자는 한계를 보이고 있다. 또한 국외 에너지자원 투자에 대한 효율화를 추구하는 관계로 에너지자원 자주개발에는 매우 조심스러운 접근방법을 추구하고 있다(<그림 62> 참조).

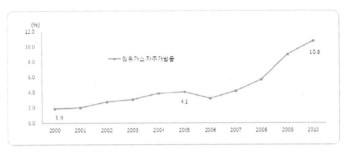

출처: 지식경제부, 에너지자원통계, 2011

〈그림 62〉 원유 및 천연가스 자주개발 비율 추이(2000~2010)

원유 및 천연가스 자주개발을 위하여 투자한 금액도 빠른 속도로 증가하였다. 2001년에는 약 2억 5천만 달러에 불과하던 투자금액이 2005년 11억 달러, 2008년 58억 달러, 2010년 91억 달러, 2011년에는 최대 규모인 105억 달러에 달하였다. 2012년에는 88억 달러로 감소하였다. 2001년 대비 약 40배 증가하는 추세를 보이고 있다(지식경제부, 2012)(<그림 63> 참조).

셋째는 화석연료 수입 의존도를 최소화하고 지구온난화현상으로 인한 기후변화에 능동적으로 대처하기 위하여 신재생에너지 보급률을 증가시키는 것이다. 이를 위하여 특히 8개 분야의 재생에너지인 태양열, 태양광발전, 풍력, 바이오매스, 소수력발전, 지열, 해양에너지, 폐기물에너지 등과 3개 분야의 신에너지인 연료전지, 석탄액화가스화, 수소 등의 에너지공급 비율을 높이는 정책을 수행 중이다.[45]

---

45) 설명한 것처럼 선진국에서는 8개 재생에너지자원을 기초로 생산된 에너지를 재생에너지자원으로 규정하고 있다. 우리나라의 경우 이 외에도 3개 새로운 에너지자원을 합쳐서 신재생에너지자원으로 명명하고 있다. 따라서 우리나라 재생에너지 관련 부문은 우리나라에서 일반적으로 사용하는 신재생에너지라는 단어를 사용한다.

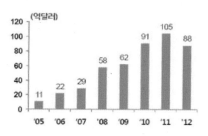

출처: 지식경제부, 에너지자원통계, 2013

〈그림 63〉 원유 및 천연가스 자주개발 투자액 증가추이(2005~2012)

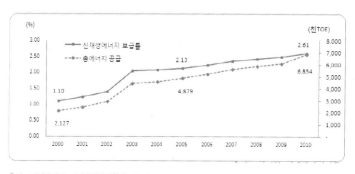

출처: 지식경제부, 신재생에너지통계, 2012

〈그림 64〉 신재생에너지 보급비율 증가 추이(2005~2010)

신재생에너지 보급률을 증가시키려는 주된 목적은 국가에너지자원별 구성 비율에서 신재생에너지 공급을 증대시켜 에너지정책 및 기후변화정책에 동시에 활용하려는 것이다. 신재생에너지 보급률은 총 에너지 공급비율 대비 선진국과 비교할 때 아직도 매우 낮은 편이나 2005년 2.13%, 2010년 2.61%, 2011년 2.75%로 지속적으로 증가하는 추세에 있음에도 불구하고 독일과 비교할 때 매우 낮은 수준이다(지식경제부, 2012)(<그림 64> 참조).

7.2.2. 우리나라 녹색성장정책

우리나라 녹색성장정책은 미래성장 전략으로 선정되어서 운영되고 있으며 친환경 관련 산업육성 및 연구개발(R & D) 투자를 통하여 진행되고 있다. 이를 위하여 정부는 2010년 4월 14일 녹생성장기본법을 제정하였다. 이 법에는 27개 녹색기술 부문을 선정하여 환경보호와 경제성장이 선순환 되는 전략적 구심점을 맞는 역할을 하고 있다[46](www.greengrowth.go.kr).

우선 환경친화적 기술 부문인 녹색기술을 통한 경제성장을 동력화하기 위하여 미래유망 신기술 6개 부문 중 환경기술(Environmental Technology: ET) 부문의 연구개발에 투자를 강화하고 있다. 정부는 환경기술 부문을 환경기술, 청정기술, 에너지기술 및 해양환경기술 분야로 정의하고 있으며 정부의 연구개발 부문 투자 중 녹색기술 연구개발 투자비율이 2002년 이후 지속적으로 증가하는 추세이다. 특히 2008년부터 2010년까지 매우 빠른 속도로 증가하고 있다. 구체적으로는 2002년 총 정부 연구개발 부문 투자 중 녹색기술 연구개발 투자는 6.5%에서 2008년 13.7% 그리고 2010년 17.5%로 증가하였다. 연구개발 부문 투자액도 동년 4조 6,980억 원에서 11조 1,100억 원, 13조 6,830억 원으로 증가하였다(<그림 65> 참조).

---

46) 우리나라 녹색성장정책은 이명박 정부가 신성장정책을 위하여 추진된 경제정책의 핵심이다. 박근혜 정부(2013~2018)의 핵심경제정책은 창조경제이다. 우리나라의 경우 새로운 정부가 시작되면 새로운 경제정책 명칭을 사용하는 것이 일반적이다. 이는 각 정부의 독창성을 기초로 국가경제를 성장시키기 위한 방법으로 이해되고 있다. 그러나 각 정부가 사용하는 경제정책의 명칭은 정부가 추진하는 최상위 경제정책의 뚜렷한 개념정립이 부족하고 이에 대한 인식이 취약하기 때문인 것으로 이해된다. 독일의 경우 국가 경제정책의 최상위 목표가 유엔이 선정한 지속 가능 성장이기 때문에 정부가 바뀌어도 이를 위한 정책목표는 변경되지 않는다. 이러한 이유로 독일정부는 지속 가능 성장을 달성하기 위해서는 녹색성장정책을 추진하고 동시에 창조산업을 육성하는 정책을 수행하고 있다.

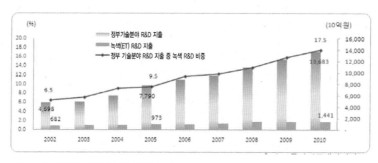

출처: 교육과학기술부, 국가연구개발사업조사, 2011

〈그림 65〉 녹색기술 부문 연구개발 투자비율 추이(2002~2010)

이 외에도 녹색성장정책이 지속적으로 추진되기 위하여 산업의 녹색화 및 녹색산업을 육성하기 위한 정책지원이 이루어지고 있다. 이를 실현하기 위하여 GDP 단위당 국내물질소비량(Domestic Material Consumption: DMC) 비중을 낮추도록 유도하고 있다. 이 목적은 자연자원 사용의 효율성을 증가시켜서 환경친화적 산업구조 및 소비구조를 구축하는 데 있다. 이러한 정책의 추진 결과 GDP 단위당 국내물질소비량 비중은 2005년 이후 감소하는 추세에 있으며 2010년에는 2005년과 비교할 때 약 7.2%가 감소하였다(통계청, 2011)([표 21] 참조).

[표 21] GDP 단위당 국내물질소비량 비중 추이(2005~2010)

2005년	2006년	2007년	2008년	2009년	2010년	긍정방향	'05년부터 최근추세	단위
0.697 (△7.5%)	0.689 (△1.1%)	0.660 (△4.2%)	0.665^e (0.7%)	0.633^e (△4.7%)	0.647^e (2.1%)	(-)	↘	kg/천 원

출처: 환경부, 환경계정, 2011

또한 녹색산업의 대표적인 산업 부문이라 할 수 있는 신재생에너지산업을 적극적으로 지원하여 매출액이 2005년 이후 지속적으로 증가하고 있다. 신재생에너지산업 매출액 증가는 2005년 2,840억 원에서 2010년 8조 1,280억 원으로 약 30배 증가하는 괄목할 만한 성장을 달성하였다[표 22] 참조).

[표 22] 신재생에너지산업 성장추이(2005~2010)

2005년	2006년	2007년	2008년	2009년	2010년	긍정방향	'05년 대비 변화 상태	단위
284^c (-)	727^c (156.2%)	1,254^c (72.4%)	3,353 (167.5%)	5,150 (53.6%)	8,128 (57.8%)	(+)	↗	10억원

출처: 환경부, 환경계정, 2011

7.3. 우리나라 신재생에너지정책: 발전차액지원제도 및 신재생에너지원 의무할당제

7.3.1. 발전차액지원제도(Feed In Tariff: FIT)

2014년 말 에너지 수입 의존도가 약 97%에 달하는 우리나라의 경우 국내 청정에너지자원의 확보는 에너지 수입 의존도를 감소시킬 뿐만이 아니라 화석연료 사용으로 인한 온실가스 배출량 감소 그리고 환경 및 청정기술 개발 및 연구 활동에도 커다란 영향을 미치게 된다. 따라서 대체에너지 발전의 보급은 국가적 차원에서 전략적으로 접근할 필요성이 상존한다.

이를 위하여 정부는 2035년까지 전체 에너지공급 중 신재생에너지 공급비중을 11%까지 확대 공급할 목표를 달성하기 위하여 수소 및 연료전지, 풍력, 태양광 등 3대 핵심전략 부문을 전략적으로 육성하고 있다. 이를 위하여 정부는 대체에너지개발 및 이용 촉진법을 신재생에너지법으로 2002년부터 개정하여 운영하고 있다. 그러나 2011년 정부 목표치인 5%에 크게 미달한 1.4%에 불과하여 독일의 20.4%와는 커다란 차이를 나타내고 있다.[47]

신재생에너지법 제11조에 의하면 산업자원부장관은 대체에너지 발전에 의하여 공급되는 전기의 발전원별로 기준가격을 고시하여야 한다고 규정하고 대체에너지발전에 의하여 공급한 전기의 전력거래 가격이 기준가격보다 낮은 경우에는 해당 전기를 공급한 대체에너지 발전사업자에 대하여 기준가격과 전력거래가격과의 차액을 전력산업기반기금에서 우선적으로 지원한다고 명시하고 있다(산업자원부, 2006).

이와 같은 법률개정을 통하여 대체에너지를 이용한 발전전원에 대한 차액지원을 법제화한 것이 발전차액지원제도이다. 이러한 제도를 도입한 이유는 글로벌 에너지시장의 가격불안과 기후변화에 관한 유엔의 기본협약이 강화되어 온실가스 배출량을 감축할 필요성이 대두되었으며 그 결과 화석연료 수입 의존도를 감소시켜야 하였다. 이를 위하여 대체에너지자원을 통한 발전전원의 보급을 확대하고 정부지원에 의한 인위적인 시장 확대를 통하여 신재생에너지 보급기반을 확충하려는 전략이다.

---

47) 우리나라 국내 시장에서 신재생에너지 보급은 선진국과 비교할 때 그다지 빠른 편은 아니다. 그럼에도 불구하고 신재생에너지산업은 2007년부터 2012년까지 매출 10배, 수출 8배, 고용 4배라는 경이적인 성장을 달성하였다. 따라서 신재생에너지산업은 정부의 정책지원 및 방향에 따라 그 결과가 크게 달라질 수 있는 가능성이 매우 높다.

2002년 이후 발전차액지원제도(Feed-in-Tariff: FIT)로 인하여 실행된 전력산업기반기금으로 지원된 재정지원은 2005년 말까지 약 218억 원이며 2007년 이후 이 제도가 예산부족으로 종료된 2011년까지 급속하게 증가하였다. 이 제도를 운영하면서 발전차액지원제도와 관련된 기준가격 고시의 내용상 불확실성과 시장변화에 따른 관련 규정의 미흡으로 여러 가지 형태의 문제점이 도출되었다. 일반적으로 문제점으로 지적되는 것은 기준가격 지침내용이 시행과정에서 시장현실을 충분히 반영하지 못하고 있는 것과 기준가격 제정 당시 미처 고려하지 못했던 부분들이다([표 23] 참조).

발전차액지원제도는 정부의 신재생에너지정책의 일환으로 신재생에너지자원 보급률 확산을 강력하게 추진하는 과정에서 과도한 사업주체들의 지나친 경쟁이 발생하였다. 그 결과 외국산 발전설비 및 부품을 수입하여 발전 기지를 건설하는 과정에서 전력산업기반기금의 급속한 축소를 발생시켰다. 따라서 이 정책을 직접 추진하였던 지식경제부는 사업자 난립, 기술개발 부진, 예산부담과 비용 대비 효과가 상대적으로 적다는 판단하에 2011년 말까지 단계적으로 지원규모를 축소하여 폐지한다는 계획을 수립하였다(지식경제부, 2011b).

정부의 원래 계획은 2002년부터 발전차액지원제도를 2030년까지 장기적으로 운영하여 총 전력공급에서 신재생에너지자원의 전력공급 비율을 11%까지 증가시키는 것이다. 이는 선진국의 경우와 유사하게 장기적으로 발전차액지원제도를 운영하여 신재생에너지 공급을 증가시킬 목적이었으나 재정지원기금의 고갈, 사업자 난립 및 지

[표 23] 발전차액 지원 대상 발전전원별 문제점

구분		이슈 및 문제점	검토방향
일반/공통		기준가격의 조정	- 전원별 시장여건 및 정부의 보급목표를 고려한 적정 가격수준 설정
		물가상승률 반영	- 적용기간동안 예상되는 물가상승률 예상치를 기준가격 산정시 반영
		송배전선로 이용요금의 적용시 신재생발전사업자의 수익성 악화(향후 적용 전망)	- 향후 송배전선로 이용요금 부과시 발전차액지원대상 사업자에 대해서는 적용을 재검토
		적용기간	- 수명기간 및 투자비용회수기간을 고려한 적용기간 재검토
전원	태양광	사업자당 3MW로 참여 제한	- 대형사업자 참여제한에 따른 개발 잠재력 위축우려, 재검토
		누적용량 20MW까지만 적용	- 보급잠재량 및 시장여건을 고려하여 재조정
	풍력	누적용량 250MW까지만 적용	- 2012년까지 풍력의 보급목표 2,237MW 달성을 위해서는 지원제한을 두는 것은 불합리
	소수력	PPA 사업자의 발전차액지원대상으로의 전환	- 적정 적용기간 재조정에 따라 합리적인 수준으로 재검토
		적용 설비범위를 3MW로 제한	- 소수력의 보급목표달성 및 개발 잠재량 확대를 위하여 설비기준의 확대 필요
		개발용도 구분없이 단일 기준가격 적용	- 입지(일반하천, 다목적댐 이용)에 따른 이용률 격차를 기준가격에 반영
	LFG	운전여건이 반영되지 않는 수준의 기준가격	- 사업기본계획 및 시장변동여건을 고려한 기준가격의 재검토

출처: 산업자원부, 2006

나친 경쟁체제 등으로 정책수행의 수단이 위기에 맞게 되었다. 그 결과 2011년 이후 신재생에너지 보급목표 및 실적은 목표치 달성비율이 악화되었다[48](지식경제부, 2011b)([표 24] 참조).

---

48) 서유럽, 북미, 일본 등 선진국에서는 재생에너지라는 용어를 사용하고 한국에서는 신재생에너지라는 용어를 사용한다. 재생에너지는 8개 부문의 지속 가능한 에너지자원을 기초로 생산되는 에너지자원이다. 우리나라는 8개 부문에 연료전지 등 새로운 3개 부문을 포함하여 신재생에너지라는 명칭을 사용하고 있다. 따라서 우리나라에 주는 시사점에서는 한국에서 일반적으로 사용하는 신재생에너지라는 명칭을 사용한다.

[표 24] 연도별 신재생에너지 보급목표 및 실적(2008~2010)

연도	2008	2009	2010
목표	2.48%	2.80%	2.98%
실적	2.43%(-0.05%)	2.50%(-0.3%)	2.61%(-0.37%)

출처: 지식경제부. 신재생에너지통계, 2011

독일의 경우에도 발전차액지원제도를 장기적으로 운영하고 있으며 동시에 기술혁신을 창출하기 위하여 연구개발 활동을 강력하게 수행할 수 있도록 제도적 기반을 갖추고 있다. 특히 태양광 및 태양열 부문은 발전차액지원액이 타 재생에너지자원보다 상대적으로 높지만 동시에 기간별 지원 감축비율도 상대적으로 높아서 관련 기업이 연구개발을 통하여 생산비용을 낮출 수 있도록 제도를 운영하고 있다. 이는 발전차액 지원제도에만 의존하려는 기업 및 생산자의 도덕적 해이를 근본적으로 차단하는 효과를 내고 있다. 우리나라의 경우 독일과 비교할 때 생산자의 지나친 경쟁도 문제지만 지원제도를 시행하는 과정에 이처럼 도덕적 해이를 제도적으로 방지할 수 있는 정책이 추진되지 못한 것도 발전차액지원제도를 장기적으로 추진하지 못한 이유이기도 하다.

7.3.2. 신재생에너지 의무할당제도
(Renewable Portfolio Standard: RPS)

발전차액지원제도의 문제점을 보완하고자 정부는 신재생에너지 의무할당제도(Renewable Portfolio Standard: RPS)를 2012년부터 도입하여 정책의 변화를 이루고 있다. 발전차액지원제도와 신재생에너지

의무할당제도의 가장 커다란 차이점은 전력구입가격과 구입물량이 어떤 방식으로 정해지느냐에 따라서 달라진다. 그 이유는 전자는 가격이 정책적으로 설정되고 공급은 전력시장에 의해서 결정되는 반면에 후자는 전력구입 목표량이 규제에 의하여 결정이 되면 시장기능에 의해서 전력가격이 설정되는 것이다.

따라서 발전차액지원제도는 보급 전력량은 결정되지 않은 상태에서 이행가격 수준만을 명시하고 있으며 신재생에너지 의무할당제도는 그 반대로 사전에 보급목표량을 결정한 후에 목표를 달성하기 위한 가격수준은 시장기능에 의하여 결정되도록 하고 있다.

신재생에너지 의무할당제도 운영의 목적은 전력생산 보급목표를 최소비용으로 개발하는 것이며 전력생산 보급목표 초과량에 대해서는 어떠한 경제적 인센티브도 제공되지 않는다. 따라서 전력생산자들은 전력생산 초과보급에 대한 위험부담을 스스로 지어야 한다. 결과적으로 발전차액지원제도 및 신재생에너지 의무할당제도는 자체적인 시행목표의 차이로 인하여 각기 다른 장단점을 보유하고 있다(산업자원부, 2006)([표 25] 참조).

신재생에너지 의무할당제도는 예정대로 2012년 1월 1일부터 시행되었으나 최근 신재생에너지 보급목표치 달성 실적이 저조하여 발전차액지원제도와 병행하여 운영되어야 한다는 주장도 국책연구기관과 일반기업연구기관에서 제기되고 있는 실정이다. 신재생에너지 의무할당제도만을 단독적으로 시행하게 되면 신재생에너지 시장성장 둔화와 가격경쟁력 악화를 초래할 수 있다는 주장이 강력하게 제기되었다(삼성경제연구소, 2011, 환경정책평가연구원, 2011).

독일의 경우 아직까지 발전차액지원제도를 운영하고 있으며 2020

년 이후 재생에너지 의무할당제도를 운영할 것으로 예상하고 있다. 이처럼 장기간 발전차액제도를 운영하여 재생에너지 보급 및 기술 혁신 창출을 통한 글로벌 경쟁력 강화를 기초로 시장 참여주체들의 역동적인 생산 및 사업 활동을 정책적으로 유도하고 있다. 그 결과 는 재생에너지 사용비율뿐만이 아니라 지구온난화 주범인 이산화탄 소 배출감축에도 직접적으로 영향을 미치고 있다.

[표 25] 발전차액지원제도 및 신재생에너지 의무할당제도 비교

구분	FIT	RPS
적용 매커니즘	- 가격(Price)의 설정 - 물량(Quantity)은 경제성 여부에 따라서 사업자가 결정	- 물량(Quantity)의 설정 - 가격(Price)은 시장에서 결정
도입효과	- 가격수준에 따라서 도입목표 달성이 유동적	- 목표량의 의무부과로 정책목표 달성에 있어 효율적임
전원선택	- 대상전원의 경우 구입요청물량을 모두 구입해야 함	- 전원별로 목표량을 별도 선정함 으로써 전원별 보급목표 달성 용이
비용효과	- 가격수준이 기 설정됨으로써 효율적인 물량조정이 곤란	- 시장원리에 의하여 사업자간 경 쟁유발로 물량조달 시 비용절 감 가능
장점	- 신규 투자유인에 효과적 - 투자의 확실성, 단순성	- 비용최소화 유도 - 보급목표 설정 시 매우 효과적
단점	- 목표설정의 불확실성 - 정보의 비대칭 문제 - 시장 불완전성	- 투자자에게는 불확실성 - 실제 운용경험 없음 - 복잡성 - 관리비용 과다 소요 - 저비용 기술위주 보급

출처: 산업자원부, 2006

7.4. 우리나라 탄소세 도입 필요성

7.4.1. 우리나라 에너지세 현황

우리나라는 2014년 지구온난화현상의 주요 원인인 이산화탄소 배출을 억제하고 에너지 소비절약을 목적으로 선진국에서 시행되고 있는 탄소세인 독일식 생태적 에너지세는 아직 시행되지 않고 있다. 그러나 과세부과 목적은 상이하지만 탄소세와 유사하게 이산화탄소가 배출되는 화석연료를 과세대상으로 하는 에너지세제는 존재하고 있다.[49]

우리나라의 경우 높은 에너지 수입 의존도로 인하여 에너지의 안정적인 공급이 에너지정책의 최우선 과제이었기 때문에 에너지세의 운영도 환경보호 목적보다는 소비절약과 정부의 재원확보에 정책적 관심을 집중하여 왔다. 따라서 선진국에서 이산화탄소 배출감축, 신재생에너지 기술개발, 경제의 효율화를 통한 지속성장 가능 등을 목적으로 하는 탄소세와는 근본적인 차이가 존재하는 것이 사실이다 (안창남 & 길병학, 2010).

이 결과 우리나라 에너지세의 문제점으로 지적될 수 있는 점은 첫째로 에너지 절약 및 산업에 미치는 영향만을 고려하여 에너지의 효율성 촉진과 환경적 외부성의 내부화 기능이 미흡하다는 점이다. 둘째로는 에너지 관련 조세의 세목이 지나치게 다양하고 각종 감면조

---

49) 화석연료 사용에 대한 에너지세 중 석유세는 2014년 말 시장가격의 약 60% 이상이 세금으로 이는 중앙정부 간접세 세금수입 중 약 30% 정도를 차지하는 막대한 수준이다. 석유세금은 선진국 수준에 도달한 것으로 평가되고 있다.

치 등으로 인하여 조세체계가 지나치게 복잡하다. 셋째로는 과거 낮은 에너지 가격정책을 장기간 수행하여 온 결과 환경 및 에너지 효율성이 선진국과 비교할 때 매우 낮은 편이다.

그 결과 단위 부가가치 생산에 필요한 에너지 투입량을 나타내는 에너지 집약도(Energy Intensity)가 일본의 3.3배, 영국의 2.7배, 독일의 2배, 미국의 1.6배로 매우 높다. 이처럼 에너지 집약도가 높은 것은 에너지 다소비업종 중심의 제조업 비중이 높으며 선진국과 비교할 때 상품 및 서비스의 부가가치가 낮기 때문인 것으로 분석되고 있다[50](이성인, 2009; IEA, 2009)([표 26] 참조).

[표 26] OECD 주요 국가 에너지 집약도 비교(시장 환율기준, 1960~2008)

연도\국가	1960	1970	1973	1980	1990	2000	2007	2008*	연평균 개선율
한국	-	-	0.279	0.336	0.328	0.369	0.315	0.314	2.0%
독일	0.238	0.328	0.322	0.291	0.228	0.178	0.160	0.160	1.3%
영국	0.290	0.282	0.265	0.226	0.180	0.152	0.120	0.117	3.2%
미국	0.339	0.417	0.402	0.352	0.271	0.234	0.204	0.198	2.0%
일본	0.121	0.142	0.144	0.123	0.106	0.111	0.099	0.095	1.9%

출처: IEA, Energy Balances of OECD Countries, 2009

7.4.2. 탄소세 도입의 필요성

우리나라의 에너지 관련 에너지 가격 및 조세체계의 문제점은 에너지 과소비와 낮은 효율성으로 인하여 에너지의 사회적 한계비용

---

50) 에너지 집약도는 에너지 이용의 효율성을 나타내는 지표로서 부가가치 1단위 생산에 필요한 에너지 소요량이 많을수록 에너지 효율성은 그만큼 낮아지게 된다. 즉, 에너지 집약도는 한 국가가 국내총생산 1,000달러를 생산할 때 얼마나 많은 에너지를 소비하는지를 나타내는 지표다.

을 내부화하지 못한다는 점이다. 따라서 이러한 에너지세 체계로는 지구온난화현상으로 인한 기후변화에 적극적으로 대처하는 데 한계가 있으며 이 외에도 청정에너지 기술개발을 통한 지속적 성장을 달성하는 것을 불가능하게 한다.

따라서 북유럽 국가가 1990년대부터 시행한 탄소세를 도입하면 적용대상이 광범위하고 행정비용이 적으며 정책의 투명성과 예측가능성이 높아지게 된다. 이 외에도 탄소세 도입은 단지 오염을 감소시키는 것만이 아니라 총 저감비용의 최소화 및 오염감소를 위한 지속적인 경제적 유인을 제공할 뿐만이 아니라 신규 세원을 제공하는 역할을 수행할 수 있게 된다.

또한 탄소세 도입은 오염의 원인 제공자에게 기술개발을 촉진할 수 있는 계기를 제공하며 시장왜곡적인 조세의 세율을 인하할 수 있도록 하여 경제의 효율성을 증가시키는 역할도 수행한다. 그 결과 탄소세 도입은 환경문제, 자원절약문제, 청정에너지개발 등 신규 성장 동력을 창출하는 기능을 수행할 수 있기 때문에 궁극적으로 국가경제의 지속성장을 가능하게 한다. 이러한 근본적인 이유로 인하여 북유럽 국가들은 초기비용이 매우 높다고 하더라도 지속적으로 탄소세를 도입하여 에너지 및 환경문제에 능동적으로 대처하였다 (안창남 & 길병학, 2010).

독일의 경우 북유럽 국가와 비교할 때 상대적으로 늦은 1990년대 후반에 탄소세 대신 생태적 에너지세를 도입하여 독자적인 모델을 추진하였다. 이처럼 독일이 북유럽 국가와는 다르게 독자적인 생태적 에너지세를 적용하게 된 가장 커다란 이유는 유럽연합 내 최대 경제국이며 제조업 중심 국가이기 때문에 국내산업의 글로벌 경쟁력 저하를 최소화하고 산업계와의 마찰을 해결할 수 있는 방안이 필요하였기 때문이다. 따라서 독일의 산업계와 정부 간 합의를 도출하고 산업계의 에너지정책 지지를 확보한 사회적 합의 체제를 심도 있게 조명할 필요가 있다.

7.5. 우리나라 이산화탄소 배출권 거래제도 도입

7.5.1. 이산화탄소 배출권 거래제도 현황

탄소세와 더불어 이산화탄소 배출권 거래제도는 시장의 유연성 방식을 이용한 대표적인 환경정책 수단으로 인정되고 있다. 이론적으로 완전경쟁시장에서는 동일한 환경적 효과와 경제적 효율성을 창출할 수는 있으나 불완전한 정보를 갖고 있는 현실시장에서는 차이가 존재하고 있다. 따라서 현실시장에서는 오염자의 저감비용 정보의 불확실성, 기업의 경제적 부담과 경제적 문제 등을 감안하여 탄소세 및 이산화탄소 배출권 거래제도 중 하나에 보다 많은 비중을 두어서 정책을 운영하고 있는 것이 우리의 현실이다.

최근 OECD 회원국의 동향을 조사 및 분석해 보면 다수의 국가에서 탄소세보다는 이산화탄소 배출권 거래제도에 정책적 비중을 높이고 있는 것이 현실이다. 이처럼 배출권 거래제도가 선호되는 이유는 다음과 같은 네 가지의 이유가 있기 때문인 것으로 분석되고 있다.

첫째는 온실가스 저감목표를 달성하는 데 탄소세보다는 배출권 거래제도가 상대적으로 더 큰 확실성을 제공해 주고 있다는 점이다.

그 이유는 탄소세는 최종 이산화탄소 배출량에 대한 불확실성이 크지만 배출권 거래제도는 최종 배출량이 설정되어 있기 때문에 이를 가시적으로 달성하는 데 상대적으로 유리하다.

둘째는 장기과제 대응과 관련한 제도상의 신뢰성을 확보하고 있는 것이 커다란 장점이다. 일반적으로 탄소세는 정부가 장기적인 세율조정을 약속할 수 없기 때문에 정부의 미래 계획에 대한 신뢰를 확보하는 것이 매우 어렵다. 이에 반해 배출권 거래제도는 미래의 경제적 가치를 설정하여 시장에서 거래를 할 수 있기 때문에 신뢰 확보가 가능하다.

셋째는 오염 저감자와 지불자와의 탈동조화를 통한 비용을 최소화할 수 있는 장점이 있다. 즉, 배출권 거래제도에서는 개별 오염자에게 이산화탄소 배출권 할당이 되면 할당량보다 이산화탄소 배출량을 감소시킨 시장참여자는 잉여분을 이산화탄소 배출권 시장에 이를 판매할 것이고 배출량이 할당량보다 많은 시장참여자는 이를 시장에서 구매할 수 있기 때문에 시장참여자 모두에게 경제적 인센티브를 제공할 수 있다.

넷째는 세수창출을 통한 사회적 비용을 감축할 수 있다는 점이다. 이는 탄소세도 동일한 기능을 수행하고 있다. 배출권 거래제도 또한 정부가 새로운 세수를 창출할 수 있도록 하여 타 세금을 완화하거나 기후변화 대응에 따른 경제적 비용을 상쇄할 수 있는 기능을 수행할 수 있다(김종률, 2009).

7.5.2. 이산화탄소 배출권 거래제도 필요성

이산화탄소 배출권 거래제도는 유럽연합에서는 이미 2005년 이후 제1기(2005~2007) 및 제2기(2008~2012)를 성공적으로 시행하였다. 현재는 제3기(2013~2020)가 진행 중인 상태이다. 이 외에도 미국, 노르웨이, 일본, 뉴질랜드 등에서 부분적으로 시행되고 있으며 OECD 국가는 배출권 할당방식을 통하여 개발도상국의 참여를 유도하고 있는 실정이다.

또한 배출권 거래제도를 시행하고 있는 국가의 경우를 보면 새로운 정책도입과 관련한 시행착오 및 학습기간이 약 2~5년 정도 걸리는 것으로 조사되고 있다. 한 예로 배출권 거래제도의 선두주자인 유럽연합의 경우 준비기간이 약 4년이 소요되었다. 따라서 개발도상국까지 참여를 독려하고 있는 배출권 거래제도를 도입하고 이를 정착시키기 위해서는 약 4~5년 정도의 시간이 필요하기 때문에 우리나라 정부도 2011년부터 정책을 수립하여 2012년 국회의 승인을 받게 되었다. 이후 2015년 1월 12일부터 이산화탄소 배출권 거래제도를 실시하고 있다([표 27] 참조).

우리나라는 특히 산업구조가 고 에너지 소비산업을 중심으로 한 제조업 중심이기 때문에 이산화탄소 배출 총량 감축을 위해서는 대기업의 참여가 필수적이다. 대기업의 참여를 유도하고 이들의 글로벌경쟁력이 약화되지 않기 위해서는 참여기업에 충분한 시간적 여유를 제공하여야 하기 때문에 제도 도입 준비기간 내 참여주체의 문제점 등이 명확하게 조사 및 분석되어야 한다. 또한 배출권 거래제도가 모든 온실가스 배출원을 대상으로 운영되는 것은 현실적으로 불가능하다. 따라서 배출권 거래제도 대상에서 제외되는 배출 부문에 대해서는 배출권 거래제도 적용 부문 대상과 형평성을 갖출 수 있는 제도적 보완장치가 반드시 필요하다.[51]

[표 27] 우리나라 배출권 거래제도 시행 계획(2009~2016)

일정	내용
2009	국가 온실가스 감축목표 수립(2020년 BAU대비 30%)
2012.11	"온실가스·에너지 목표관리제 시행 온실가스 배출권 할당 및 거래에 관한 법률 제정"
2014.01	"배출권거래제 기본계획 수립 한국거래소(KRX), 배출권거래소로 지성"
2014.12	할당대상업체/할당량 확정, 거래시스템 구축 등
2015.01~12	"배출권거래제 본격시행 배출권거래소(KRX), 장외거래를 통해 배출권 거래"
2016.05	실적검증: 배출권에 대한 명세서를 제출받고 확인
2016.06	"(벌칙)초과 배출시 벌금 부과, 또는 다음연도 배출권 차입, (이월) 초과감축한 경우 다음 연도로 넘겨 사용 가능"

출처: 한국거래소, 2014

우리나라가 2015년 이후 시행하고 있는 이산화탄소 배출권 거래제도는 시작 초기부터 많은 문제점이 도출되고 있다. 이 중 가장 커다란 논란은 정부가 524개 참여기업에 할당한 배출량이 기업이 요구하고 있는 배출량보다 매우 적다는 것이다. 2015년 정부가 제시한 배출권 총 할당량은 15억 9,800만 톤이며 기업이 요구한 배출권 총 할당량은 20억 2,100만 톤으로 4억 2,300만 톤의 차이가 있다.

한 예로 철강업계는 3억 2,700만 톤의 할당량을 요구하였으나 정부는 3억 600만 톤을 책정하여 기업이 요구한 할당량보다 9.2% 낮

---

51) 유럽연합의 경우에도 이산화탄소 배출권 거래제도에 참여하고 있는 대상은 전체 온실가스 배출원의 약 41%에 불과하다.

은 수준이다. 이는 기업의 입장에서 중국의 철강업계와 글로벌시장에서 경쟁하고 있기 때문에 경영여건이 악화될 수 있는 상황이다. 이처럼 기업과 정부 간 배출권 할당량에 대한 의견대립으로 배출권 거래시장이 시작된 첫째 날에는 실제 거래는 1,190톤, 둘째 날에는 50톤, 셋째 날에는 100톤을 기록하였으나 거래 6일째인 1월 17일 이후에는 0톤을 기록하여 배출권 거래가 활성화되지 못하고 있는 상황이다(한국거래소, 2015)(<그림 66> 참조).

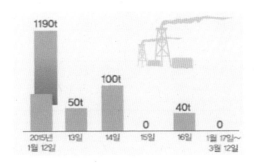

출처: 한국거래소, 2015

<그림 66> 이산화탄소 배출권거래량 추이(톤)

이처럼 배출권 거래제도가 활성화되지 못하고 있는 문제를 해결하기 위해서는 다양한 정책적인 지원과 기업의 자발적인 참여가 동시에 이루어져야 한다. 이를 위해서는 다음과 같은 점들이 지속적으로 개선되어야 한다.

첫째: 중장기적 측면에서 정부는 저탄소 및 환경친화적 사업을 지속적으로 추진하여야 한다. 독일의 경우 이산화탄소 배출감축을 시

행하지 않는 기업에는 관세를 높게 부여하고 이들 기업의 제품을 수입하지 않는 정책을 수행하고 있다. 우리나라의 경우 국내총생산(GDP) 대비 이산화탄소 배출량이 독일보다 상대적으로 높기 때문에 환경친화적 산업을 지속적으로 발전시키면서 글로벌 환경변화에 장기적으로 적응하여야 한다.

둘째: 이산화탄소 배출감축을 지속적으로 국가 차원에서 추진하여야 한다. 그 이유는 우리나라는 도쿄의정서 조인국가로 2020년부터는 이산화탄소감축을 의무화하고 있다. 따라서 2015년부터 배출권 거래시장을 통하여 이산화탄소를 지속적으로 감축하지 못하면 2020년 이후 더욱 커다란 문제점에 봉착할 가능성이 매우 높다.

셋째: 배출권 거래제도 시행 이후 지속적인 제도의 보완이 필수적이다. 특히 독일기업이 시행하였던 자율적인 이산화탄소 배출 조기 감축 노력, 업종별 및 부문별 규제강도의 유연성 확보 등이 매우 절실하다. 이를 통하여 배출권 거래제도의 형평성 및 공정성을 확보하여 참여기업의 이산화탄소 배출감축 노력의 결과가 기업에 돌아갈 수 있다는 확신을 심어 주어야 한다.

넷째: 배출권 거래제도 시행으로 인한 피해산업 부문에 대한 합리적인 보상 및 지원이 필요하다. 특히 석유화학, 철강, 광물 등 중화학공업 부문과 전력, 운수, 건설 등 에너지 집약산업에 대한 정책적 배려가 필요하다. 이러한 피해산업 부문에 대한 독일의 정책적 지원 및 배려 그리고 정부 및 기업 간 합의를 기초로 에너지 집약산업의

자발적 참여는 우리에게 많은 시사점을 제공해 주고 있다.[52]

7.6. 제도도입 시 산업에 미치는 영향

7.6.1. 우리나라 산업계의 탄소세 및 이산화탄소 배출권 거래제도에 대한 시각

우리나라 산업계가 갖고 있는 탄소세 및 이산화탄소 배출권 거래제도에 대한 시각은 2014년 배출권 거래제도가 시작되기 직전 시점에서는 부정적 혹은 시기상조라는 시각이 지배적이다. 산업계가 견지하고 있는 이러한 주장의 근거는 과도한 경제적 부담으로 인하여 기업의 글로벌 경쟁력이 약화되면 경제성장률이 저하되고 이로 인한 신규고용창출이 어렵다는 것이 핵심이다. 또한 우리나라의 기업과 글로벌 시장에서 경쟁관계에 있는 일본, 중국, 미국 등에서조차 전면적으로 시행하지 않고 있는 제도인데 우리가 선도적으로 추진하게 되면 상대적인 경쟁력 저하가 발생할 수 있다는 점을 매우 우려하고 있다.

이러한 관점에서 산업계의 강력한 로비로 인하여 탄소세 도입은

---

52) 독일의 경우에도 배출권 거래제도 제2기(2008~2012)가 수행되고 있던 시기에 기업의 할당량 요구를 정부가 충족시키는 방향으로 정책을 결정하였다. 이는 기업의 글로벌 경쟁력 약화는 궁극적으로 독일경제에 부작용으로 나타난다는 논리에 의하여 기업의 이산화탄소 배출권 할당량을 느슨하게 책정한 결과 일부 기업은 배출권 차액을 시장에 매각하여 2011년 약 10억 유로 이상 경제적 이익을 달성하게 되었다. 이는 결과적으로 국민의 세금으로 지불하여야 하는 금액으로 이산화탄소 배출권 거래제도가 원래의 취지와 맞지 않게 국민의 부담으로 작용한다고 비판을 받게 되었다(Frankfurt Allgemeine Zeitung, 2011).

사실상 무산되었으며 이산화탄소 배출권 거래제도는 2013년 이후에 다시 논의하기로 잠정적인 합의가 이루어졌다. 이후 2013년 말에는 2015년 1월부터 시행하는 것으로 정부가 일방적으로 결정하여 해당 기업은 경제적 비용증가를 매우 우려하는 실정이다(매일경제, 2011; 2013; 2015).

이산화탄소 배출권 거래제도가 배출권 거래시장에서 공정하게 거래되고 기업이 경제적 인센티브를 획득할 수 있게 하기 위해서 독일은 유럽연합 이산화탄소 배출권 거래제도를 채택하여 2005년부터 2007년까지 도입기간, 2008년부터 2012년 시범시행기간 등 약 7년 간의 준비기간을 거쳤다. 이처럼 오랜 기간 동안 준비 작업을 거치면서 참여기업이 적응할 수 있는 시간적 여유 및 해당 산업의 기술혁신을 통한 이산화탄소 배출을 감소시킬 수 있는 기술능력 배양 등을 정책적으로 지원하였다. 이처럼 장기적 안목에서 기업의 글로벌 경쟁력 저하를 최소화시키는 기업과 정부의 공통목적을 위한 협력체제는 우리에게 많은 점을 시사하고 있다.

7.6.2. 제도 도입 시 산업별 미치는 영향

우리나라에 탄소세가 도입되면 기업의 신규세수 적용으로 인한 경제적 비용이 증가하게 된다. 그 결과 글로벌시장에서 우리 기업의 경쟁력이 약화될 수 있는 가능성이 존재하게 된다. 따라서 탄소세도입 시 일부 주력산업용 및 가정용, 생계형 사업용 등에 대해서는 대부분의 제도 도입국가에서 일정 부문 세금감면 조치를 취하고 있다.

탄소세가 도입되면 우리나라 산업구조상 고에너지 소비산업의 대표주자인 철강 및 금속제품, 운수보관, 비금속광물제품, 석유화학, 비철금속, 수송기계, 펄프지류 등의 원자재 가격경쟁력이 타 업종보다 크게 영향을 받을 가능성이 매우 크다. 따라서 이들 업종에 관해서는 탄소세를 경감하거나 배출권 거래제도 도입, 에너지 효율향상 프로그램 및 자발적 감축협약 체결 등을 통하여 과세부담을 감소시켜 줄 필요성이 매우 높다(안창남 & 길병학, 2010).

특히 철강 및 금속제품, 석유화학, 비철금속 등은 중국 및 일본과 글로벌시장에서 극심하게 경쟁하는 산업 부문으로 탄소세 적용으로 생산비용 증가로 인하여 글로벌시장에서 가격경쟁력이 저하되면 우리나라 경제성장에 직접적으로 부정적인 영향을 미치게 된다. 따라서 고에너지 소비산업에 대한 탄소세 적용은 장기적인 계획하에 점진적으로 운영하여야 한다. 동시에 이 산업 부문의 기술고도화를 위한 연구개발 활동을 정책적으로 적극 지원하여 기술적인 측면에서 이산화탄소 배출을 감축할 수 있도록 유도하여야 한다.

이 외에도 우리나라 산업구조의 특성은 기술선진국과 비교할 때 에너지 소비비중이 약 두 배 높다. 따라서 탄소세 도입의 취지는 바람직하지만 산업구조의 특성을 무시하고 시행한다면 국가경제 차원에서 경쟁력 저하로 이어질 수 있는 가능성이 있다. 따라서 산업구조를 개혁하는 것은 장기간 소요되는 점을 감안하면 기존 산업구조의 기술고도화를 통하여 이산화탄소 배출감축 능력을 향상시키는 것이 바람직하다.

7.6.3. 제도 도입 시 각 이해 당사자 간의 합의 방법

제도 도입 시 각 이해 당사자 간의 합의 방법은 해당 국가의 역사적, 문화적, 행정적 절차 및 배경에 따라서 매우 상이한 것이 일반적이다. 따라서 우리나라의 경우도 선진국의 사례를 면밀하게 조사 및 분석할 필요는 있으나 이를 아무런 고민 없이 일방적으로 적용하게 되면 순기능보다는 역기능이 더 많이 발생할 우려가 존재한다.

그럼에도 불구하고 독일의 성공적인 사례를 벤치마킹 할 필요성은 매우 높다. 즉, 단기간 내에 합의를 도출한 것이 아니라 충분한 시간적 여유를 갖고 정부, 기업, 연구기관 등이 탄소세 및 배출권 거래제도 도입 시 발생할 수 있는 다양한 시나리오를 구성하여 저탄소 녹색성장이라는 공동의 정책목표를 달성하려는 기반을 형성하여야 한다.

이를 기초로 기업의 경제적 손실을 최소화하면서 청정에너지기술 개발을 육성할 수 있는 환경을 형성하고 기업의 글로벌 경쟁력을 강화시킬 수 있는 지원체계를 구축하여 궁극적인 친환경 산업구조 개편을 가능하도록 하여야 한다. 이를 달성하기 위해서는 모든 시장참여자 간의 신뢰와 정책의 일관성, 공동목표 달성을 위한 명확한 의지 등이 반드시 필요하다.

독일의 저탄소녹색성장은 지속 가능 성장전략을 목표로 추구하는 정책의 일환이다. 우리나라의 경우 이명박 정부의 저탄소녹색성장정책을 박근혜 정부의 창조경제정책에 접목시켜서 일관성 있게 발전시킬 필요가 있다. 그 이유는 양 정책의 궁극적인 목적은 지속 가능 성장정책의 일환이며 에너지정책 및 기후정책을 추진하기 위해서는 필수적으로 수행하여야 할 정책이기 때문이다.

7.7. 정책수행의 윈-윈 접근 방안

7.7.1. 정책수행 시 이해 당사자 간 합의전략

정책수행 시 이해 당사자 간 접근방법은 정부의 일방적 의사결정 방식보다는 제도도입 시 직접적인 경제적 부담을 느끼고 이로 인하여 글로벌 경쟁력이 저하되는 기업의 입장을 충분히 이해하려는 접근방식이 매우 중요하다. 동시에 기업이 이러한 위협적 요인을 충분히 극복할 수 있는 시간적 여유를 갖고 충분히 외부환경 변화에 대응할 수 있도록 장기적 차원에서 접근하는 것이 부정적 결과를 초래하는 것을 최소화시킬 수 있다.

산업계는 정부정책이 미래지향적이며 지구환경보전에 필수적이라는 정책방향을 기업의 경쟁력 저하라는 부정적 시각으로만 접근하는 것보다는 새로운 세금부담을 기술혁신을 통하여 글로벌시장을 선점할 수 있는 기회로 판단할 수 있는 위험부담을 감내할 수 있는 기업가 정신으로 도전할 필요가 있다. 에너지 및 환경시장의 재편에 능동적으로 대처하여 글로벌시장에 시장선두주자(First Mover)가 된다면 높은 위험수반에 대한 기업의 이익실현에도 매우 긍정적인 것이 현실이다.

산업계와 달리 환경단체 및 비정부 기구(NGO), 환경 관련 정부기구 등은 탄소세 및 이산화탄소 배출권 거래제도를 기후변화 방지 차원에서 우선적으로 접근하는 경향이 강하기 때문에 제도시행에 관하여 선 실행 그리고 후 조치 접근방법을 선호하는 경향이 강하다. 따라서 정부는 이처럼 상이한 이해관계를 보유하고 있는 산업계와 환경단체 및 비정부기구 등의 중간자 혹은 조정자로서 국가의 지속성장이 가능한 방향에서 정책결정의 시기를 조절할 수 있는 능력을 배양하여야 한다.

이 외에도 상이한 이해관계를 보유하고 있는 참여주체 간 공동의 이해관계의 폭을 넓혀 주는 역할을 정부가 수행하여야 한다. 한 예로 정부는 제도도입의 필요성과 당위성을 기업에 이해시키는 과정에서 청정에너지기술 관련사업 및 신재생에너지 기술 부문에 재정적 인센티브를 제공하여 해당 산업 부문의 기업 및 노동조합이 정부정책을 자발적이며 적극적으로 수용할 수 있는 방향으로 지원하여야 한다.

7.7.2. 정책수행에 대한 당위성 및 미래 전략성 제시

21세기는 환경과 에너지가 글로벌 화두로 존재하고 있으며 온실가스 배출로 인한 지구온난화현상은 우리 생활에 현실로 자리 잡고 있다. 이러한 현상은 이미 매스미디어를 통하여 광범위하게 보도되고 학문적으로도 증명된 사실이다. 따라서 정책수행의 당위성은 많은 부문에서 참여주체들에게 인정되고 있는 것이 객관적 사실이다.

따라서 정부는 탄소세도입 및 이산화탄소 배출권 거래제도 시행에 관한 미래 전략성에 관하여 참여주체들에게 명확하게 설명하고 이해시킬 필요성이 매우 높다. 우선 제도 실행으로 인한 경제적 부담은 단기적 차원에는 피할 수 없는 현실이나 제도 시행과정에서 이를 극복하려는 청정에너지기술 연구개발, 국가적 차원에서의 신재생 에너지산업 부문 육성을 통한 화석에너지 수입 의존도 감소, 신규 글로벌시장 진출을 통한 지속적 경제성장 달성 등과 같은 장기적 차원의 전략산업 구축에 관한 정책방향을 제시할 필요가 있다. 특히 에너지 및 환경 관련 전략산업은 21세기 전략산업인 관계로 정권교체와 관계없이 지속 가능 성장을 위하여 지속적으로 추진하여야 한다.

이 외에도 고에너지 소비산업인 제조업 중심의 중후장대형 장치 산업구조인 우리나라 산업에서는 에너지 소비 효율성을 향상시킬 필요성이 매우 높다. 또한 이러한 현실을 해당 기업도 명백하게 이해하고 있으며 글로벌 에너지시장의 극심한 가격변동에 능동적으로 대처해야 할 필요성을 느끼고 있다. 따라서 정부는 정책수행을 통하여 이들 산업이 기술력 향상 및 산업구조 고도화 전략을 통하여 고부가가치를 창출할 수 있는 방향으로 정책적 유인을 선도하여야 한다.

7.7.3. 정책수행의 유연성

에너지정책은 전 산업정책 및 경제정책에 미치는 파급효과가 매우 크다. 따라서 정책방향 및 시기는 유연하게 수행하여야 정책의 전후방 효과를 극대화 시킬 수 있다. 또한 정책수행의 목표가 과거의 안정적인 에너지공급 차원에서 벗어나 에너지 소비의 효율성 향상, 에너지시장 활성화 및 유연성 증대 등의 방향으로 전환되는 것이 바람직하다.

에너지 소비 효율성이 증대되면 이산화탄소 배출량을 자연스럽게 감소시킬 수 있으며 에너지 수입 의존도도 낮출 수 있다. 에너지시장을 활성화시키면 에너지 소비 선택에 다양성이 높아지게 되어 특정 에너지자원에 지나치게 의존되는 쏠림현상을 구조적으로 억제할 수 있게 된다. 동시에 에너지시장의 유연성이 높아지게 되면 에너지 소비의 효율화 향상을 지원할 수 있게 된다.

특히 탄소세 및 배출권 거래제도에 관한 정책시행은 이 제도를 이미 시행하고 있는 기술선진국과의 격차가 분명하게 존재하고 있기 때문에 우리의 현실적 상황을 명확하게 인식하고 제도 시행 이후 발생할 수 있는 가능한 모든 상황에 대처할 수 있는 시나리오를 구성하여 접근하여야 한다. 이 외에도 주변 경쟁국의 제도 관련 정책시행도 비교분석하여 제도도입에 관한 적정시기를 결정할 수 있도록 정책적 유연성을 확보하여야 한다.

우리나라는 2015년 1월 이후 이산화탄소 배출권 거래제도를 전면적으로 실시하고 있는 상황이다. 물론 배출권 거래시장이 시작 이후 거래가 매우 저조하여 유명무실한 상태인 상황이지만 주변국인 중국 및 일본과 비교할 때 배출권 거래제도를 전면적으로 실시한 것은 커다란 의미를 갖고 있다. 이는 이산화탄소 배출을 시장을 통하여 감축하고 지구온난화현상에 능동적으로 대처하고 있다는 의지를 국제사회에 천명하고 이를 시행하고 있다는 것을 보여주고 있는 것이다. 그러나 이 제도가 정상적으로 정착되고 기업이 시장에 적극적으로 참여하여 실질적인 성과를 내기에는 중기적인 시간이 필요하다. 따라서 선진국 사례인 독일의 경우 유럽연합의 배출권 거래제도를 채택하여 현재 제3기를 시행하는 과정에서 발생한 부정적인 현상을 반면교사로 삼아서 동일한 정책실패를 반복하지 않아야 한다.

Part 8

결 론

21세기 글로벌 화두는 에너지와 환경이라는 데 이견을 나타내는 학자 혹은 전문가는 그다지 많지 않을 것이다. 그 이유는 20세기 전 세계적으로 진행된 산업화 과정 그리고 20세기 말부터 빠르게 진행되어 온 경제의 글로벌화 과정에서 환경오염과 화석에너지 고갈이라는 결과를 실질적으로 경험하고 있기 때문이다. 동시에 산업화는 환경오염뿐만이 아니라 과도한 이산화탄소 배출로 인한 지구온난화현상을 초래하여 기후변화라는 우리 인류가 이전에 경험해 보지 못한 현상에 직면하게 되었다.

환경보호주의자의 견해에 의하면 과도한 온실가스 배출로 지구의 온도가 평균 2도 이상 상승할 경우 해수면 상승 등으로 인하여 생태계가 교란되어 인류뿐만이 아니라 지구상에 존재하는 동식물의 생존이 위협받을 수 있다고 주장하고 있다. 이처럼 지구환경변화를 기초로 경제적 비용을 산출한 영국의 스턴보고서(Stern Report)는 지구온난화현상을 억제하지 못하면 글로벌 경제적 관점에서도 우리 인류는 막대한 비용을 치르게 될 것이라 경고하고 있다.

지구온난화현상으로 인한 기후변화를 경험하면서 우리 인류는 지구적 차원에서 공동으로 대응하고 인류가 보유하고 있는 하나뿐인 지구를 우리 후손들에게 온전하게 물려주기 위하여 유엔에서 공식주제로 채택하여 1980년대 후반부터 적극적으로 논의하기 시작하였다. 그 결과 1987년 유엔개발계획위원회에서 브룬트란트보고서(Brundtland Report)를 채택하여 자연환경에 부정적인 영향을 미치지 않으면서 경제성장을 달성할 수 있는 지속 가능 성장전략을 채택하였다. 따라서 지속 가능 성장전략을 최상위전략으로 채택하여 각 선진국은 국가별로 녹색성장전략, 창조경제 등 다양한 명칭으로 국제기구인 세계은행(World Bank), 선진국경제개발협력기구(OECD)에서 사용하면서 지속 가능한 경제발전정책을 추진하였다.

지속 가능 발전전략(Sustainable Development Strategy)은 1997년 도쿄의정서가 채택되면서 기후변화를 능동적으로 대처하기 위한 각 국가의 환경 및 에너지정책에도 많은 영향을 미쳤다. 즉, 에너지정책 및 기후정책을 강력하게 추진하여야 환경문제를 해결할 수 있고 이를 기초로 한 국가의 경제가 지속 가능하게 발전할 수 있다는 논리가 형성되었다.

에너지정책을 환경정책과 긴밀하게 연계하여 추진한 국가는 북유럽 5개 국가이다. 핀란드, 스웨덴, 덴마크, 노르웨이, 네덜란드 5개 국가는 1990년대 초부터 에너지정책의 일환으로 탄소세를 도입하여 지구온난화현상의 주범인 자국 내 이산화탄소 배출을 감축시키기 위하여 노력하였다. 이후 탄소세를 독일은 1990년대 후반 생태적 에너지세라는 명칭으로 채택하여 현재까지 운영하고 있다. 독일의 경우 북유럽 5개 국가보다 탄소세 도입을 조금 늦게 시작한 가장 커다란 이유는 유럽연합(EU) 최대 경제 국가이며 동시에 제조업 중심의 산업국가인 관계로 고에너지 소비산업의 비중이 타 유럽 국가보다 상대적으로 높기 때문에 에너지 부문에 새로운 명목의 세금을 부과한다는 것이 산업경쟁력에 미치는 영향이 매우 크기 때문이다.

그러나 독일이 유럽연합의 주요 회원국이며 유럽연합의 미래를 이끌고 있는 선두국가로서 지구온난화현상으로 인한 기후변화에 무관심할 수는 없는 상황이었다. 따라서 1997년 도쿄의정서가 채택되면서 유럽연합 중 특히 독일이 기후변화문제에 관해서는 글로벌 선도국가가 되어야 한다는 전략적 측면에서 에너지정책의 방향을 설정하였다. 이처럼 독일이 에너지정책 및 기후정책에 전략적 방향전환을 결정한 이유는 타 유럽연합 회원국가보다 에너지 수입 의존도가 매우 높기 때문에 에너지 안보에 민감하고 제조업 중심의 산업구조에서 에너지수급문제를 유럽연합 차원에서 근본적으로 해결해야만 하기 때문이다. 동시에 이를 기초로 자국 산업의 글로벌 경쟁력을 향상시키는 것이 가장 커다란 목적이었다.

따라서 독일은 생태적 에너지세를 도입하면서 기후변화에 적극적으로 대처하고 산업에 부정적인 영향을 최소화시키기 위하여 장시간 산업계와 대화, 양보, 설득과정을 진행하면서 에너지정책을 수행하였다. 동시에 자국의 최대 약점인 에너지자립도를 향상시키고 이산화탄소 배출을 획기적으로 감축시키기 위하여 재생에너지 개발에 주력하였다. 이 외에도 에너지 소비 효율화도 추진하여 총 에너지 소비를 감소시키면서 경제성장을 달성하는 세계 유일의 국가가 되었다. 즉, 지속성장 가능성을 최초로 제시한 모범적 사례가 된 것이다. 이처럼 독일의 기후 및 에너지정책은 생태적 에너지세 실시, 재생에너지 개발, 에너지 소비 효율화 극대화로 요약할 수 있다.

독일 에너지정책의 핵심은 2010년 9월 채택한 장기 에너지정책인 에너지전환(Energiewende)을 확정 지으면서 2050년까지 전반적인 에너지전략을 설정하였다. 즉, 에너지전환은 두 가지의 정책방향으로 구성되었다. 첫째는 에너지 효율성 향상을 통하여 총 에너지 소비를 감소시키고, 둘째, 총 에너지 소비에 재생에너지 부문을 확대하는 것이 주요 내용이다. 따라서 재생에너지정책을 추진하기 위하여 재생에너지자원법을 제정하여 정책적인 지원을 지속적으로 추진하였다. 즉, 재생에너지자원법은 재생에너지자원 소비를 장려하고 동시에 에너지 소비의 효율화를 증진하는 데 크게 기여하였다. 이처럼 장기적 안목에서 국가발전 전략의 일환으로 추진된 재생에너지정책의 결과 독일은 재생에너지로 생산한 전력비율이 2014년 총 전력 생산량의 31%에 달하였다. 독일은 재생에너지 생산 전력비율을 2025년까지 40~45%, 2035년에는 55~60% 생산하려고 추진하고 있다. 재생에너지 전력생산은 2050년 총 전력생산의 80%에 이르도록 정책적 목표를 설정하고 있다.

기후정책 및 재생에너지정책을 성공적으로 수행하기 위해서 독일은 발전차액지원제도(FIT)를 성공적으로 운영하고 있으며 재생에너지의무할당제도(RPS)를 2020년 이후에 실시할 예정이다. 특히 독일의 경우 발전차액제도를 20년 이상 장기적으로 운영하여 재생에너지 보급 및 확산에 크게 기여하였으며 재생에너지의무할당제도를 미래에 도입하게 되면 재생에너지 전력생산에 경제성을 획기적으로 증가시킬 수 있을 것으로 예상하고 있다.

독일은 기후정책 및 재생에너지정책을 수행하면서 이를 현실화시키기 위해서는 환경친화적 산업을 육성하고 이들 산업의 글로벌 기술경쟁력을 확보하여야 한다고 판단하였다. 즉, 환경친화적 산업의 글로벌 경쟁력 확보가 지속성장을 가능하게 하는 가장 중요한 수단이라고 판단하였기 때문이다. 그 결과 환경친화적 산업 부문을 6대 선두산업으로 분리하여 이를 육성 및 지원하였으며 글로벌시장에서 경쟁력을 확보할 수 있도록 지원하였다.

이 외에도 독일은 지구온난화현상의 주요 원인인 이산화탄소 배출감축을 위하여 생태적 에너지세 징수와 더불어 이산화탄소 배출권 거래제도를 운영하고 있다. 이는 유럽연합이 2005년부터 실시하고 있는 유럽연합 배출권 거래시장에 유럽연합 최대 회원국으로 참가하면서 운영하고 있다. 독일은 유럽연합 이산화탄소 배출권 거래시장에서 약 10%의 비중을 차지하고 있는 최대 시장을 유지하고 있으며 2013년부터 제3기를 운영하고 있다. 제2기인 2008~2012년간 배출권 거래시장은 글로벌 금융위기 및 유럽연합 재정위기로 인하여 크게 활성화되지는 못한 것도 사실이다. 그러나 이는 2008년 말에 발생한 글로벌 경제위기 그리고 2011년 발생한 유럽연합 재정위기의 영향으로 배출권 거래시장이 위축된 것이다. 따라서 2015년 유럽연합 (EU)이 시행 중인 양적완화 정책으로 경제가 활성화되면 배출권 거래시장도 활성화 될 것으로 예상된다.

독일의 재생에너지정책과 지속 가능 발전전략은 매우 긴밀하게 연계되어 있다. 재생에너지정책을 추진하는 것이 에너지정책의 핵심 사항이며 이는 기후정책을 능동적으로 추진하는 핵심동력이다. 재생에너지정책을 추진하면서 지속사용이 가능한 에너지자원을 확보하고 에너지 소비 효율화를 통하여 화석연료 사용을 최소화시키면서 이산화탄소 배출을 감축하는 선순환구조는 자연환경에 부정적인 영향을 미치지 않는 범위 내에서 경제성장을 달성하는 지속 가능한 성장정책을 현실화시키는 데 가장 중요한 요소이다.

본 저서는 한국연구재단(NRF 2012S1A3A2033350) 지원으로 출판되었음.

참고문헌

<국내문헌>

김영호(2010), 환경보호 차원에서의 탄소세 도입도, 『한국에너지신문』, 2010-02-05.

김종률(2009), 『배출권 거래제도와 탄소세』, 서울: 환경부.

대한무역투자진흥공사(KOTRA)(2008), 『Green Report』, Vol.2.

매일경제(2010), 10월 13일.

매일경제(2011), 6월 20일.

매일경제(2013), 12월 10일.

매일경제(2015), 1월 7일.

박상철(2010a), 『해외 LNG 터미널 투자사업 적정목표 수익률 산정 및 KOGAS 비즈니스 모델구축』, 안산: 한국가스공사 연구개발원.

박상철(2010b), 독일 탄소세정책: 경제, 사회, 환경에 미치는 영향에 관한 연구, 『EU학 연구』, 제15권 제2호, 85～113쪽.

박상철(2014), 유럽연합(EU)의 대 러시아 천연가스 수입 의존도 감축전략에 관한 연구, 『EU학 연구』, 19권 2호, 31～70쪽.

방선혁(2011), 『배관을 통한 국제천연가스 경유운송 및 경유운송요금에 관한 연구』, 시흥: 한국산업기술대학교.

산업자원부(2006), 『신재생에너지 발전차액지원제도 개선 및 RPS 제도와 연계방안』, 과천: 산업자원부.

삼성경제연구소(2011), 『2012년 신재생에너지 공급의무화제도 도입』, 서울: SERI.

서울경제(2015), 배출권할당제도 실시에 따른 부작용, 1월 6일자.

안창남 & 길병학(2010), 우리나라 탄소세 도입방안 연구, 『조세연구』, 제10권 2호, 221～274쪽.

에너지경제연구원(2011), 『에너지경제통계연보』, 평촌: 에너지경제연구원.

오진규 & 조경실(2001), 『지속 가능한 개발을 위한 에너지 및 탄소세 활용방안 연구』, 안양: 에너지경제연구원.

윤순진(2007), 영국과 독일의 기후변화정책, 『ECO』, 제11권 제1호, 43～96쪽.

은종환(2015), 탄소 배출권거래에 거는 기대, 『건설경제』, 1월 22일자.

이성인(2009), 『국가에너지 절약 및 효율향상 추진체계 개선방향 연구: 수송 부문의 에너지 영향평가』, 평촌: 에너지경제연구원.

임동순(2003), 유럽의 환경정책 동향과 국내 산업 환경정책에 대한 시사점, 『산업경제분석』, 13~24쪽.

조계근(2009), 『탄소세의 합리적 도입방안』, 춘천: 강원발전연구원.

지식경제부(2011a), 『에너지자원통계』, 과천: 지식경제부.

지식경제부(2011b), 『신재생에너지 통계』, 과천: 지식경제부.

지식경제부(2012), 『지식경제백서』, 과천: 지식경제부.

테크노베이션파트너스(2008), 『각국의 탄소세 도입현황: 이슈 리포트』.

통계청(2011), 『녹색성장지표』, 서울: 통계청.

환경정책평가연구원(2011), 『RPS 시행과 재생에너지의 활성화에 미치는 영향』, 서울: 환경정책평가연구원.

Economic Review(2014), Nov. 27.

<국외문헌>

Agentur für Erneurbare Energien(2014), Bioenergie Vielfalt im Vordergrund, Berlin: Agentur für Erneurbare Energien.

Arbeitsgemeinschaft Energiebilanzen(AGEB)(2014), AG Energiebilanzen Data 2013, Berlin: AGEB.

Belke, A., Dreger, C., De Haan F.(2011), Energy Consumption and Economic Growth, Essen: Rhur Economic Papers.

Beuermann, C. & Santarus, T.(2006), Ecological Tax Reform in Germany: Handling Two Hot Potatos at the same time, Energy Policy Vol.34, No.8, pp.917~929.

Bloomberg(2014), Global Trends in Renewable Energy Investment 2014, Frankfurt: Frankfurt School of Finance and Management GmbH.

Brown, L.(2008), Plan B 3.0, New York: the United Nations.

Bruger, B.(2015), Stromerzeugung aus Solar und Windenergie im Jahr 2014, Freiburg: Fraunhofer Institut.

Bulkely, H. & Kern, K.(2004), Local Climate Change Policy in the UK and Germany, A Report for the Anglo-German foundation.

Bundesministerium für Umwelt, Naturschutz und Reaktorsicherheit(BMU)(2007), Pressedienst No.179/07.

Bundesministerium für Umwelt, Naturschutz und Reaktorsicherheit(BMU) (2010a), Jahresbericht 2010, Berlin: BMU.

Bundesministerium für Umwelt, Naturschutz und Reaktorsicherheit(BMU)(2010b), Kurzinfo, Berlin: BMU.

Bundesministerium füur Umwelt, Naturschutz und Reaktorsicherheit & Bundesverband der Deutschen Industrie e.V.(2012): Memorandum für eine Green Economy. Eine gemeinsame Initiative des BDI und BMU www.bmub.bund.de/fileadmin/bmu-import/files/pdfs/allgemein/application/pdf/memorandum_green_economy_bf.pdf/

Burtraw, D., Loefgren, A., and Zetterberg, L.(2013), A Price Floor Solution to the Allowance Surplus in the EU ETS, Mistra Indigo Policy Paper No.2.

Dagger, S.(2009), Energipolitik und Lobbying. die Novellierung des Erneubare-Energien-Gesetzes(EEG) 2009, Stuttgart: Ibidem Verlag.

Deutsche Emissionshandelsstelle(2011), Emissions Trading and the Responsibilities of the German emissions Trading authority, Berlin: DEHST.

Dryzek, J. S.(2005), The Politics of the Earth: Environmental Discourses, New York: Oxford University Press.

EC EEA(2008), Greenhouse Gas Emission Trends and Projections in Europe, EEA Report 5/2008, Brussel: EC EEA.

EC(2009), white paper - Adapting climate change: towards a European Framework for Acction COM 147 Final, Brussels: EC.

EC(2010), Energy 2020, A Strategy for Competitive, Sustainable and Secure Energy, COM 639 Final, Brusseel: EC.

EC(European Commission)(2011), Commission Staff Working Document, Impact Assessment ‒ Accompanying document to the Communication from the Commission to the European Parliament, the Council, the European Economic and Social Committee and the Committee of the Regions ‒ A roadmap for moving to a competitive low carbon economy in 2050.

Economic Times(2012), Environmental Issues: Time to abandon blame games and become proactive, Dec. 18.

European Photovoltaic Industry Association(EPIA)(2014), Global Market Outlook, Brussel: EPIA.

Eurostat(2010), Europe in Figures: Eurostat Yearbook 2010, Brussel: Eurostat.

Eurostat(2012), Europe in Figures; Eurostat Yearbook 2012, Brussel: Eurostat.

Eurostat(2013), Key Figures on Europe, Brussel: Eurostat.

European Union Directive(2001), Directive on the Promotion of Electricity Produced from Renewable Energy Sources in the Internal Electricity Market, Directive 2001/77/EC.

Federal Ministry of Finance(2010), Annual Economic Report, Berlin: MOF.

Federal Ministry of Economics and Technology & Federal Ministry of Environment, Nature Conservation and Nuclear Safety(2010), Energy Concept, Berlin & Bonn: MOET & MOE.

Federal Ministry of Economics and Technology(2008), Climate Protection and Energy Efficiency, Berlin: MOET.

Federal Ministry of Economics and Technology(2010), In focus: Germany as a Competitive Industrial Nation, Berlin: MOET.

Federal Ministry of Economics and Technology & Federal Ministry for the Environment, Nature Conservation, and Nuclear Safety(2010), Energy Concept, Berlin: MOET & MOENN.

Federal Ministry of Economics and Technology(2011), Germany on the Upswing: Securing the Prosperity of Tomorrow, Berin: MOET.

Federal Ministry of Environment, Nature Conservation and Nuclear Safety(2007), Green Tech Made in Germany, Berlin: MOE.

Federal Ministry of Environment, Nature Conservation and Nuclear Safety(2009), Green Tech Made in Germany 2.0, Berlin: MOE.

Federal Ministry of Environment, Nature Conservation and Nuclear Safety(2012), Green Tech Made in Germany 3.0, Berlin: MOE.

Federal Ministry of Environment, Nature Conservation and Nuclear Safety(2010a), Development of Renewable Energy Sources in Germany 2009, Bonn: MOE.

Federal Ministry of Environment, Nature Conservation and Nuclear Safety(2010b), Energy-Efficient Data Centers, Bonn: MOE.

Federal Ministry for the Environment, Nature Conservation, Building and Nuclear Safety(2014a), Climate Protection in Figures, Berlin: BMUB.

Federal Ministry for the Environment, Nature Conservation, Building and Nuclear Safety(2014b), Greentech Made in Germany 4.0, Berlin: BMUB.

Federal Statistical Office of Germany(2013), Test of the OECD Set of Green Growth Indicators in Germany, Wiesbaden: FSO.

Fraunhofer Institute(2014), Photovoltaics Report, Berlin: FI.

Fulton, M. and Capalino, R.(2012), The German Feed in Tariff: Recent Policy Changes, New York: DB Research.

Germany Trade and Invest(2012), German Manufacturing at a Glance, Berlin: Germany Trade and Invest.

Germany Trade and Invest(2013), Mittelstand in Germany: well financed, innovative, export-oriented, Berlin: Germany Trade and Invest.

Heine, D., Norregarrd, J. and Parry I. W-H(2012), Environmental Tax Reform: Principles from Theory and Practice to Date, IMF Working Paper, WP/12/180.

Herbold, T.(2014), German Renewable Energy Sources Act 2014, www.goerg.com

Hirschl, B.(2008), Erneubare Energien-Politik: eine Multi-Level Policy Analyse mit Fokus auf den deutschen Strommarkt, Wiesbaden: Verlag fur Sozialwissenschaften.

Intergovernmental Panel on Climate Change(2014), Climate Change 2014: Impacts, Adaptation, and Vulnerability www.ipcc-wg2.gov/AR5/images/uploads/ IPCC_WG2AR5_SPM_Approved.pdf/

International Energy Agency(IEA)(2007), Energy Policies of IEA Countries: Germany, Paris: IEA.

International Energy Agency(IEA)(2008), Energy Outlook, Paris: IEA.

International Energy Agency(IEA)(2010a), World Energy Outlook, Paris: IEA.

International Energy Agency(IEA)(2012), Oil & Gas Security, Paris: IEA.

International Energy Agency(IEA)(2013a), World Energy Outlook, Paris: IEA.

International Energy Agency(IEA)(2013b), Germany: 2013 Review, Paris: IEA.

International Energy Agency(IEA)(2014a), Key World Energy Statistics, Paris: IEA.

International Energy Agency(IEA)(2014b), World Energy Investment Outlook, Paris: IEA.

International Monetary Fund(IMF)(2014): World Economic Outlook Database, April 2014.

Jost, G. & Jacob, K.(2004), The Climate Change Policy Network in Germany, European Environment, Vol.14, pp.1~15.

Kerkof, A. C./ Moll, H. C./ Drissen, E./ Wilting, H. C.(2008), Taxation of Multiple Greenhouse Gases and the Effects on Income Distribution: A

Case Study of the Netherlands, Ecological Economics, Vol.67, pp.318~326.

Knigge, M. & Gorlach, B.(2005), Effect's German Ecological Tax Reforms on the Environment, Employment and Technological Innovation, Bonn: Federal environmental Agency.

Knigge, M. & Gorlach, B.(2006), The Political Economy of Environmentally Related Taxes, Paris: OECD.

Kohlhaas, M.(2000), Ecological Tax Reform in Germany: From Theory to Policy, Economics Studies Program Series Vol.6, Baltimore: the Johns Hopkins University.

Krewitt, W. & Nitsch, J.(2002), The German Renewable Energy Sources act: An Investment into the Future Pays off already Today, Renewable Energy vol.28, pp.533~542.

Lee, C. & Lee, J.(2010), A Panel Data Analysis of the Demand for total Energy and Electricity in OECD Countries, Energy Journal, Vol.31, No.1, pp.1~23.

Lee, H-J & Yoon, S-W(2010), Renewable energy Policy in Germany and Its Implications for Korea, Seoul: Korea Institute for International Economic Policy.

Ludewig, D., B. Meyer, and K. Schlegelmilch(2010), Greening the Budget: Pricing Carbon and Cutting Energy Subsidies to Reduce the Financial Deficit in Germany Washington DC: Heinrich Boell Foundation.

Mayeres, I. & Proost, S.(1997), Optimal Tax and Investment Rules for Congestion Type of Externalities, Scandinavian Journal of Economies, Vol.99, No.2, pp.261~279.

Meadows, D., Meadows, D. and Zahn, E./Milling, P.(1972), Die Grenzen des Wachstums, Bericht des Club of Rome zur Lage der Menschheit. Stuttgart.

Ministry of New and Renewable Energy(2014), Indian Renewable Installed Capacity, http://www.renewindians.com/2013/02/indian-renewable-installed-capacity-has-reached-27.7GW.html

OECD(2008), A Taxonomy of Instruments to Reduce Greenhouse Gas Emissions and their Interactions, Working Paper, ECO/WKP, Paris; OECD.

OECD(2009), The Economics of Climate change Mitigation: Policies and

Options for global Actions beyond 2012, Paris: OECD.

OECD(2011), Towards Green Growth, Paris: OECD.

OECD(2012a), Towards Green Growth, A Summary for Policy Makers, May 2012.

OECD(2012b), Inclusive Green Growth: For the Future We Want. Paris www.oecd.org/greengrowth/Rio + 20%20brochure%20FINAL%20ENGLIS H%20web%202.pdf/

OECD and IEA(2013), Energy Policies of IEA Countries: Germany, Paris: OECD and IEA.

Oliver, J. G. J., Janssens-Maenhout, G., Muntean, M. and Peters, J.(2013), Trends in Global CO_2 Emissions: 2013 Report, The Hague: PBL Netherlands Environmental Assessment Agency.

Park, S. C. and Eissel, D. (2010) Alternative Energy Policies in Germany with Particular Reference in Solar Energy, Journal of Contemporary European Studies, Vol.18, No.3, pp.323-340.

PES Working Paper(2010), Creating Smart Green Growth and Jobs, Brussels: European Socialist Parties.

Pruvis, N.(2010), Jump Starting Global Green Growth, Berlin: the German Marshall Fund of the United States.

Ragwitz, M., Winkler, J., Klessmann, C., Gephart, M. and Resch, G.(2012), Recent Developments of Feed in Systems in EU, Berlin: Fraunher Institute.

Renewable Energy Policy Network(REN)(2011), Renewables 2011: global Status Report, Paris: REN 21.

Renewable Energy Policy Network(REN)(2014), Renewables 2014: global Status Report, Paris: REN 21.

Research Institute of Innovative Technology for the Earth(RITE)(2011), Regarding the Global CO_2 Emissions, Tokyo: RITE.

Runchi, P-J(2005), Renewable energy Policy in Germany: An Overview and Assessment, Pacific Northwest national Laboratory Technical Report, PNWD-3526.

Salmons, R., and A. Miltner(2009), Trends in the Competitiveness of Selected Industrial Sectors in ETR countries in Carbon-Energy Taxation: Lessons from Europe, Oxford: Oxford University Press.

Schlomann, B., and Eichhammar, W.(2012), Energy Efficiency Policies and Measures in Germany, Karlsruhe: Fraunhofer Institute for Systems and Innovation Research ISI.

Schoer, K.(2006), Sustainable Development Strategy and Environmental-Economic accounting in Germany, EEA-Online Publication.

Schroder, B.(2002), Greenhouse Emission Policies in the U. K. and Germany: Influences and Responses, European Environment, Vol.12, pp.173~184.

Simon, H.(2012), Hidden Champions - Aufbruch nach Globalia.

Stern, N.(2006), The Stern Review on the Economics of Climate Change, London: the British Government.

The Irish Times(2011), Nuclear Sunset? Sep. 23.

The World Bank(2014): Poverty Overview www.worldbank.org/en/topic/po/verty/overview/

Transatlantic Climate Bridge(2010), Building Partnerships for Economic Growth and Energy Security, Washington D.C.: Embassy of the Federal Republic Germany.

UNCED(1992), Agenda 21 - A Program of Action in the Field of Development and Environment for Transition to Sustainability in the 21st Century, New York: UNCED.

United Nations Environment Programme(UNEP)(2010), Overview of the Republic of Korea's National Strategy for Green Growth, New York: UNEP.

United Nations Environment Programme(UNEP)(2012), Measuring Progress towards a Green Economy, New York: UNEP.

United Nations Environment Programme(2013), GEO-5 for Business. Impacts of a Changing Environment on the Corporate Sector www.unep.org/geo/pdfs/geo5/geo5_for_business.pdf/

Watanabe, R. & Mez, L.(2004), The Development of Climate Change Policy in Germany, International Review for Environmental Strategies, Vol.5, No.1, pp.109~126.

Wiele, A.(1996), Ecological Modernization, J. Dryzek & M. Schlossberg(eds.) Debating the Earth: the Environmental Politics Reader, New York: Oxford University Press, pp.415~428.

Winther, T.(2011), Green Growth Initiatives in the BSR, Stockholm: NORDEN.

Wirth, H.(2014), Recent Facts about Photovoltaics in Germany, Freiburg:

Fraunhofer Institute.

Wissenschaftlicher Beirat der Bundesregierung Globale Umweltveräanderungen (WBGU)(2011), Welt im Wandel Gesellschaftsvertrag für eine Große Transformation www.wbgu.de/fileadmin/templates/dateien/veroeffentlichungen/ hauptgutachten/jg2011/wbgu_jg2011.pdf/

World Bank(2014), Putting a Price on Carbon with a Tax, Washington D.C.: World Bank.

World Commission on Environment and Development(1987), Our Common Future, New York: United Nations.

Wüstenhagen, R & Bilharz, M.(2006), Green Energy Market Development in Germany: Effective Public Policy and Emerging Customer Demand, Energy Policy Vol.34, No.13, pp.1681~1696.

<Website>

www.umweltbundesamt.org

www.bmwi.de

www.umwelt-online.de

www.oecdobserver.org

www.wikiprogress.org

www.greengrowth.go.kr

www.worldbank.org

www.eia.gov

www.germanenergyblog.de

www.goerg.com

www.cleantechnica.com

www.dehst.de

독일 재생에너지 정책과
지속 가능 발전전략

초판발행 2015년 6월 30일
초판 3쇄 2019년 1월 11일

지은이 박상철
펴낸이 채종준
펴낸곳 한국학술정보(주)
주소 경기도 파주시 회동길 230 (문발동)
전화 031 908 3181(대표)
팩스 031 908 3189
홈페이지 http://ebook.kstudy.com
E-mail 출판사업부 publish@kstudy.com
등록 제일산−115호(2000. 6. 19)

ISBN 978-89-268-7001-3 93330